Katharina Hammer

Glanz im Dunkel

Die Bergung von Kunstschätzen im Salzkammergut am Ende des 2. Weltkrieges

ÖBV

Bildnachweis

Foto Baptist, Lienz: 141. – Bildarchiv Preußischer Kulturbesitz, Berlin: 53 oben. – Bundesdenkmalamt, Wien: 50, 51, 85, 87, 91, 151. – Dokumentationsarchiv des Österreichischen Widerstandes: 63. – Galerie Welz, Salzburg: 109. – Globus-Verlag, Wien: 232. – Graphische Sammlung Albertina, Wien: 246, 247. – Heeresgeschichtliches Museum, Wien: 20, 53 unten. – Foto Hoffmann, München: 73. – Kunsthistorisches Museum, Wien: 13, 25, 31, 56, 95, 96, 97 oben und unten, 99, 100, 101, 147, 148, 156, 183, 194, 215, 226. – Dipl.-Ing. Paul Lepez: 111. – Liliput-Verlag, Wien 231. – Direktor Dr. Victor Luithlen: 105, 113, 249. – National Air and Space Museum, Washington, USAF Still Photo Collection: 27. – National Archives and Records Service, Washington, Still Pictures Branch: 200 oben und unten, 201, 228 oben, 228 unten. – Naturhistorisches Museum, Wien: 103; Nachlaß Hermann Michel: 171. – Österreichische Galerie, Wien: 93. – Österreichische Nationalbibliothek, Wien, Bildarchiv: 72, 223, 240, 245. – Österreichische Salinen A. G.: 46/47, 76/77, 81 (Zeichnungen Oberbergmeister Franz Reiter, Adaptierung für den Druck: TFI Herbert Berthold). – Österreichisches Museum für angewandte Kunst, Wien: 108, 248. – Oberbergmeister Franz Reiter: 79. – Herbert Seiberl, Bad Aussee: 144. – Staatliche Kunstsammlungen, Dresden: 17. – Staatliche Museen, Berlin: 60. – Ullstein Bilderdienst, Berlin: 125. – US-Army-Foto: 227, 233, 234. – Reproduktion aller Bilder aus Privatbesitz: Foto Hofer, Bad Ischl.

Karten: TFI Herbert Berthold: 165, 211. – Wilhelm Wagner 158/159.

Abkürzungen

KHM = Kunsthistorisches Museum
NHM = Naturhistorisches Museum
Albertina = Graphische Sammlung Albertina

2., bearbeitete und erweiterte Auflage, Wien 1990
ÖBV Publikumsverlag/Wissenschaftsverlag
A-1010 Wien, Hohenstaufengasse 5

Umschlaggestaltung: Tino Erben unter Verwendung des Gemäldes „Infantin Margarita Teresa im blauen Kleid“ von Diego Velázquez, KHM, Wien
Druck: Wiener Verlag, Himberg
ISBN 3-215-**06242**-9

Inhalt

Vorwort 6

I. Wie es begann
1. Die Anfänge der Kunstgüterbergung 9
2. Des Führers unsichtbare Sammlung 28

II. Im Grubenlicht
1. Letzte Zuflucht vor den Bomben 41
2. Kennen Sie „Dora“? 60

III. Die schweigenden Majestäten
1. Deckname „Berg“ 71
2. Die Aktion läuft an 82
3. Bestandsaufnahme 104

IV. Ende eines Traums – Endes eines Alptraums
1. Zapfenstreich 119
2. Dramatisches Tagebuch 128
3. Zusammenbruch 157

V. Von der Besetzung zur Besatzung
1. Major Pearson aus Ohio 167
2. Fäden, die zerrissen waren 180
3. Österreich geteilt durch vier 208

VI. Die Heimkehr
1. Für das Österreich von morgen 225
2. Restbestände und Bilanzen 250

Nachwort 263

Zeittafel 277
Anmerkungen 289
Quellen und Literatur 297
Personenregister 302

Vorwort

Hier sind kurz die Wege und Umwege aufzuzeigen, auf denen von einem Nullpunkt weg dieses Buch entstand, und an allen Marksteinen sei jenen Dank gesagt, die auf diesem Weg ein Stück weiter wiesen.

Den Anstoß gab eine Ausstellung des Bundesgymnasiums und Bundesrealgymnasiums Bad Ischl im Mai 1981 zum Thema „Ende des 2. Weltkrieges" und in dieser Ausstellung eine Fotokopie der Eva aus dem „Genter Altar" der Brüder van Eyck mit der Erwähnung der Kunstgüterbergung im Salzberg von Altaussee. Die Tatsache dieser Bergung war mir zwar flüchtig und vom Hörensagen bekannt, hier aber war der erste Hinweis darauf, daß es sich dabei nicht nur um ein vages Gerücht handelte, sondern daß über die Aktion sogar ein Buch erschienen war.

Eine Nachfrage bei den Gestaltern der Ausstellung führte zum Erwerb einer Fotokopie des Buches „Weltkunstschätze in Gefahr" (1948), verfaßt vom seinerzeitigen Generaldirektor der alpenländischen Salinen, Dipl.-Ing. Dr. Emmerich Pöchmüller, und schließlich zu einem Originaldruck vom Pallasverlag Salzburg, dem neben den Historikern des Bundesgymnasiums und -realgymnasiums Bad Ischl nun mein Dank gilt.

Das Buch handelte von der Kunstgüterbergung im Salzkammergut, auch eine Bergung in Hallein wurde erwähnt, aber das Hauptgewicht lag bei der Ausseer Bergung. Ischl spielte eine sekundäre Rolle, obgleich das Buch sehr präzise Angaben darüber machte, woher die in Ischl geborgenen Schätze stammten. Die Darstellung war deshalb besonders wertvoll, weil es sich bei dem Autor um den damaligen Generaldirektor der Salinen, also einen Mann mit bester Sachkenntnis handelte. In dem Buch fand sich auch ein Bild von der „Bergung im Ischler Salzberg", der Quellennachweis nannte das Bundesdenkmalamt als Eigentümer der Aufnahme.

In meinem Bekanntenkreis wußte niemand davon, daß es eine „Ischler Bergung" überhaupt gegeben hatte, und von da an ließ mich das Thema nicht mehr los.

Eine Anfrage beim Bundesdenkmalamt führte mich zu Frau Hofrat Dr. Edith Podlesnigg und damit zu einer Expertin, der ich wertvolle Hinweise verdanke. Vor allem die Gespräche mit ihr machten mir zunächst einmal bewußt, daß es sich bei dem Bericht im Pöchmüller-Buch um zwei Bergungen handelte, jene von Aussee, die internationales Kunstgut betraf und die der Forschung noch nicht zugänglich war, und jene von Ischl – Lauffen für die staatlichen österreichischen Sammlungen, mit denen sich das Bundesdenkmalamt nur teilweise befaßte.

Der Ischler Heimatverein übernahm schließlich die Patronanz über eine Darstellung der „Ischler Bergung" und unterstützte mich in vieler Weise.

Und nun begann, von Bad Ischl aus, das mühsame Briefeschreiben, das vorerst den Hauptbestandteil der Arbeit ausmachte. Dank deshalb all jenen Stellen, die immer wieder und in echter Hilfsbereitschaft die Geduld aufbrachten, meine Anfragen zu beantworten, und die mir später bei meinem Quellenstudium in Wien zur Seite standen.

Dank vor allem Herrn Hofrat Dr. Georg Kugler und Herrn Dr. Herbert Haupt, Archivar am Kunsthistorischen Museum, für die so wichtige Hilfe, Frau Mathilde Pfannl, der ehemaligen Angestellten des Instituts, Dank dem Bundesdenkmalamt und seinen Beamten, vor allem seinem Präsidenten, Herrn Dr. Gerhard Sailer, Dank Herrn Amtsrat Ernst Tanzer vom Museum für angewandte Kunst, Herrn Dr. Stefan Nebehay, Archivar am Naturhistorischen Museum, Herrn Dr. Christian Ander von der Österreichischen Nationalbibliothek sowie den Beamten der übrigen staatlichen Sammlungen.

Über Frau Dr. Anna Spitzmüller, an die mich Hofrat Direktor Dr. Walter Koschatzky von der Graphischen Sammlung Albertina verwiesen hatte, lernte ich bald auch den ehemaligen Leiter der Ischler Bergung, Herrn Hofrat Direktor Dr. Victor Luithlen kennen. Von ihm erhielt ich jene Informationen, die nur ein Augenzeuge geben kann. Er half mir, Fehler zu vermeiden, und sein waches Gedächtnis über Jahrzehnte hinweg ließ vieles wieder zum Leben erstehen.

Über Umwege kam ich zu Herrn Oberbergrat Dipl.-Ing.

Lepez und erhielt durch ihn ersten Kontakt mit der bergmännischen Seite der Sache. Herr Oberbergmeister Franz Reiter teilte mir nicht nur seine Erinnerungen aus den letzten Kriegstagen mit, sondern er führte mich auch in einer mehrstündigen Tour an die – inzwischen verfallenden und zum Teil kaum mehr begehbaren – „Schauplätze" der Handlung. Es war ein eindrucksvolles Erlebnis, im Schein einer Karbidlampe jenen Schacht zu besichtigen, durch den die Bilder damals in den Berg transportiert worden waren, jene Stollen zu durchwandern, die zur Lagerung des Kunstgutes gedient hatten.

Ein weiterer Teilbereich des Fragenkomplexes öffnete sich mit einer Anfrage um Material beim National Archives and Records Center in Washington. Nach einem etwas zermürbenden Briefwechsel sah ich mich im Besitz eines Mikrofilmes mit Dokumenten und Berichten über die Übernahme und Rückführung der Kunstschätze vor allem von Aussee, aber auch über die Ischler Bergung waren Fakten enthalten. Daß das Aufsuchen des Materials freundlicherweise von den Beamten in Washington besorgt wurde, weiß ich zu schätzen, denn eine Fahrt nach Washington wäre aus vielen Gründen nicht möglich gewesen.

Der Mikrofilm läge allerdings heute noch ungenützt, hätte mir nicht die Sparkasse Bad Ischl ein Lesegerät zur Verfügung gestellt.

Schließlich ergab sich auch, daß von Ischl eine Spur zu einem Major Shaw in Ohio führte, der als Restitutions Officer unter anderem mit der Rückstellung von Kunstgütern befaßt gewesen war.

Bei der Beschaffung von Bildmaterial erwiesen sich die Bildstellen des Kunsthistorischen Museums, des Heeresgeschichtlichen Museums, der Österreichischen Nationalbibliothek und des Bundesdenkmalamtes als besonders hilfreich.

So rundete sich das Bild, durch Zufälle ebenso wie durch interessante Begegnungen und harte Arbeit, bis kein Zweifel darüber blieb, daß aus diesem Stoff ein Buch werden würde, das Buch, das ich nunmehr mit meinem nochmaligen Dank an alle Förderer auf den Weg in die Öffentlichkeit schicke und von dem ich hoffe, daß es das Interesse seiner Leser finden wird.

Katharina Hammer

I.

Wie es begann

1. Die Anfänge der Kunstgüterbergung

Wer von Kunstgüterbergung im Zusammenhang mit dem Zweiten Weltkrieg hört, denkt zunächst nur an Bombenangriffe und Kampfhandlungen, in deren Folge Kunstschätze geborgen und verlagert wurden, um sie vor Zerstörung zu sichern. Die Wirklichkeit sah jedoch anders aus.

Als der Nationalsozialismus in Deutschland die Macht übernahm, hatte er den Angriff auf seine Fahnen geschrieben. „Rache für Versailles" lautete die Parole, alle Deutschen sollten „heim ins Reich" geführt werden – und viele waren damit einverstanden, der Jubel war groß. Zunächst freilich mußte Deutschland aufrüsten, um seinen Ansprüchen auch militärisch Nachdruck verleihen zu können. Aber 1937 war es so weit. „Wir werden weiter marschieren, wenn alles in Scherben auch fällt", sangen die Massen, und niemand trat auf, das zu verhindern, auch nicht Frankreich und Großbritannien, die ja für die Grenzziehungen des Ersten Weltkrieges mitverantwortlich waren. Sie verfolgten eine Politik des „appeasement" und wollten einen Krieg dadurch verhindern, daß sie die immer größer werdenden Ansprüche Deutschlands akzeptierten. So konnte Hitler Schlag auf Schlag ein Land nach dem anderen seinem Reich einverleiben: im März 1938 Österreich als die „Ostmark", nach dem Münchener Abkommen im Herbst 1938 das Sudetenland, schließlich noch die restliche Tschechoslowakei als „Protektorat Böhmen und Mähren" und das Memelland von Litauen.

Nicht einmal er selbst und seine Berater hatten mit dieser Friedfertigkeit der Westmächte gerechnet. Längst war man auf einen Gegenschlag vorbereitet, erwartete ihn und traf Defensivmaßnahmen. Vom Ersten Weltkrieg her wußte man, daß eine neue Auseinandersetzung auch den Luftraum einbeziehen würde. Wer also einen Krieg nicht ausschloß, mußte

Schutzmaßnahmen für das Hinterland treffen. Das galt für Industrien, Wohngebiete und Verkehrsanlagen, es galt aber auch für Kunstschätze. Zwar gab es die Haager Landkriegsordnung von 1907, in der sich einundvierzig Staaten verpflichtet hatten, Kunst- und Kulturgüter im Kriegsfall zu bewahren, nicht nur vor Raub, sondern auch vor Zerstörung, aber was galt das schon unter den vollkommen veränderten Verhältnissen moderner Kriegsführung. Und so setzten die ersten Maßnahmen der Kunstgüterbergung in Deutschland Monate vor dem Beginn des Zweiten Weltkrieges ein. Man „probte" den Krieg, lange bevor er tatsächlich begann. Stand eine Aktion bevor, die eine Gefährdung des Friedens darstellte, so wurde Alarm gegeben, blieben Reaktionen aus, so erfolgte die „Entwarnung"; man ging wieder zum normalen Leben über, ohne daß alle Vorsichtsmaßnahmen aufgehoben wurden.

Die Dresdener Galerie, eine der bedeutendsten Deutschlands, gibt ein gutes Beispiel dafür. Dort wurden schon im Sommer 1938, also noch vor dem Münchener Abkommen, Maßnahmen zur Auslagerung der Bilder getroffen. Die Beamten übten die Bergung von Kunstschätzen, und Listen wurden angelegt, die die Reihenfolge der zu bergenden Güter angaben. Am 27. September 1938, also drei Tage vor dem Münchener Abkommen, wurde die Galerie überhaupt „wegen drohender Kriegsgefahr" geschlossen und erst Ende Oktober wieder geöffnet. Ruth Seydewitz berichtet darüber und über die folgenden Ereignisse in ihrem Buch: „Wenn die Madonna reden könnte."[1]

Ähnliches wird aus Wien bekannt.[2] Hier besaßen die staatlichen Sammlungen unschätzbare Werte, die jene von privater und kirchlicher Seite weit hinter sich ließen. Im Kunsthistorischen und im Naturhistorischen Museum, im Kunstgewerbemuseum, im Museum für Völkerkunde, in der Graphischen Sammlung Albertina, in der Nationalbibliothek und in der Österreichischen Galerie befanden sich Spitzenwerke aus ganz Europa, und die Führungsschicht bis hinauf zu Hitler war sich dessen wohl bewußt. Deshalb erging auch hier schon 1938 der Auftrag, in all diesen Museen ebenso wie in anderen staatlichen Gebäuden Luftschutzmaßnahmen zu treffen. Allerdings scheinen die zuständigen Beamten diese Weisung nicht besonders ernst genommen zu haben, denn als das Reichsministerium für

Wissenschaft, Erziehung und Volksbildung mit Erlaß vom 10. Mai 1939 Berichte über die bisher gesetzten Aktivitäten verlangte, stellte sich heraus, daß äußerst wenig geschehen war. Es waren zwar Luftschutzleiter bestellt und einige Geräte angeschafft worden, aber dabei war es geblieben.

Nun wurden eilig weitere Vorkehrungen getroffen. Im Kunsthistorischen Museum, in der Albertina, dem Kunstgewerbemuseum und der Österreichischen Galerie fanden Bergungen statt, im Naturhistorischen Museum verschwanden die Meteoriten- und die Edelsteinsammlung aus den Schauräumen und wurden, in sichere Behälter verpackt, in den Kellern des Hauses verwahrt. Am 19. und 22. Juli 1939 hielten die Museumsdirektoren Besprechungen im Luftgaukommando und beim Luftschutzreferenten im Polizeipräsidium ab, um sich über geeignete Maßnahmen „nach den damaligen Auffassungen von Luftschutz" informieren zu lassen. In den Gebäuden wurden Keller als Bergungsräume hergerichtet und Panzerkassen zur Sicherung der wichtigsten Güter in diese Räume geschafft. Die Museumsbestände wurden überdies nach ihrer Wichtigkeit und Schutzwürdigkeit in drei Klassen eingeteilt.[3]

Daß es für diese Maßnahmen höchste Zeit war, bewies die Entwicklung der nächsten Wochen. Die politische Lage hatte sich nämlich inzwischen bedeutend verschärft. Als sich Hitlers Propaganda, die ja allen Angriffen vorausging, in zunehmendem Maße gegen Polen richtete, erkannten die Westmächte, daß hier kein friedliches Vermitteln möglich war. In einem Vertrag sicherten sie Polen Hilfe für den Fall eines deutschen Angriffes zu. Hitler antwortete darauf, indem er am 23. August 1939 einen Nichtangriffspakt mit Rußland schloß.

Nun standen einander zwei Fronten gegenüber. Die Bündnisse mußten beim kleinsten Zwischenfall mit ähnlicher Automatik in Kraft treten, wie das beim Ausbruch des Ersten Weltkrieges geschehen war. Und der Anlaß dazu war bald gegeben. Nachdem in Zeitung und Radio immer wieder von Schikanen gegenüber den in Polen lebenden Deutschen berichtet und damit Stimmung gemacht worden war, verkündete Adolf Hitler in seiner historischen Reichstagsrede am Morgen des 1. September 1939: „Seit 5.45 Uhr wird jetzt zurückgeschossen, und von jetzt ab wird Bombe mit Bombe vergolten." Deutsche Truppen marschierten in Polen ein, und am 3. September 1939 erklärten

Großbritannien und Frankreich in Einhaltung ihrer Verträge den Krieg an Deutschland. Der Zweite Weltkrieg hatte begonnen. Er sollte so schnell nicht zu Ende sein, sondern in den folgenden Jahren Hintergrund und Anlaß für alles abgeben, was auf dem Gebiet der Kunstgüterbergung geschah.

Daß der Einmarsch in Polen keine spontane Antwort auf eine Herausforderung darstellte, sondern wohl geplant war, zeigt neben anderem wieder eine Bergungsaktion. Schon im Sommer 1939, gleichzeitig mit den Anordnungen über den Luftschutz, war das Kunsthistorische Museum aufgefordert worden, sich auch um geeignete Bergungsorte außerhalb von Wien umzusehen.[4] Hier ging es also nicht nur darum, die Gebäude und ihre Inhalte zu schützen sondern darum, die Kunstwerke überhaupt von ihren Standorten zu entfernen und in sicheres Gebiet zu bringen, das von Angriffen aus der Luft weniger stark bedroht war als die Großstadt. Bei dieser ersten Erhebung schon zeigte sich ein Grundsatz, der später konsequent weitergeführt wurde, nämlich jener der Dezentralisierung. Die Unterbringung der Kunstschätze sollte nicht gemeinsam erfolgen, sondern die Werke sollten aufgeteilt werden auf kleine, abgeschiedene Orte ohne Industrie. Innerhalb dieser Orte wurden feste Bauwerke wie Schlösser oder Klöster ausgewählt, die eher in einen Dornröschenschlaf versunken schienen und hinter deren Mauern niemand etwas Besonderes erwartet hätte.

Die zuständige Abteilung der Reichsstatthalterei in Wien sah für das Kunsthistorische Museum die dem Stift Melk gehörende Kartause Gaming, ein aufgelassenes Kartäuserkloster vor, für das Institut für Denkmalpflege und die von ihm betreuten Güter das ehemals Rothschildsche und jetzt enteignete Schloß Steinbach bei Göstling. Diese beiden Bergungsstellen wurden noch im Sommer 1939 adaptiert und erhielten die Decknamen „Schloß" (Gaming) und „Jagd" (Göstling). Beide erfüllten, wie man meinte, alle Voraussetzungen für einen sicheren Bergungsort. Sie waren abgelegen im Südwesten „Niederdonaus", wie Niederösterreich damals hieß, im Ötschergebiet südlich von Pöchlarn, und sie waren absolut „unverdächtig" bei solider Bauweise.

Schließlich konnte der erste Transport nach „Schloß" abgehen. Aber das geschah nicht etwa erst nach Kriegsbeginn. Am 31. August 1939, also am Tag vor Hitlers „spontaner" Reak-

Pieter Brueghel der Ältere, Der Vogeldieb; KHM, Wien

tion auf die polnische Herausforderung, fuhr um 6.15 Uhr früh vom Westbahnhof ein Zug in Richtung Gaming, der eine Ladung wertvollsten Kunstgutes enthielt, fein säuberlich verpackt und auf den Bahnhof gebracht von der traditionellen Speditionsfirma des Kunsthistorischen Museums, der Firma Bäuml, Wien. Der Transport enthielt neben „Packstücken aus der Ägyptischen, Antiken-, Plastiken- und Münzsammlung“ auch bekannte Werke aus der Gemäldegalerie, unter ihnen Brueghels „Vogeldieb“, der wie ein Sinnbild für die ganze Aktion wirkt: Während der Betrachter auf die Gestalt vorne blickt, vollzieht sich die eigentliche Handlung fast unbemerkt im Hintergrund.

Der zweite Transport, der am 1. September 1939 um 3.00 Uhr früh abging, also immer noch fast drei Stunden vor dem Beginn des Polenfeldzuges, enthielt unter anderem Dürers berühmtes Allerheiligenbild, Rembrandts Bild seiner Mutter sowie Bilder von Rubens und Tizian. Ein dritter Transport mit Bildern der Gemäldegalerie, in Kisten verpackt, ging am selben Tag um 15.00 Uhr in Richtung Gaming ab, ein vierter noch am Abend. Auch die wichtigsten Stücke aus anderen Sammlungen wie etwa der Albertina oder dem Museum für Völkerkunde nahmen diesen Weg. Als es aber bald darauf gelang, einen Tresorraum der Nationalbank für Bergungszwecke zu sichern, wurden die Bestände gerade dieser beiden Museen wieder rückgeführt und in Wien selbst gelagert.

Mit diesen Bergungen war der Anfang für eine Maßnahmenkette gesetzt, die in ihrer organisatorischen Vielfalt und Präzision Staunen erweckt. Und sie brachte einen Schatz an neuen Vokabeln in den Kunstbetrieb, von denen man noch nie gehört hatte: Bergung, Verbringung, Rückholung, Auslagerung. Wer mit Museen zu tun hatte, der lernte das Vokabular in den nächsten Jahren zur Genüge kennen. Das galt nicht nur für Wien, sondern für alle wichtigen Kunststätten in Deutschland, für Berlin ebenso wie für München, Nürnberg oder Dresden.

In der ersten Kriegszeit eilten die deutschen Truppen allerdings von Sieg zu Sieg. Man sah sehr bald, daß die Westmächte nicht so gut gerüstet waren, um zu Lande, zu Wasser oder aus der Luft ernsten Schaden zuzufügen. Dementsprechend entwickelte sich auch die Kunstgüterbergung im Reich. Man konnte nach einem anfänglichen Spannungszustand wieder aufatmen und nur solche Maßnahmen aufrechterhalten, die bei allem gerechtfertigten Optimismus doch ratsam schienen.

So hieß es in einem Erlaß des Reichsministers für Wissenschaft, Erziehung und Volksbildung vom 8. Dezember 1939, man habe mit Befriedigung die einlangenden Berichte über den Schutz der Kunstgüter zur Kenntnis genommen, nun sei es aber notwendig, die ihrer Kostbarkeiten entkleideten Museen „als Stätten völkischer Belehrung und Selbstbesinnung“ wieder zugänglich zu machen, und sei es auch nur mit Teilausstellungen, Sonder- oder Wechselausstellungen. „Ich erwarte nunmehr von den Museumsleitern, . . . daß sie die deutschen Museen wieder aktiv in die innere Front des uns aufgezwungenen Abwehrkampfes eingliedern", heißt es abschließend. „Jedes, sei es auch behelfsmäßig und anspruchslos geöffnete Museum gibt zahlreichen Volksgenossen Anregung und Freude und stärkt sie in ihrem Vertrauen."[5]

Und danach wurde in der nächsten Zeit auch gehandelt. Die wertvollsten Stücke jeder Sammlung waren in hauseigenen Abstellräumen, in Kellern, in Tresorräumen von Banken oder in den Bergungsorten untergebracht. Was die Häuser selbst anlangte, so wurden zur größeren Sicherheit z. B. im Naturhistorischen Museum die Fenster wegen eventueller Bombensplitter abgemauert; im übrigen wurde der Betrieb in allen Museen mit den Restbeständen wieder aufgenommen. Auch das Kunsthistorische Museum zeigte eine „Kriegsausstellung". Nach außen hin war also alles wieder soweit in Ordnung. Nur Frau Pfannl, eine ehemalige Angestellte des Hauses, berichtet in ihren Erinnerungen,[6] wie ihre Arbeit im Kunsthistorischen Museum 1940 begann: Sie wurde mit der Katalogisierung der Akten des Deutschen Ritterordens betraut, die damals, nach ihrer Beschlagnahme, hierher gebracht wurden, und erhielt einen Arbeitsplatz in der Weltlichen Schatzkammer zugewiesen. Aber der Raum war vollkommen leer. Auch die Geistliche Schatzkammer war komplett ausgeräumt, die Vitrinen standen im Keller, die Schätze waren außerhalb Wiens verbracht, und nur ein Aufseher geisterte durch die verlassenen Räume.

Mit dieser Verlagerung kostbarster Bestände tauchte allerdings sehr bald ein anderes Problem auf, nämlich das ihrer richtigen Unterbringung und Betreuung. Schon in dem Erlaß vom Dezember 1939 waren die Museumsleiter darauf aufmerksam gemacht worden, daß bei längerer Dauer der Bergungen getrachtet werden müsse, wirklich geeignete Räume auszuwählen. Sie dürften nicht zu trocken sein, aber auch nicht zu feucht, sie müßten eine gute Lüftung haben, und die Raumtemperatur müsse konstant bleiben. Wie das bewerkstelligt werden solle, wurde der Initiative und Umsicht der Museumsleiter überlassen. Wer aber selbst einmal versucht hat, alte Möbel in ein neue Umgebung zu übersiedeln, der weiß, was dabei geschehen kann. In zentralgeheizten Räumen z. B. springt und verbiegt sich das Holz nahezu rettungslos, wenn auch nur die Luftfeuchtigkeit nicht stimmt. Um wieviel mehr gefährdet waren dann alle Kostbarkeiten aus den verschiedensten Materialien, die irgendwo das Kriegsende abwarten sollten. Bedenkt man überdies, welche Vorkehrungen in Friedenszeiten schon bei der Entlehnung und beim Transport von Kunstwerken getroffen werden, so wird verständlich, daß manche Museumsleiter ernstlich besorgt waren, als sie sich von „ihren" Kunstschätzen trennen und sie auf unbestimmte Zeit fremder Obhut überlassen sollten. In den Berichten aus jenen Tagen finden sich immer wieder Hinweise auf diese Bedenken und besorgte Anfragen, ob wohl auch alles geschehen sei, um die Güter vor Schaden zu bewahren.

In manchen Fällen war das aber bei aller Sorgfalt tatsächlich nicht möglich. So beschreibt Ruth Seydewitz[7] die Schwierigkeiten bei der Lagerung der berühmten „Sixtinischen Madonna" von Raffael. Sie war das wertvollste und bekannteste Werk aus der Dresdener Galerie und war zur Sicherung in den Keller des Gebäudes gebracht worden. Nun begann in den alten Gewölben des Hauses die Feuchtigkeit zu wirken. Das Bild dunkelte nach, und eine feine Schimmelschicht überzog das Gemälde. Man kann sich vorstellen, wie groß die Bestürzung aller Verantwortlichen war und was alles versucht wurde, um die Gefahr zu verringern.

In vielen Bergungsstellen wurden eigene Heizungs-, Ventilations- und Regulierungssysteme eingebaut, und es wurden genaue Vorschriften darüber erlassen, wie das Gut nicht nur vor Gewalteinwirkung und Diebstahl sondern auch vor Lagerungsschäden zu schützen sei. Das half, und Ärgstes wurde in Hinkunft durch diese Maßnahmen vermieden. Ganz allgemein wuchs bald die Erfahrung, stieg die Sicherheit, und die Kunstgüterbergung nahm immer klarere Formen an. Aus der Handlung des Bergens erwuchs ein Zustand, ein Alltag, in dem man sich einrichtete, der aber auch der Regelung bedurfte, vor allem in Anbetracht der Verantwortung, die das Bergungspersonal zu tragen hatte. Aus dem Kunsthistorischen Museum ist eine Dienstordnung für Bergungsorte vom 8. September 1939 erhalten, genehmigt vom „Staatskommissar für Erziehung, Kultus und Volksbildung".[8] In ihr wurde festgelegt, daß für alle Bergungen aus den staatlichen Sammlungen Wiens das Kunsthistorische Museum und hier in letzter Instanz auf dem Musealsektor Dr. Fritz Dworschak, zunächst Kommissarischer Leiter,

Raffael, Sixtinische Madonna; Staatliche Kunstsammlungen, Dresden

später Erster Direktor des Hauses verantwortlich sei, eine Rolle, die Institut und Chef während des ganzen Krieges beibehielten. Die Instruktionen umfaßten fünf eng beschriebene Seiten. Sie waren in erster Linie für die damals bestehenden Außenstellen „Schloß" und „Jagd" gedacht und regelten praktisch alles, von der Bewachung bis zur Arbeit der Reinigungsfrauen. Als ständiges Personal einer Bergungsstelle wurde angegeben: ein Bergungsleiter aus den Reihen der Beamten des wissenschaftlichen Dienstes, ein weiterer Beamter der gleichen Stufe, ein Restaurator, der auftretende Schäden gleich an Ort und Stelle beheben konnte, einige Aufseher und eine entsprechende Wachmannschaft. Zu den Hauptaufgaben des Bergungsleiters gehörte die Kontrolle des Depots „an Hand der peinlich zu führenden und ständig zu prüfenden Listen", die Führung eines Tagesprotokolles mit Angabe aller wichtigen Ereignisse, aber auch die Angabe von Temperatur und Luftfeuchtigkeit in den Bergungsräumen.

Diese Dienstordnung bildete die Grundlage für alle weiteren Bergungen.

Punkt 2 und 3 dieser Dienstordnung aber lauten:

„2. Über die gesamte mit der Führung des Depots zusammenhängende Tätigkeit besteht strengste Verschwiegenheitspflicht."

„3. Verletzung derselben und Nachlässigkeit im Dienst ist Sabotage."

Was das in Kriegszeiten und in einer Diktatur bedeutete, braucht nicht näher erklärt zu werden und ist der Schlüssel dafür, daß lange Zeit Menschen neben solchen Bergungsstellen leben und arbeiten konnten, ohne von ihrem Vorhandensein Näheres zu wissen. Für die mit der Sache Befaßten aber waren nun die Weichen gestellt, die wichtigsten Angelegenheiten geregelt. Das System ließ sich beliebig ausweiten – und dazu war bald Grund und Anlaß genug. Wieder waren es – wie vorher und später auch – die Politik und der Kriegsverlauf, die das Schicksal der Kunstgüter bestimmten.

Im Jahr 1941 schien es noch, als sollte eine für Deutschland siegreiche Beendigung des Krieges nicht mehr lange auf sich warten lassen. Belgien, Holland, Frankreich, Dänemark, Norwegen und der Balkan waren von deutschen Truppen besetzt, England durch massive Bombenangriffe zermürbt. Europa war faktisch in den Händen der „Achsenmächte" Deutschland und Italien.

Aber wie einst Napoleon, so wurde auch Hitler seine Überschätzung der eigenen Kräfte zum Verhängnis. Als er im Sommer 1941, nach einer dauernden Verschlechterung der Beziehungen, Rußland angriff, war das Land zunächst auf diesen

Angriff nicht vorbereitet, und deutsche Truppen konnten bis vor Moskau vorstoßen. Aber der von Hitler erträumte „Blitzsieg“ nach dem Muster früherer Feldzüge stellte sich nicht ein. Die Russen wendeten, ebenfalls wie zu Napoleons Zeit, die Taktik der „verbrannten Erde“ an. Fast alle wichtigen Anlagen wurden nach Sibirien transferiert, und die deutschen Truppen stießen in einen „leeren“ Raum vor. Noch im Herbst versuchte Hitler, Moskau zu nehmen. Aber was Napoleon gelungen war, scheiterte diesmal am harten russischen Widerstand. Und bald begann sich auch der gefürchtete Winter auf die deutschen Armeen auszuwirken. Grimmige Kälte erschwerte alle Operationen. Zum ersten Mal „lief“ eine Aktion nicht so, wie der sieggewohnte Führer es erwartet hatte.

Dazu kam, daß sich der Weltkrieg zur selben Zeit neuerlich ausweitete. Das mit Deutschland verbündete Japan veranlaßte durch seinen Angriff auf die amerikanische Flottenbasis Pearl Harbour die USA dazu, in den Krieg einzutreten. Japan konnte zwar – wie vor ihm schon Deutschland – anfangs enorme Erfolge erzielen, aber bald machte sich die wirtschaftliche Überlegenheit der großräumigen Staaten mit ihren Rohstoffreserven bemerkbar. Die von Importen abhängigen Länder Deutschland und Japan konnten da auf die Dauer nicht Schritt halten. Und je länger der Krieg sich hinzog, umso deutlicher wurde das. Als auch der Sommer 1942 und die damit einhergehende Offensive in Rußland keine Entscheidung zugunsten von Hitlers Armeen brachten, waren eigentlich die Würfel gefallen.

Etwa zur selben Zeit begannen sich die Hilfslieferungen der USA auf die englische Wirtschaft auszuwirken. Die Verluste der Deutschen, z. B. im U-Boot-Krieg, wurden immer größer. Die unmittelbarste Bedeutung für die Bevölkerung, aber auch für das gesamte wirtschaftliche und kulturelle Leben hatte jedoch die Tatsache, daß nun von England aus die Fliegerangriffe auf deutsche Städte begannen. Sie betrafen zunächst die Industriezentren, aber auch die Schwerpunkte von Verkehr und Verwaltung. Das Ruhrgebiet, Hamburg oder Berlin waren bald gefährliche Aufenthaltsorte. Der Luftkrieg forderte immer mehr Opfer, brachte immer mehr Zerstörungen, und zwar aufgrund der technischen Entwicklung in einem Ausmaß, das alle Erwartungen übertraf. Man versuchte, die Verluste zu verringern, indem man Menschen und wertvolle Güter in den Süd-

Duisburg, Lieb-Frauen-Kirche, zerstört durch Bomben in der Nacht vom 5. auf den 6. Juni 1942

osten des Reiches, nach Bayern und auch in die „Donau- und Alpengaue“, wie Österreich seit 1942 genannt wurde, evakuierte. Zunächst konnten diese Gebiete den Zustrom auch aufnehmen.

Gleichzeitig wurden aber auch dort die Verteidigungs- und Schutzmaßnahmen verstärkt, hauptsächlich aus Vorsicht, wie man kurze Zeit hindurch glaubte, vorbeugend und nicht aus bitterer Notwendigkeit. Hatte man bisher die Befolgung der Erlässe und Richtlinien, die den Luftschutz und innerhalb desselben die Sicherung von Kulturgütern betrafen, immer noch nicht sonderlich wichtig genommen, so wurden nun strengere Maßstäbe angelegt.

Kaum war das geschehen, wurde die Lage ernst, und zwar rasch und unerwartet: Der März 1942 brachte für Wien den ersten Fliegeralarm. Nun wurden die Maßnahmen weiter verstärkt und beschleunigt, die Organisation verbessert und gestrafft. Mit Erlaß vom 27. Mai 1942 setzte der Reichserziehungsminister als oberste Hüter der Kunstschätze die Gauleiter ein, also die im Gau führenden Parteifunktionäre. Daß die Angelegenheit ihnen und nicht den Reichsstatthaltern, also den leitenden Verwaltungsbeamten übertragen wurde, ist erstaunlich und läßt darauf schließen, daß man sich von den Parteistellen eine energischere, absolut „linientreue“ Durchführung erwartete. Nur wo – wie in Wien – beide Funktionen in einer Hand lagen, machte das keinen Unterschied. Es war der ehemalige Reichsjugendführer, Baldur von Schirach, der damit zum Chef der Kunstgütersicherung wurde, und er widmete, wie zu zeigen sein wird, der neuen Aufgabe größte Beachtung. Ihm zur Seite stand der „Reichskulturreferent“ Dr. Hermann Stuppäck, und innerhalb der Behörde wurde nun eine eigene Abteilung zur Durchführung der verschiedenen Luftschutzmaßnahmen auf kulturellem Gebiet geschaffen, der Dr. Ludwig von Berg vorstand (siehe Anmerkung 3). Er hatte nicht nur den Kontakt zwischen dem Gauleiter und den Direktoren der staatlichen Museen aufrechtzuerhalten und ihre Tätigkeit zu koordinieren, ihm unterstand auch die Sicherung anderer Institutionen von kultureller Bedeutung wie der Wiener städtischen Sammlungen, des Heeresmuseums, der Akademien, Theater und Bibliotheken, des kirchlichen Eigentums und der zahlreichen Privatsammlungen, ein gewaltiger Aufgabenbereich also.

War bisher von der Annahme ausgegangen worden, daß Wien selbst nie ernstlich gefährdet sein werde, daß es außerhalb jeder Angriffsabsicht und -möglichkeit lag, so mußte man nun zur Grundlage aller Überlegungen machen, daß diese Sicherheit nicht mehr gegeben war – und das zu einer Zeit, als Mangel an Arbeitskräften und Material jede Aktion schon empfindlich beeinträchtigte. Dazu kam, wie von Berg bemerkte, eine eher ablehnende Haltung gegenüber allen Bestrebungen zur Wahrung von Kunstschätzen. Bevölkerung und auch Ämter vertraten häufig den Standpunkt, daß Menschenschutz Vorrang vor dem Schutz von Sachgütern habe, auch wenn es dabei um unersetzliche Kulturwerte ging. Man wurde „geradezu als eine Art gefühlloser Unmensch" hingestellt, wenn man Material für solche Zwecke beanspruchte, schreibt Berg in seinem rückblickenden Bericht. Trotzdem wurde die Aktion intensiviert, innerhalb Wiens und auch außerhalb.

Jene Denkmäler, die nicht von ihrem Standort entfernt werden konnten, wurden damals mit Schutzmänteln aus Ziegeln und Beton umgeben, die Pestsäule am Graben etwa oder das Westportal von St. Stephan. Was beweglich war, wurde verlagert. Nach fast drei Jahren der Ruhe wanderte ein neuer, zweiter Schub von Kunstschätzen aller Art in sichere Depots: Kirchenfiguren, Glasfenster, Statuen, Möbel, Altäre, Archive und Sammlungen – alles wurde mehr oder weniger sorgfältig verpackt und in frisch adaptierte Kellerräume, Bankgewölbe und neue Bergungsorte gebracht. Dazu waren gewaltige organisatorische Maßnahmen nötig, der Apparat wuchs ebenso rasch wie die Bedeutung, die ihm zukam.

Immer schwieriger wurde es auch, neue Bergungsorte ausfindig zu machen, die alle Voraussetzungen erfüllten. Da war zunächst der Grundsatz der Dezentralisierung, der weiterhin verfolgt wurde. Er verlangte vor allem, daß ein Institut seine kostbarsten Schätze auf mehrere Plätze verteilte, damit die Zerstörung eines Depots nicht den Verlust des Gesamtbestandes einer Gattung bedeutete. Da aber keine unbegrenzte Zahl von geeigneten Orten zur Verfügung stand, entschied man sich für das Prinzip der „gemischten Bergungen", das heißt, in jedem Depot lagerten mehrere Institute Teile ihrer Bestände.

Weiters war zu beachten, daß die Bergungsstelle nicht in der Nähe irgendwelcher Rüstungsbetriebe oder anderer kriegswichtiger Zentren eingerichtet wurde. War eine Bergungsstelle einmal geschaffen, so galt es umgekehrt zu verhindern, daß nachträglich durch die Verlagerung solcher Betriebe in die Nähe oder durch Einquartierung von Flüchtlingen eine Gefährdung entstand. All das zu bedenken und die entsprechenden Vorkehrungen zu treffen, war Aufgabe der Abteilung Dr. Ludwig von Bergs. Seine Bemühungen fanden auch meist die Billigung seiner Vorgesetzten ebenso wie die Unterstützung der Museumsdirektoren, die ihm in diesen Belangen unterstanden.

Bezüglich eines anderen Grundsatzes waren sich allerdings nur die Museumsleiter und von Berg bis zum Schluß einig: Österreichische Kunstgüter sollten nur innerhalb der Ostmark, tunlichst sogar im Wiener Nahbereich geborgen werden. Das entsprach auch insofern der Gesetzeslage, als trotz der Annexion Österreichs das „Ausfuhrverbot" für Kunstschätze aus diesem Gebiet auch gegenüber dem „Altreich" aufrecht blieb, eine rechtliche Seltsamkeit am Rande der Ereignisse. Selbst die Verbringung von Gütern dorthin war nur in Ausnahmefällen und nur mit allerhöchster Bewilligung gestattet. Zunächst hatten dagegen auch der Gauleiter und seine unmittelbaren Untergebenen nichts einzuwenden, mit zunehmender Gefährdung Wiens tauchten jedoch in diesem Kreis immer wieder Pläne zu einer weiteren Verlagerung der Kunstgüter auf, auch in Gebiete außerhalb der Ostmark, und es bedurfte stets neuer Tricks und Argumente, das immer wieder zu verhindern.

Bei der Durchsicht von Listen der Bergungsorte stößt man auf die verschiedensten Namen, bekannte und unbekannte. Eines der wichtigsten Depots war das Stift Klosterneuburg. Daneben werden in einer Aufstellung für das staatliche Kunstgewerbemuseum, also das heutige Museum für angewandte Kunst in Wien noch folgende Namen genannt[9]: Eckartsau, Sierndorf, Schönborn, Sonnberg, Immendorf, Kirchstetten, Niederleis, Weinern, Waidhofen/Ybbs, Dobersberg und Gaaden. Manche dieser Bergungsstellen waren Schlösser oder Klöster. Aber auch dort, wo es sich um Ortschaften handelt, sind einige von ihnen so unbedeutend, daß man sie auf keiner der üblichen Landkarten findet. Sie sind Teil einer größeren Gemeinde, haben oft nur ein paar hundert Einwohner, und man stößt nur auf sie, wenn man ein Telefonbuch von Niederösterreich zur Hand nimmt. Dort findet sich auch die Erklärung: Irgendwo unter den Landwirten, Weinbauern und kleinen Handwerkern scheint plötzlich eine „Forstverwaltung“ auf, eine „Colloredo-Mannsfeld'sche Gutsverwaltung“, ein „Schloß“, ein „Haus der Barmherzigkeit“ als Zweigstelle eines Klosters, oder ein Pfarrhof – sichere Plätze zur Aufbewahrung, genauso wie seit 1939 schon „Schloß“ und „Jagd“. Die neuen Bergungsorte hatten übrigens keine Decknamen mehr, die Verwirrung wäre sonst zu groß geworden.

Die Wiener staatlichen Sammlungen verließ in jener Zeit ein Kunstgütertransport nach dem anderen. Ihre Zahl war so groß, daß zur Vereinfachung Abzüge und Formulare hergestellt wurden, die fortlaufende Nummern hatten und die für jede Ladung dreifach auszufüllen waren. Ein Exemplar ging zurück an die Sammlung, aus der die Güter kamen, eines bekam das Kunsthistorische Museum als Zentrale, und eines blieb am Bergungsort, nachdem dort die Übernahme bestätigt worden war. Natürlich waren alle diese Aufzeichnungen „streng vertraulich“.

Und wieder, wie schon im ersten Stadium, wurden die Musealbeamten mit der Situation und ihren Erfordernissen bald vertraut, nachdem der Schock, die Eile und die Angst vorüber waren. Gewisse Spielregeln begannen sich wieder abzuzeichnen. So gab es neben den neuen Bergungen auch immer wieder Rückholungen und „Verbringungen“ an andere Bergungsorte. Die Gründe dafür waren verschiedenster Art: Für manche Gegenstände war der zunächst gewählte Standort aus konservatorischen Gründen nicht günstig, manche Dinge wurden zu irgendeinem Zweck wie Sonderschauen oder Gedenkjahre gebraucht, und manchmal bleibt für den späteren Bearbeiter der Materie überhaupt unklar, warum die Objekte kreuz und quer von einem Depot zum anderen geschickt wurden. So wurde z. B. Brueghels „Vogeldieb“ (siehe Seite 13) aus dem Bergungsort „Schloß“ zurückgeholt und bis Februar 1945 in Wien im Postsparkassengebäude gelagert. Der Bergungsort „Jagd“ wurde 1942 überhaupt wieder aufgelassen und die Güter abermals verbracht, weil er sich als nicht sicher genug erwiesen hatte. Auch für Reproduktionen wurden immer wieder Bilder abgeholt. Man wollte ja den Anschein erwecken, das Leben gehe „normal“ weiter. 1942 wurden sogar noch Angestellte ei-

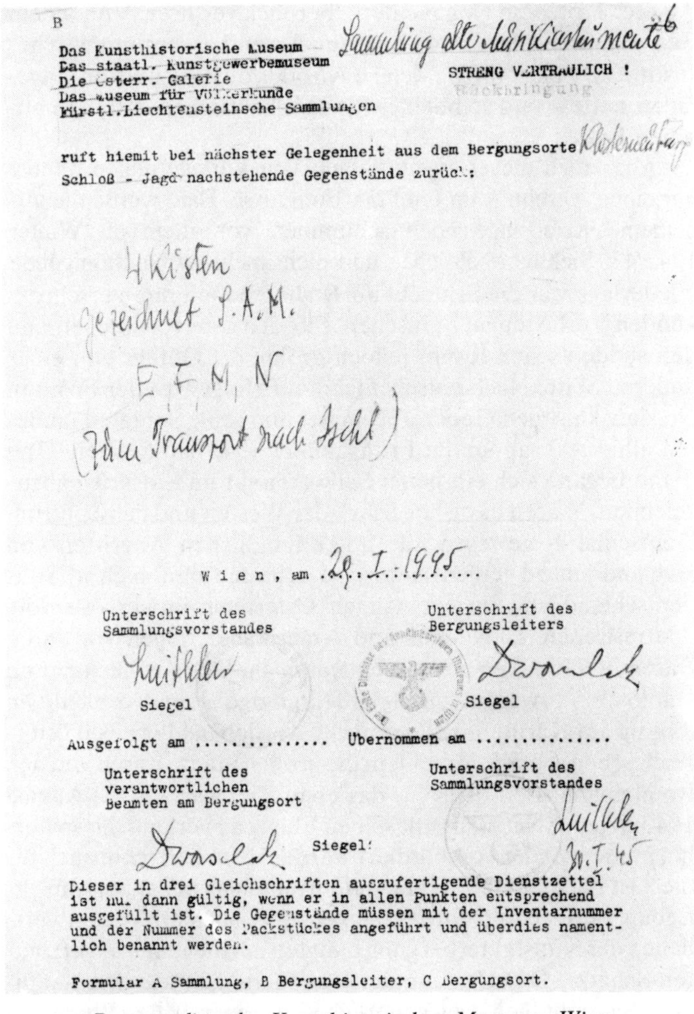
B

Das Kunsthistorische Museum
~~Das staatl. Kunstgewerbemuseum~~
~~Die Österr. Galerie~~
~~Das Museum für Völkerkunde~~
~~Fürstl. Liechtensteinsche Sammlungen~~

Sammlung alter Musikinstrumente

STRENG VERTRAULICH !

Rückbringung

ruft hiemit bei nächster Gelegenheit aus dem Bergungsorte Klosterneuburg

Schloß - Jagd nachstehende Gegenstände zurück:

4 Kisten
gezeichnet S.A.M.
E, F, M, N
(Zum Transport nach Ischl)

W i e n , am 29. I. 1945

Unterschrift des Sammlungsvorstandes

Unterschrift des Bergungsleiters

Siegel

Siegel

Ausgefolgt am ....

Übernommen am ....

Unterschrift des verantwortlichen Beamten am Bergungsort

Siegel!

Unterschrift des Sammlungsvorstandes

30. I. 45

Dieser in drei Gleichschriften auszufertigende Dienstzettel ist nur dann gültig, wenn er in allen Punkten entsprechend ausgefüllt ist. Die Gegenstände müssen mit der Inventarnummer und der Nummer des Packstückes angeführt und überdies namentlich benannt werden.

Formular A Sammlung, B Bergungsleiter, C Bergungsort.

Bergungsliste des Kunsthistorischen Museums Wien

ner Leipziger Verlagsfirma nach „Jagd" und „Schloß" hinausgeschickt, damit sie dort Aufnahmen machen konnten.[10]

Im Kunsthistorischen Museum aber wuchs – ebenso wie in anderen Zentralstellen im gesamten Reichsgebiet – das Aktenmaterial, das sich auf die Bergung bezog, füllte Ordner und

Pakete. Trotzdem ging nie der Überblick verloren. Von jedem Bergungsort lagen Listen auf, aus denen hervorging, welches Institut an welchem Tag welche Anzahl von Packstücken eingelagert hatte – und so blieb es bis zum hektischen und dramatischen Ende.

Aber auch dieser zweite Schub von Verlagerungen bildete nur einen Abschnitt im Lauf der Ereignisse. Bald wurde die allgemeine Kriegslage noch schlimmer, vor allem ab Winter 1942/43. Sichtbares Zeichen und nicht mehr zu beschönigende Niederlage war die Schlacht um Stalingrad mit ihren erschrekkenden Verlusten an Menschen. Für den österreichischen und den süddeutschen Raum jedoch drohte die Gefahr von einer anderen Seite. Nach entscheidenden Erfolgen an der Front in Nordafrika gegen General Rommel und seine Soldaten landeten alliierte Truppen im Frühsommer 1943 auf Sizilien. Und damit begann sich ein neuer Schwerpunkt im Luftkrieg abzuzeichnen. Waren es bisher „nur" der Westen und das Zentrum Deutschlands gewesen, die unter feindlichen Angriffen von England aus zu leiden hatten, so ertönten nun auch in Süddeutschland und im ehemaligen Österreich immer öfter die Alarmsirenen. Engländer und Amerikaner flogen von ihren Basen in Süditalien aus diesen Raum an. Der Kuckucksruf im Radio als Vorwarnung und die Durchsage „Feindverbände im Anflug auf Kärnten – Steiermark" wurden bald ein Teil österreichischen Alltags. Vor allem die großen Städte waren von den Bombenangriffen bedroht, das erste Ziel war am 13. August 1943 Wiener Neustadt mit seinen Flugzeugwerken, die späterhin immer wieder bombardiert wurden. Nun herrschte auch für die Ostmark akute Gefahr. Die Menschen begannen um ihr Leben, ihr Hab und Gut zu bangen, aber auch die Verantwortlichen der Kunstgüterbergung bangten um die ihnen anvertrauten Schätze. Der Umfang der Verlagerungen aus den staatlichen Sammlungen stieg neuerlich an zu einer dritten Phase von Bergungen, diesmal schon mit deutlichen Zeichen der Improvisation. Man konnte es nicht mehr allzu genau nehmen mit der Verpackung und der Art des Transportes. Zu Kriegsbeginn waren die Bestände der Münzsammlung noch in maßgefertigten Kisten verlagert worden, deren Größe genau den Museumsvitrinen entsprach, sodaß man die Tableaus nach der Rückführung nur herauszunehmen und in die Kästen einzuschieben

Bombenflugzeuge im Anflug über Kärnten/Steiermark, 12. März 1945

brauchte. Jetzt ging es schon weniger sorgsam zu, bei allem guten Willen und aller Mühe der Angestellten.

Eine der Ursachen war das Tempo, in dem die Verlagerungen erfolgen mußten, die andere aber der Materialmangel, der sich immer drückender bemerkbar machte. Schon von Kriegsbeginn an waren alle Güter rationiert gewesen. Nun wurden die Rationen immer kleiner, die Beschaffung von Material immer umständlicher. So mußte die Nationalbibliothek in Wien, um im Keller Stellagen für die Bergung anfertigen zu lassen, um einen Bezugsschein für 27 kg Nägel und andere Eisenwaren an die „Kriegswirtschaftsstelle im Reichsforschungsrat" in Berlin –Steglitz schreiben,[11] ein Amtsweg, der schon in normalen Zeiten und unter normalen Verhältnissen kompliziert genug war, angesichts des dringlichen Bedarfs und der immer schwieriger werdenden Postverbindungen aber fatal sein konnte. Auch der Personalmangel wurde durch Einberufungen zum Militärdienst immer drückender, und Transportmittel standen schließlich auch nicht mehr im nötigen Ausmaß zur Verfügung oder hatten nicht genug Treibstoff.

Heute würde jeder, der unter diesen Umständen zu arbeiten hätte, seinem Unmut laut Luft machen, aber auch das durfte man damals nicht. Wer „schimpfte" oder Zweifel am „Endsieg" äußerte, mußte mit einem Verfahren wegen „Zersetzung der Wehrkraft" rechnen, denn neben die tatsächliche Kriegsführung, die in allen Bereichen spürbar war, trat die sogenannte „psychologische": Die Feindmächte sollten den Eindruck gewinnen, daß Deutschlands Kraft materiell und ideologisch noch ungeschwächt sei. Vom 9. Dezember 1943 stammt ein Erlaß des Reichspropagandaministers Dr. Josef Goebbels,[12] in dem angeordnet wird, daß aus psychologischen und politischen Gründen bei Einsätzen – etwa bei Fliegerangriffen – das Wort „Katastrophe" nicht verwendet werden dürfe. Selbst auf den Einsatzwagen mußte das Wort „Katastrophenhilfe" auf „Soforthilfe" abgeändert werden.

Offiziell gab es also keine Katastrophe, sie wurde aus dem Vokabular gestrichen. In der Wirklichkeit zeichnete sie sich dafür immer deutlicher ab. Weder Menschen noch Material noch Kunstschätze waren mehr dort, wo sie hingehörten. Alles war in Fluß, alles in Frage gestellt, nichts mehr sicher.

Aber in diesem Wettlauf um Sicherheit setzte sich, was die Kunstschätze anlangte, bald eine Sammlung an die Spitze und bekam Vorrang, die erst im Entstehen war, die keiner kannte außer ein paar Eingeweihten. Diese Sammlung begann nun, alle herkömmlichen Museen zu überholen – denn es war die Sammlung des Führers, um die es dabei ging. Sie hat das Schicksal der Bergung der Wiener Kunstschätze so nachhaltig beeinflußt und so viel mit ihr gemeinsam, daß das Wissen um ihre Entstehung für den weiteren Gang der Ereignisse unerläßlich scheint.

2. Des Führers unsichtbare Sammlung

Hitler hatte stets Interesse für Kunst gezeigt, er begann auch schon früh mit Kunstkäufen, wobei er sich zunächst – Jugenderinnerungen folgend – vor allem mit der Münchener Schule des 19. Jahrhunderts befaßte. Bis 1938 hatte Hitler so eine bescheidene Sammlung aufgebaut, in der Hans Thoma, Wilhelm Leibl, Carl Spitzweg und Anselm Feuerbach eine

Rolle spielten, vor allem aber der heute völlig vergessene Eduard Grützner, dem Hitlers spezielle Vorliebe galt und den damals schon nur diese Vorliebe des Führers gelegentlich ins Gespräch brachte.

Seit der Annexion Österreichs waren des Führers Pläne jedoch ehrgeiziger geworden. Er wollte Linz, das er als seine Heimatstadt betrachtete, ein völlig neues Gesicht geben, es zu einer modernen Metropole zwischen Wien und München machen. Daß dieses Linz nach Hitlers Visionen auch ein prächtiges Museum haben müsse, verstand sich fast von selbst.

Von 1938 an verfolgte Hitler den Gedanken an diese große „Führersammlung" konsequent, er betraute die besten Kräfte mit dem „Sonderauftrag", an dem ihm so viel lag. Zum Leiter des Projektes ernannte er über Anraten seines bevorzugten Kunsthändlers Haberstock den Direktor der Dresdener Sammlungen, Dr. Hans Posse. Nach dessen Tod im Dezember 1942 folgte ihm Professor Dr. Hermann Voss, die Hauptlast der Arbeit trug aber Dr. Gottfried Reimer von der Dresdener Galerie. Posse, ein international anerkannter Kunstexperte, versuchte gleich zu Beginn seiner Tätigkeit, Hitler davon zu überzeugen, daß die Münchener Schule nicht unbedingt den Gipfel abendländischer Kunst darstellte, und Hitler hörte tatsächlich auf den Rat des erfahrenen Fachmanns. Unter Posses Leitung wurden die Ankäufe mit einemmal anspruchsvoller – und auch teurer. Hitler nahm die Mittel dazu aus den persönlichen Einkünften, die seiner Stellung als Reichskanzler entsprangen, und aus dem Verkauf des Buches „Mein Kampf". Aber auch aus der „Adolf-Hitler-Spende der deutschen Wirtschaft", einer Art Sondersteuer für Unternehmen, kamen im Jahr bis zu 300 Millionen Reichsmark. So war es möglich, daß sich in Hitlers Sammlung bald neben Waldmüller, Makart, Böcklin oder Defregger ein Bild von Rembrandt, zwei Rubens und ein Brueghel befanden. Einer dieser Ankäufe ist besonders wichtig: Hitler erwarb von der Familie Czernin ein Bild von Vermeer, von dem nur ganz wenige Werke erhalten sind, nämlich „Der Maler in seinem Atelier" (siehe Seite 31), und es wechselte um einen in die Millionen Reichsmark gehenden Betrag den Besitzer. Die Angaben über die tatsächliche Höhe variieren allerdings in den verschiedenen Darstellungen.

Nichts außer militärischen Fragen scheint den Führer so

sehr beschäftigt zu haben wie die Sammlung von Kunstschätzen für „sein“ Linz. Dafür war er bereit, enorme Summen auszugeben, aber bald auch bis zur Enteignung alle Mittel der Gewalt anzuwenden. Sehr früh schon ging es dabei nicht nur um die Freude an der Kunst allein, auch nicht um die Ansammlung von Werten, es ging auch nur zum Teil um die Demonstration von Macht und Pracht; das Museum sollte vielmehr nach dem Willen des Führers im Dienst der nationalsozialistischen Ideologie stehen. Die Deutschen sollten so sehen lernen, wie er es befahl, sie sollten das bewundern lernen, was in die Parteilehre paßte. Das Programm vollzog sich also nach einer kurzen Anlaufzeit einem genauen Plan entsprechend, „überlegt, fachmännisch und auf einen zentralen Zweck ausgerichtet“.[13]

In das Konzept war die Anerkennung und Wertschätzung aller europäischen Meister aufgenommen, von der Antike bis zur unmittelbaren Vergangenheit, das abendländische Erbe also. Nicht in das Programm gehörten die modernen Franzosen und die Werke der zeitgenössischen Künstler des Expressionismus und der abstrakten Kunst, die als „entartet“ verworfen wurden. Arbeiten dieser Richtungen wurden höchstens als Tauschobjekte zum Erwerb alter Meister verwendet.

Alle Käufe hätten jedoch nicht für ein Museum gereicht, schon gar nicht für eines von europäischem Format. Das Gros der Bestände kam bald durch andere Kanäle in Hitlers Hand. Da war zunächst der vor und besonders nach der „Reichskristallnacht“ vom 9. November 1938 enteignete Besitz der Juden, der Sammlungen wie die der Wiener Rothschilds mit Werken von Van Dyck, Tintoretto und Rembrandt enthielt, insgesamt mehr als tausend Bilder, von denen ein großer Teil für die Linzer Sammlung ausgewählt wurde, ebenso Plastiken und wertvolle Arbeiten des Kunstgewerbes – und hier erübrigte sich jede Form der Entschädigung. Dazu kamen noch die Sammlungen Bondy, Gutmann, Goldmann und „sonstiger Reichsfeinde“, zu denen auch Adelige wie der polnische Graf Lanckoronski zählten.

Um eine klare Rangordnung herzustellen und die Wünsche des Führers in erster Linie erfüllen zu können, wurde der sogenannte „Führervorbehalt“ geschaffen, das heißt, von den beschlagnahmten Schätzen mußte zuerst Hitler und seinen Beratern in Sachen Kunst, Posse vor allem, Meldung gemacht wer-

Vermeer van Delft, Malkunst (Der Maler in seinem Atelier); KHM, Wien

den. Erst nachdem hier die Wahl getroffen war, standen die übrigen Werke anderen Interessenten zur Verfügung.

So erhielt das Kunsthistorische Museum aus den beschlagnahmten Werken der Wiener Privatsammlungen unter anderem Bilder von Gainsborough, Reynolds und den Franzosen Boucher und Fragonard – vor allem deshalb, weil Posse die Engländer und Franzosen als Maler nicht so schätzte wie etwa die Italiener oder Holländer.[14]

Der Führervorbehalt galt auch, als 1940 und 1941 der gesamte Besitz der Kirche „sequestriert“ wurde, wie der Fachausdruck hieß. In der Praxis bedeutete das, daß der Kirche die Verfügungsgewalt über ihr Eigentum entzogen wurde.[15]

Ein Teil des Kirchenbesitzes sollte auf verschiedene Weise gleich „dem Volk" zugute kommen, ehrgeizige Pläne wurden auf Kosten der Kirche verwirklicht. So fiel zum Beispiel das gesamte Stift Kremsmünster mit seinem Besitz dem „Reichsgau Oberdonau" zu, aus dem Stift St. Florian sollte ein „Historisches Forschungszentrum" werden. Zu diesem Zweck wurde wertvollstes Gut aus den Stiften Lambach und Wilhering dorthin verlagert, von Kremsmünster unter anderem Handschriften und Noten aus dem Musikarchiv. Auch ein Rundfunkzentrum – vor allem zur Aufnahme klassischer Musik – sollte in St. Florian entstehen. Im Lauf der Zeit sammelten sich dort ganze Wagenladungen barocker Möbel, Spiegel und Musikinstrumente ebenso wie eine Bibliothek mit 5.000 Bänden zum Thema Musik, Kunst und Literatur an.[16] Die Nähe St. Florians zu Linz trug sicher dazu bei, daß gerade dieses Stift eine besondere kulturelle Aufgabe zugeteilt erhielt. Ein anderes Beispiel ist die Verlagerung von steirischem Klosterbesitz nach Graz. Aus dem Stift Lilienfeld in Niederdonau gingen Handschriften an die Österreichische Nationalbibliothek, sie wurden allerdings – wie anderes beschlagnahmtes Gut auch – nach Kriegsende bald wieder zurückgestellt.[17]

Was mit anderen Klöstern, Stiften und Herrensitzen und ihrem Inhalt geschehen solle, darüber wurde zunächst noch nicht einheitlich entschieden. Aus den reichen Beständen wurden vorerst nur einige Stücke ausdrücklich für die Führersammlung ausgewählt, wie etwa die Altartafeln von Hohenfurth. Aber selbst was ausgewählt war, wurde oftmals nicht sofort abtransportiert sondern blieb an Ort und Stelle. Grund dafür war, daß ja das geplante Museum in Linz vorerst nur auf dem Papier und als Modell bestand. Es gab keinen gemeinsamen Sammelplatz für die ausgewählten Güter. Dazu kam der Zeitmangel. Die Ereignisse überstürzten sich, deutsche Soldaten waren inzwischen dabei, halb Europa zu erobern. Man kam infolge der Kriegsereignisse nicht mehr dazu, den Kunstschätzen soviel Aufmerksamkeit zu widmen, die Projekte so rasch zu realisieren wie geplant. Wichtige Entscheidungen wurden auf die Zeit „nach dem Kriegsende" verschoben. So verblieb die Aufgabe, all diese Schätze zu hüten, zu erhalten und zu verwahren, den

„Gaukonservatoren“, in Wien und Niederdonau dem „Institut für Denkmalpflege“, das ein Nachfolger der „Zentralstelle für Denkmalschutz“ war, die vor 1938 bestanden und ihrerseits das frühere „Bundesdenkmalamt“ abgelöst hatte.

An die Spitze dieses Institutes war mit Hitlers Machtübernahme DDr. Herbert Seiberl gelangt, ein für solch eine Aufgabe relativ junger Mann. Er war nicht nur Doktor der Rechte und der Philosophie mit dem Fach Kunstgeschichte, er hatte auch eine Ausbildung zum akademischen Maler und Restaurator hinter sich. Seiberl war damit ein Mann, der seinen Voraussetzungen nach ausgezeichnet auf den Posten paßte, der ihm zugesprochen wurde. Aber nicht nur fachlich war er bestens geeignet. Er war überdies ein großartiger Organisator, ein Mensch, dem etwas einfiel und der für alles einen Weg fand. Mit seinem Weitblick war er vielen anderen überlegen – nur wußte damals niemand, wie notwendig gerade diese Eigenschaften in der Zukunft sein würden. Und noch etwas hatte er, was in jenen Zeiten unumgänglich war: eine niedrige Parteinummer, die ihn als verläßlichen Mitarbeiter auch von der Gesinnung her empfahl. Daß für ihn zuerst die Kunst kam und dann erst die Interessen der Partei, stellte sich erst viel später heraus und gereichte vor allem den österreichischen Kunstschätzen zum Segen.

Galt es für Seiberl zunächst, mit den Bevollmächtigten der Führersammlung über die künftige Verwendung und den Verbleib der Werke zu beraten, so trat bald eine andere Aufgabe in den Vordergrund, die unter der obersten Leitung Dr. von Bergs und seiner Abteilung in der Reichsstatthalterei zu bewältigen war, nämlich die Bergung der Kunstgüter im Rahmen der Luftschutzmaßnahmen. Statt die Bestände zu sammeln, mußte man sie, ähnlich wie die staatlichen Sammlungen, „dezentralisieren“, wie der Auftrag lautete, also aufteilen. Seiberl wählte zu diesem Zweck in erster Linie Pfarrhöfe und Klöster für kirchliches Gut, Schlösser und Landsitze zur Unterbringung von Kunstschätzen aus jüdischem Eigentum. Bald gab es in Niederdonau neben den Bergungsdepots der staatlichen Sammlungen ein Netz von Bergungsorten des Institutes für Denkmalpflege. Ähnliches vollzog sich in Oberdonau unter der Leitung des dortigen Gaukonservators, Dr. von Juraschek. Was die Verlagerungen in Oberdonau besonders wichtig machte, war natürlich die Tatsache, daß Linz, der Sitz der künftigen Führersammlung, in diesen Bereich fiel. Nichts lag näher, als Werke, die für Hitlers Museum bestimmt waren, gleich im Bereich von Linz zu lagern. Das galt auch, als sich der Bergungsort „Jagd“ als nicht geeignet erwies (siehe Seite 24) und ein neues Depot für die dort geborgenen Kunstgüter gefunden werden mußte. Seiberl und Juraschek begannen deshalb, ihre Zusammenarbeit zu intensivieren und Ausschau zu halten nach einem größeren, möglichst sicheren Gebäude in passender Entfernung von Linz, aber abseits der wichtigen Bahnlinien und Durchzugsstraßen.

Mit Schreiben vom 8. 2. 1941 unterbreitete Juraschek den vorgesetzten Stellen den Vorschlag, auch in Oberdonau ein Kunstdepot zu schaffen. Am 5. Mai erfolgte die Zustimmung aus Berlin – Kremsmünster erhielt den Zuschlag, es erfüllte auch sonst alle nötigen Voraussetzungen: In den weitläufigen Gebäuden gab es reichlich Platz, hier konnte sogar im Bedarfsfall ein Depot größten Ausmaßes entstehen. Zunächst wurden nur im November 1942 die Bestände aus den Rothschildschen Sammlungen der Bergung „Jagd“ hierher gebracht,[18] aber auch für den übrigen Platz ergab sich bald eine Verwendung.

Während im deutschen Raum die beschlagnahmten oder sichergestellten kirchlichen und privaten Güter noch gesichtet wurden, hatten sich dem Führer und seinen Helfern neue, gigantische Möglichkeiten zum Ausbau des geplanten Museums erschlossen. Sie wuchsen mit jedem Land, das die deutschen Truppen besetzten. Besonders in Frankreich, Belgien und Holland gab es wahrhaft ungeheure Mengen von Kunstschätzen aus glorreicher Vergangenheit. Da tauchten nicht nur im Kunsthandel neue Werke auf, die angekauft werden konnten, es gab auch hier Rothschilds und andere vermögende Familien, deren Besitz plötzlich zur Verfügung stand. Die Eigentümer waren geflohen, nicht nur aus ihren Schlössern und Stadtwohnungen um und in Paris, sondern sie waren zum Teil emigriert, bevor es dazu zu spät war. Das „herrenlose“ Gut sicherzustellen und so vor Plünderung durch andere zu bewahren, schien durchaus ehrenwert. Dazu kam als ideologisches Motiv, daß Bücher, Archive und „sonstige Kulturgüter“ beschlagnahmt werden müßten, um später eine „geistige Auseinandersetzung“ zu ermöglichen – alles natürlich erst nach der siegreichen Beendigung des Krieges.

Zu diesem Zweck wurde der „Einsatzstab Reichsleiter Rosenberg“ (kurz E. R. R.) geschaffen. Mit Führerbefehl erhielt er die Aufgabe, alles geeignete Material zu sammeln, später sollte es dann inventarisiert, photographiert und geordnet werden, damit es für die Auswertung zur Verfügung stünde. Der Führer würde dann natürlich auch von seinem Recht auf erste Wahl Gebrauch machen.

Und so begann die Suche: in den Häusern der Rothschilds und anderer Juden, in den Loire-Schlössern, in den Bankdepots von Paris, Nevers und Angoulême und in den Bergungsorten der Pariser Museen – denn auch dort hatte eine Kunstgüterbergung stattgefunden, nicht nur in Deutschland, und Einflußreiche hatten sich mit ihrem Privatbesitz angeschlossen. Aber auch in den Lagerhäusern von Bordeaux und anderen Atlantikhäfen sowie in den Hallen der großen Speditionsfirmen wurde erfolgreich Nachschau gehalten, denn dort waren die Schätze der Emigranten zum Abtransport nach Übersee bereitgestellt.[19]

Nicht nur der E. R. R. führte diese Schatzsuche in Frankreich durch, ein paar weitere Stellen kontrollierten das Vorhandene, und Reichsmarschall Göring mit seinen Getreuen spielte dabei zumindest eine Zeitlang eine nicht unbedeutende Rolle. Alles wurde zunächst in zwei Depots in Paris gesammelt und schließlich nach Deutschland abtransportiert. Im allgemeinen blieben die staatlichen Museen und die aus ihnen verlagerten Schätze dabei unangetastet, aber das beschlagnahmte Privatvermögen war für sich schon gigantisch, die Menge der Bestände, die damals in Fluß geriet, kaum vorstellbar, wenn die Zahlen auch nur halbwegs stimmen – und sie stützen sich auf deutsche Berichte: 42 Kisten, Koffer und Kassetten mit Schmuck, zum Teil aus der Renaissancezeit, wurden allein aus dem Besitz der Pariser Rothschilds beschlagnahmt, als berühmtestes Bild die „Drei Grazien“ von Rubens. Dazu kamen weitere Privatsammlungen, jede mit Millionenwert. Laut Meldung des Sonderstabes Bildende Kunst im Einsatzstab Reichsleiter Rosenberg vom 16. April 1943 verließen bis zu diesem Zeitpunkt 92 Waggons mit insgesamt 2775 Kisten voller Kunstschätze Frankreich, bis Juli 1944 weitere 134 Waggons mit 4174 Kisten. Ähnliches geschah in Belgien und Holland. Aus einem anderen, bei Ruth und Max Seydewitz zitierten Arbeitsbericht des Sonderstabes geht hervor, daß bis 1944 insgesamt 21.903 Kunstgegenstände aus den besetzten Ländern Westeuropas erfaßt waren. Darunter befanden sich „einige hundert Werke allererster Qualität, Spitzenwerte der europäischen Kunst." Bedauernd wird festgestellt, daß „aus Mangel an Fachkräften" ein Teil der Bestände „noch nicht wissenschaftlich inventarisiert werden konnte." Die Zahl der Kunstschätze, die den Deutschen zur Verfügung stand, war also wesentlich höher.

Kein Wunder, daß der Führer beste und reichste Auswahl hatte. Seine Experten wußten kaum, wo sie anfangen sollten, denn auch aus Griechenland und dem Balkan trafen Transporte ein. Der Schaffung eines Museums von wahrhaft imposanter Größe schien von der Sache her nichts mehr im Wege zu stehen.

Und trotzdem kam keine rechte Freude auf, wurde man des Erfolgs nicht froh. Die Ursache dafür lag im Verlauf des Kriegsgeschehens. Auch hier wie bei den österreichischen Kunstschätzen wurde die Bedrohung immer größer, die aus der ständigen Zunahme der Fliegerangriffe erwuchs. Es gab keine Möglichkeit, und es war angesichts der Lage auch unverantwortbar geworden, die ganze „Beute" an einem Ort zu vereinigen. Trafen Transporte aus den besetzten Ländern ein, so mußte man sofort und vor allem dafür sorgen, sie aus den Gefahrenzonen des immer heftiger werdenden Luftkrieges zu entfernen, sie irgendwo bombensicher zu bergen. Gerade ihr ungeheures Anwachsen ließ so die Sammlung des Führers immer mehr zu einer „unsichtbaren Sammlung" werden.

War zuerst der „Führerbau" in München neben Wien und Dresden Zentralstelle für das im Altreich und aus den besetzten Gebieten anfallende Kunstgut gewesen, so wurden die Schätze bald im ganzen süd- und mitteldeutschen Raum verteilt. Bergungsstellen wurden – ähnlich wie in der Ostmark – geschaffen: in Schlössern, Klöstern und anderen festen Gebäuden im ländlichen Raum. Welche Odyssee manche dieser Werke inzwischen hinter sich hatten, sei an einem markanten Beispiel aufgezeigt, dem Genter Altar der Brüder van Eyck: Das Werk war offiziell weder enteignet noch beschlagnahmt noch gekauft worden und unterschied sich dadurch von vielen anderen Gütern, aber Hitler hatte bereits Ansprüche darauf erhoben.

Hubert und Jan van Eyck, Detail des Genter Altars; St. Bavo, Gent

Eines der ersten Ölgemälde des Abendlandes, wurde es oft als das größte Kunstwerk Belgiens bezeichnet. Ursprünglich war der Flügelaltar in der Kirche St. Bavo in Gent gestanden. Nach Irrfahrten, die schon am Anfang des 19. Jahrhunderts begannen und in deren Verlauf ein Teil der Tafeln in den Besitz des preußischen Königs gelangt war, hatte Belgien im Frieden von Versailles diese Stücke von Deutschland zurückverlangt und auch bekommen, einer der seltenen Fälle, in denen Kunstwerke als Wiedergutmachung nach Kriegsereignissen beansprucht wurden. In Anbetracht der Tatsache, daß es sich um einen rechtmäßigen Ankauf gehandelt hatte, sicher eine etwas fragwürdige Aktion. Als nun der Zweite Weltkrieg ausbrach, fürchteten die Belgier zu Recht, die Deutschen würden trachten, den Altar wieder zu bekommen, und sie übergaben ihn deshalb den Franzosen zur Sicherstellung. Damit begann eine neue Reise. Um alle Eventualitäten auszuschließen, transportierten die Franzosen ihn nämlich bis in den kleinen Ort Pau in Südfrankreich, wo eine Bergungsstelle eingerichtet worden war. Aber die Deutschen erfuhren davon, und nach der Niederlage Frankreichs forderte Hitler, dem der Friede von Versailles ja in jeder Hinsicht anfechtbar schien, prompt die Auslieferung. Schließlich beugte sich die Regierung Restfrankreichs, die in Vichy ihren Sitz hatte, und stimmte der Herausgabe des Kunstwerks zu. Nun reiste der Altar über Paris und München an den Chiemsee und wurde dort auf einer der Inseln geborgen. Eigentlich sollte er restauriert werden und hätte das auch dringend nötig gehabt. Aber wir werden dem Genter Altar noch an anderer Stelle begegnen.

Eine besondere Rolle bei den Bergungen im süddeutschen Raum spielte Schloß Neuschwanstein bei Füssen. In dem monströsen Phantasiebau Ludwigs II. hatte der Einsatzstab Reichsleiter Rosenberg eine große Zahl von Werken vereinigt und ein Hauptdepot eingerichtet. Da gab es Fluchten von Räumen mit Kunstschätzen, allein zweitausend Objekte aus Gold und Silber aus der Pariser David-Weill-Sammlung, da waren Schmuckstücke aus Jade, Achat, Onyx und Jaspis, und selbst die Gänge waren vollgestopft mit Möbeln, Porzellangeschirr und anderem Gerät. Als Neuschwanstein schließlich nach dem Krieg geräumt werden sollte, ergab das über 150 Lastwagenladungen.[20] Da war aber auch der ganze „Apparat", den der Einsatzstab aufgebaut hatte: die Ordner und Unterlagen über die gesammelten Schätze in langen Regalen und Karteikästen und ein komplettes Fotolabor, in dem die Aufnahmen von den Kunstwerken hergestellt worden waren. Reichsleiter Rosenberg hatte 1942 dort sogar eine Ausstellung jener Dinge vorgehabt, die in Frankreich für die Führersammlung ausgesucht worden waren, die Ereignisse überholten aber diesen Plan, noch bevor er voll ausgereift war.

Nun mußte man trachten, nicht noch mehr dort anzuhäufen sondern weiter zu dezentralisieren, was für die Führersammlung in Frage kam. Aber wohin noch sollte man mit den Schätzen ausweichen? Alle in Frage kommenden Schlösser, Herrensitze und Klöster schienen schon belegt mit Kunstwerken.

In dieser Situation bewährte sich in besonderem Maß das Stift Kremsmünster, mit allen Vorteilen, die es seiner Lage nach zu bieten hatte, und mit all dem Platz, der noch vorhanden war. Vor allem Direktor Posse nützte die neue Situation ergiebig aus und machte von den sich bietenden Möglichkeiten Gebrauch. Transport um Transport rollte bald hierher. Zum Rothschild-Besitz, der neben den Sammlungen anderer Wiener Familien bisher den Hauptanteil an der Kremsmünster Bergung gehabt hatte, kam bald die „Sammlung Lanz", die Posse in Holland für Linz erworben hatte. Bis zu Posses Tod im Dezember 1942 waren schon 2127 Kunstgegenstände in Kremsmünster gelagert, darunter 491 Gemälde, 490 Graphiken, Handzeichnungen und Aquarelle, 327 Möbelstücke und 328 Plastiken.[21] Und in diesem Zusammenhang taucht neben Seiberls Namen ein neuer auf, der mit der Kunstgüterbergung untrennbar verbunden ist, nämlich der des Restaurators am Wiener Kunsthistorischen Museum, Franz Sochor. Er war damals in Kremsmünster und legte bis Februar 1944 schier endlos lange Listen des Inventars an – und dabei vermerkte er nicht nur den ursprünglichen Besitzer, etwa A. R. für Alphonse de Rothschild oder L. R. für Louis de Rothschild, sondern auch die alten Inventarnummern der Objekte und verschlüsselte Angaben darüber, worum es sich handelte, etwa „K" für Bilder, „K G" für Graphiken und „K Ku" für Gegenstände des Kunstgewerbes. Je ein Durchschlag dieser Aufstellung findet sich heute noch bei den Bergungsakten des Kunsthistorischen Museums in Wien,[22] dessen Angestellter Sochor war, und im Bundesdenkmalamt. Kaum jemand hat es mit den Angaben so genau genommen. Sie waren unter anderem nach dem Krieg eine unschätzbare Grundlage für die Feststellung, was überhaupt vorhanden gewesen war.

Bald kamen aus dem Raum München immer mehr Güter, so viele, daß zwei weitere Depots ausfindig gemacht werden mußten, in denen Zwischenlagerungen durchgeführt werden konnten, Schloß Kogl im Attergau und Schloß Ebenzweier bei Gmunden. Später blieben Güter auch für längere Zeit dort. Damit waren drei neue Bergungsstellen für die Führersammlung in Oberdonau geschaffen, eine davon im Salzkammergut, das im weiteren Verlauf noch eine bedeutende Rolle spielen sollte.

Aber in das Projekt geriet mehr und mehr Unruhe. Die Bestände waren dauernd in Bewegung, wechselten Standort und Zusammensetzung. Listen wurden begonnen, nicht fertiggestellt und eine Neuordnung nach anderen Gesichtspunkten angefangen, niemand hatte mehr einen echten Überblick. Dazu kam, daß nach wie vor die Zentrale, was Auswahl und sachgerechte Betreuung anlangte, bei der Direktion der Dresdener Sammlungen lag, die inzwischen zeitweise auf Schloß Weesenstein in Sachsen ihren Sitz hatte, weil ein Aufenthalt in der Stadt selbst zu gefährlich wurde. Das erschwerte die organisatorische Arbeit und führte dazu, daß wichtige schriftliche Unterlagen dort, das Kunstgut aber über Bayern und Oberdonau verteilt aufbewahrt wurde. Sollten rasch Entscheidungen getroffen werden, so war das schier unmöglich, der Apparat zu schwerfällig, obwohl Dr. Gottfried Reimer als Verbindungsmann immer wieder zwischen den einzelnen Stellen und der Zentrale hin und her pendelte.

Kaum je Kontakt mit den Schätzen, die allerorten verborgen waren, hatte jedoch der, für den alles bestimmt war, der den Anstoß zu diesem gigantischen Unternehmen gegeben hatte – der Führer selbst. Ab und zu nur wurden ihm Teile des Vorhandenen bei Besuchen gezeigt, wurde er über die Fortschritte informiert, oder man überreichte ihm Alben mit Abbildungen. Aber alles war Stückwerk, als Ganzes un„begreif"bar. Auch wir Heutigen können uns nicht vorstellen, wie das Führermuseum nach seiner Fertigstellung ausgesehen hätte, es existieren nicht einmal mehr Gesamtlisten.

Trotzdem ist eines sicher: Es waren unschätzbare Werte, unzählige Kunstwerke, die in den Bergungsorten ihrer Bestimmung harrten, um deren Existenz der Führer wußte und um die seine Gedanken bis zum Ende kreisten. Nie jedoch bekam er all das zu sehen, was aus ganz Europa für ihn zur Auswahl bereitgehalten wurde. Es blieb für immer eine „unsichtbare Sammlung", der sein Denken und Wünschen gegolten hat, eine Fata Morgana, im Entstehen schon sich wieder auflösend – ein Traum, ebenso groß, ebenso unerfüllbar, aber auch ebenso sehr auf Unrecht gebaut wie der Traum vom Tausendjährigen Reich.

II.

Im Grubenlicht

1. Letzte Zuflucht vor den Bomben

„Feindverbände im Anflug auf Kärnten – Steiermark . . .“ Jeder, dessen Herz an etwas hing in jenem Frühsommer 1943, mußte sich fragen, wie er es nun am besten bergen und bewahren solle, wie es weitergehen werde, nun, da die Ostmark in den direkten Anflug- und Angriffsbereich der alliierten Bomber gekommen war. Unaufhaltsam rückten die gelandeten Truppen in Italien vor, und mit jedem Meter Boden, den sie gewannen, mit jedem Flugplatz, der ihnen in die Hände fiel, vergrößerte sich das Risiko für die Menschen und ihre Habe, für alles, was ihnen lieb und wert war.

Noch waren keine Bomben gefallen, noch gab es keine Opfer zu beklagen, keine Verluste zu registrieren, aber wie lange würde dieser Zustand dauern? Wie bald würde es auch im ehemaligen Österreich so aussehen wie jetzt schon in Westdeutschland? Wenn nur erst einmal der Luftkrieg losbrach über dem Land, würde es zum Überlegen zu spät sein, würden Maßnahmen nicht mehr in Ruhe durchgeplant und durchgeführt werden können. Wenn etwas geschehen sollte, dann mußte es sofort geschehen, gleich und gründlich.

Der Leiter des Instituts für Denkmalpflege in Wien, Seiberl, und sein Kollege Juraschek, beide verantwortlich für unschätzbare Güter aus geistlichem und privatem Besitz, unter anderem in Oberdonau, hatten ein waches Auge für die Entwicklung, die sich anbahnte. Seiberl hatte außerdem Kontakte zu Kollegen aus jenen Gebieten, die nicht so gut daran waren , wie es die Ostmark bisher gewesen war. So wußte man, was bevorstand, es war nur noch nicht ganz klar, wie der Gefahr begegnet werden könne. Während in den staatlichen Sammlungen ein dritter Schub von Bergungen einsetzte (siehe Seite 26 f.), dachten die Gaukonservatoren einen Schritt weiter. Sie waren sich klar: Nun genügte das „Dezentralisieren" nicht mehr. Es nützte kein Pfarrhof, kein Kloster, keine noch so feste Mauer. Wenn die Luftangriffe wirklich konzentriert einsetzten, mußte man der Gefahr schon anders begegnen. Man müßte einen Bunker haben, einen besonders tiefen Keller mit viel Erdreich darüber, das die Wucht und die Sprengwirkung der Bomben dämpfen, die Erschütterung mindern könnte. Am besten wäre wohl ein Tunnel, ein Stollen – oder ein Bergwerk.

Schon früher hatte der Ministerialdirigent Dr. Hieke, Referent für Denkmalpflege beim Reichsminister für Wissenschaft, Erziehung und Volksbildung in einem Rundschreiben an alle Institutionen für Denkmalpflege darauf hingewiesen, daß Bergwerke auf ihre Eignung als Kunstgüterdepots zu prüfen wären.[23] Nun erinnerten sich Seiberl und Juraschek daran und wollten herausfinden, ob diese Idee in ihrem Wirkungsbereich in die Praxis umsetzbar wäre. Sie wollten die Bedingungen dafür sondieren, und sie wählten dazu den Salzberg von Altaussee. Von wem der endgültige Anstoß dazu ausging, kann heute kaum mehr festgestellt werden. So berichtet Juraschek in einem Brief an den Gauleiter von Oberdonau, Eigruber, vom 4. Jänner 1944[24], er freue sich, „daß durch die beiden Bergungsorte in Oberdonau, die ich (!) vorgeschlagen habe, . . . nunmehr der Gau Oberdonau auch auf diesem Gebiete mit an der Spitze der Bergungslandschaften des Reiches" stehe, während Frau Dr. Waltrude Oberwalder[25], eine ehemalige Mitarbeiterin Seiberls sagt, er sei es gewesen, er allein, der als erster auf diese Möglichkeit hingewiesen habe. Seiberl kannte das Ausseerland jedenfalls, denn er hatte als Kind mehrere Sommer dort verbracht, sodaß auch diese Version nicht unmöglich scheint. Bald nach dem „Anschluß" war das Gebiet von der Steiermark an den Reichsgau Oberdonau gekommen, es lag also in Jurascheks Wirkungsbereich, sodaß seine Kompetenz, was eine Kunstgüterbergung anlangte, jedenfalls gegeben war. Er mußte zumindest von Anfang an beigezogen werden, wenn schon die Idee nicht von ihm ausging.

Von der Lage her schien der Ausseer Salzberg für eine Bergung ideal, sah man von den Schwierigkeiten des Antransportes ab. Er lag in einer Landschaft von seltener geographischer Geschlossenheit – und Abgeschlossenheit. Von Süden her, aus dem Ennstal, war das Ausseerland damals, als die Straßen noch nicht ausgebaut waren, nur nach steiler Anfahrt zu erreichen, vom übrigen Kammergut, also von Norden her nur über eine Paßstraße, die damals noch Steigungen von über 20 Prozent aufwies, nur für den Transport von kleineren Lasten geeignet, kaum für den modernen, motorisierten Verkehr. Neben der Durchzugsstraße gab – und gibt – es die Bahnlinie von Attnang – Puchheim, also von der Westbahn, über Bad Ischl nach Stainach – Irdning im Ennstal. Aber auch per Bahn erreicht man nur den Ort Bad Aussee. Von dort führen Wege noch weiter abseits zu zwei Talschlüssen, zum Grundlsee und dem aus Erzählungen über das Ende des Zweiten Weltkrieges inzwischen bekannten Toplitzsee der eine, der zweite zum Markt Altaussee und zum Altausseer See. Nur eine schmale Straße zweigt zwischen den Häusern des Ortes nach links ab. Steil ansteigend, führt sie einen Berghang hinauf zu einer Gruppe von Häusern einige hundert Meter oberhalb des Ortes. In einem von ihnen, dem sogenannten Steinberghaus, liegt die Einfahrt in den Salzberg. Kaum ein Bergungsort kann versteckter gelegen sein – und diesen Punkt faßten Seiberl und Juraschek nun ins Auge. Daß ein Salzberg eine relativ „saubere" Sache war im Vergleich etwa zu einem Kohlenbergwerk, war beiden Männern klar, dazu brauchten sie niemanden zu fragen. Wie weit dort – oder überhaupt im Salzkammergut – Möglichkeiten für eine Kunstgüterbergung bestanden, das wußten sie allerdings nicht. Darüber konnte nur ein zuständiger Bergbaufachmann Auskunft geben – und dann würde auch noch eine Erlaubnis einzuholen sein.

So wandten sich die beiden Herren im Frühsommer 1943 an den Generaldirektor der alpenländischen Salinen, Dipl.-Ing. Dr. Emmerich Pöchmüller, der seinen Sitz in Bad Ischl hatte. Die Auskünfte, die er gab, nachdem er über das Anliegen informiert worden war, klangen tatsächlich ermutigend. Die Bergwerke des Salzkammergutes schienen sich, was die Anlage betraf, sogar für eine Bergung größeren Ausmaßes zu eignen. Das lag an der Art der Salzgewinnung, die geprägt war von Jahrhunderte alten Traditionen. Nur diese Art des Abbaues bot Spielraum für das, was den beiden Gaukonservatoren vorschwebte.[26]

Die Lagerstätten im Berg enthalten nämlich nicht reines Salz, sondern es ist vermischt mit Ton und Gestein. Der „taube“, nicht salzhältige Anteil dieses Gemischs, das man Haselgebirge nennt, ist so groß, daß es sich nicht lohnen würde, das gesamte Material zutage zu fördern. Da das taube Gestein aber nicht wasserlöslich ist sondern nur das Salz, laugt man den Berg in großen unterirdischen Kammern, den sogenannten Werkern aus und gewinnt auf diese Weise die Sole, die in Leitungen aus dem Berg heraus und zu großen Sudhütten befördert wird. Dort wird das salzhaltige Wasser so lange gekocht, bis alle Flüssigkeit verdampft ist und das reine Salz übrig bleibt. Auch heute noch beruht die Salzgewinnung im Kammergut auf diesem Prinzip, nur werden die Anlagen nicht mehr mit Holz beheizt, wie das früher der Fall war. Aber bis vor relativ kurzer Zeit ging ein riesiger Holzbedarf mit der Salzgewinnung Hand in Hand, und Salinenverwaltung und Forstverwaltung, beide in der Hand des Landesherrn, später des Staates, mußten eng zusammenarbeiten. Auch das sollte für die weitere Entwicklung von Bedeutung sein.

Da das salzhaltige Gestein nicht bloß zutage liegt – was schon deshalb unmöglich wäre, weil der Regen das Salz lösen könnte –, müssen durch die über dem Haselgebirge lagernden Schichten Stollen vorangetrieben werden, die oft mehrere Kilometer lang sind, bis man die Salzlagerstätten erreicht. Von diesem Punkt weg verzweigen sich die Stollen, die immer auf einer Ebene, einem „Horizont“ liegen, zu den einzelnen „Werkern“. Vier, fünf oder mehr solcher Stollensysteme, Horizonte, liegen in einem Salzberg übereinander, meist in einem Abstand von ungefähr dreißig Höhenmetern. Sie sind miteinander entweder durch einen senkrechten Schacht verbunden, in dem früher nur Leitern angebracht waren, heute aber ein Aufzug mit Förderschale den Materialtransport übernimmt, oder schräge Schürfe, in die Stufen eingehauen sind, führen nach oben und unten. Will man einen tieferen Horizont erreichen, so kann man auch eine hölzerne Rutsche hinuntersausen, aber das ist natürlich nur eine „Einbahnstraße“.

Gibt schon das Vorhandensein dieser Stollensysteme einen gewissen Spielraum, so gilt das noch mehr von den Werkern, zu denen die Stollen führen und in denen sich die eigentliche Salzgewinnung durch Auslaugen vollzieht. Der Vorgang selbst ist dabei für unsere Darstellung nicht so wichtig wie das Ergebnis: Ist nämlich ein Werk ausgelaugt, so wird es stillgelegt, das heißt, die Sole wird vollständig abgelassen, und zurück bleibt ein riesiger, etwa drei Meter hoher Raum mit bis zu hundert Metern im Durchmesser, der langsam austrocknet. Allerdings bleibt dieser Zustand nicht lange erhalten. Im Berg ist der Druck von oben und der Schub von den Seiten so groß, daß im Lauf der Zeit Träme wie Streichhölzer geknickt und Schienen verbogen werden. Schließlich wächst der Berg wieder zu, und nichts außer Einlagerungen von Holz und Metall im Gestein künden davon, daß hier einmal ein Stollen oder ein Werk war.

In Altaussee gab es nach der Auskunft von Direktor Pöchmüller eine ganze Anzahl solcher leerer, schon trockener Werker, noch dazu alle auf gleicher Ebene, im selben Horizont wie die Grubenbahn, sodaß Güter mühelos bis zu diesen Räumen transportiert werden konnten, ein Idealzustand also.

Was die anderen Bergwerke des Kammergutes betraf, Ischl und Hallstatt, so wurde auch die dortige Situation geprüft. Hallstatt schied wegen seiner schweren Erreichbarkeit sofort aus. Der Ischler Salzberg hatte gegenüber jenem von Aussee den Nachteil, daß er zwei Eingänge hat, einen oberhalb der Ortschaft Perneck, etliche hundert Meter höher als Bad Ischl im Südosten der Stadt gelegen, und einen, fast auf Straßenniveau, vier Kilometer südlich von Bad Ischl, nahe der Ortschaft Lauffen. Das war im Hinblick auf die Überschaubarkeit ungünstig, fand man. Für den Antransport von Gütern kam nur der zweite Eingang in Frage. Von dort fuhr auch die Grubenbahn in den untersten Stollen des Bergwerkes, den sogenannten „Erbstollen" und bis zu einem Aufzug, mit dem man die höheren Horizonte erreichen konnte. Dazu würde das Bergungsgut allerdings noch einmal umgeladen werden müssen, auch war die Förderschale eng, sodaß nur relativ kleine Stücke befördert werden konnten. Links und rechts vom Erbstollen gab es zwar einige Gänge und Kammern, aber insgesamt waren auch wesentlich weniger belegbare Räume vorhanden als im Altausseer Salzberg.

So entschied Seiberl schließlich, daß Aussee für eine Bergung aus seiner Sicht der günstigste Platz wäre. Im Juni 1943 befuhren er und Juraschek den Berg erstmals mit Blickrichtung auf seine Brauchbarkeit als Bergungsdepot, und sie fanden, er entspreche allen Anforderungen – soweit man das nach einer Befahrung überhaupt sagen konnte. Viel war da nicht zu sehen,

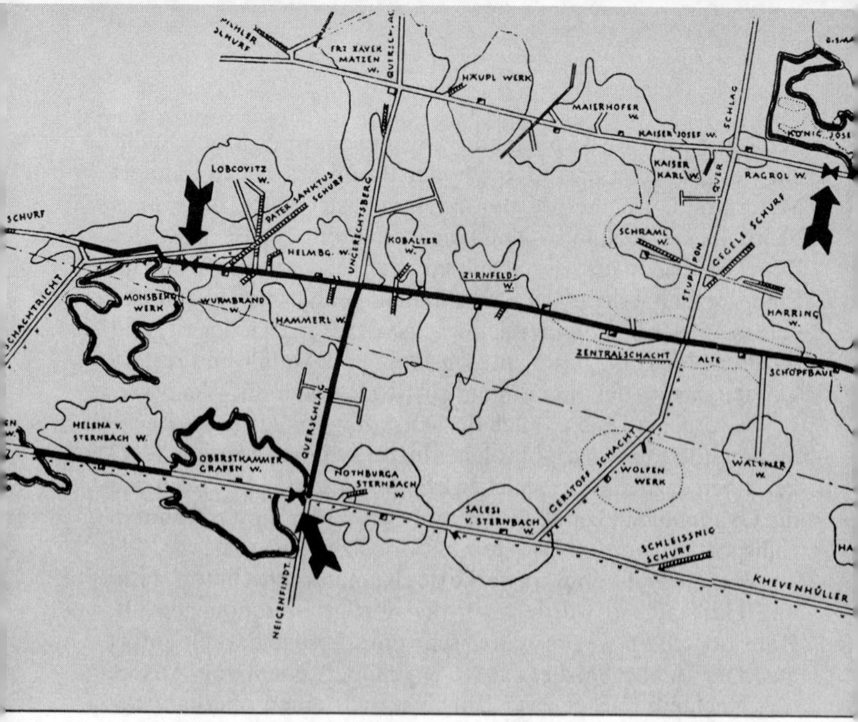

Plan des Salzbergwerkes

denn die Räume waren ja nicht mit elektrischem Licht ausgestattet. Überall herrschte Finsternis und Stille, nur unterbrochen durch das Dasein der kleinen Gruppe. Es war eine seltsame und geheimnisvolle Welt, in die die Kunstschätze gebracht werden sollten. Jeden, der den Berg abseits der offiziellen Führungsrouten befährt oder begeht, schlägt die Atmosphäre in Bann, die unter Tag herrscht. Alles wirkt kalt und streng, die Worte wiegen schwer in den weiten Räumen und Gängen, die man nur ahnt. Jeder Laut gewinnt an Bedeutung, weil sich der Mensch nicht auf sein Auge verlassen kann. Dunkelheit und Stille werden nur unterbrochen vom Rieseln des lebenden Gesteins, vom Hallen der Schritte, und nichts weist den Weg als das schwache Licht der Grubenlampe.

Aber soweit man das bei der spärlichen, flackernden Beleuchtung beurteilen konnte, waren die Werker geräumig, intakt und alle noch begehbar. Da war genug Platz für eine Bergung gewaltigen Ausmaßes. So viel wollte man zunächst bei weitem nicht belegen, es genügte, einen Raum auszuwählen.

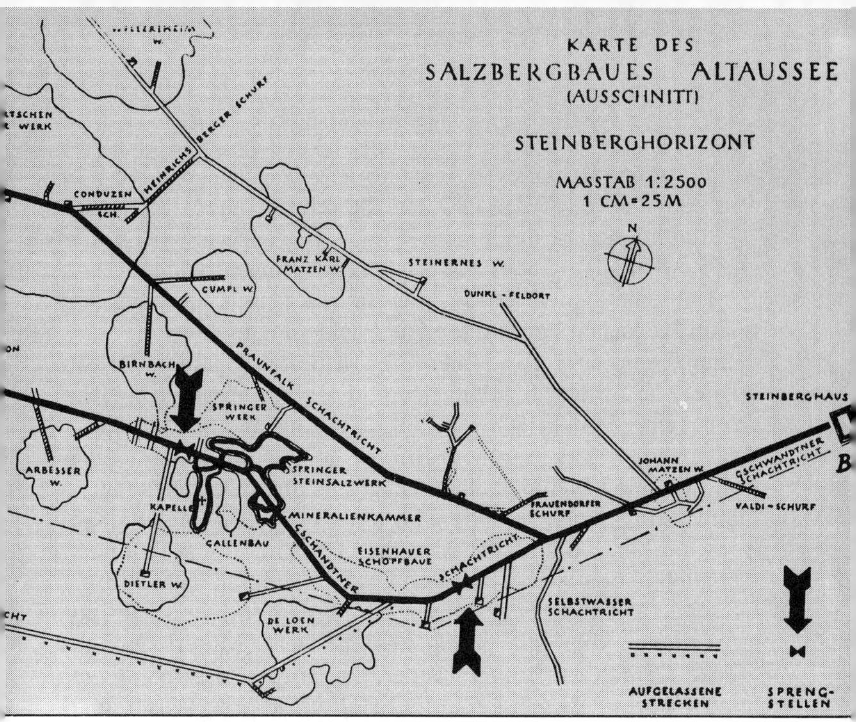

Altaussee, Steinberg-Horizont (verkleinert)

Die Wahl fiel auf das sogenannte „Springerwerk", das für den Bedarf des Instituts für Denkmalpflege adaptiert werden sollte. Aber da waren noch wichtige Fragen zu klären, die meisten von ihnen an Ort und Stelle oder zumindest in den Büros der Salinendirektion. Eines war von Anfang an klar: Der Platz war absolut bombensicher, und damit war die wichtigste Voraussetzung erfüllt. Was Temperatur und Luftfeuchtigkeit anlangte, so verlegte man sich aufs Beobachten. Bald fand man heraus, daß beide Werte dann ziemlich gleich blieben, wenn sich nicht zu viele Menschen im Raum aufhielten. Außerdem entsprachen die Zahlen genau jenen, die man in Museen zu erreichen trachtete. Was die Belüftung betraf, so waren die Bergleute nicht in Verlegenheit, mußte doch immer und bei jeder Arbeit für entsprechende Luftzufuhr gesorgt werden. Es gab dafür eigene „Bewetterungspläne", die den Luftstrom regelten. Wollte man Räume abschließen, so mußten Löcher für die Belüftung eingeplant werden. Bezüglich der Adaptierung für die Lagerung von Kunstschätzen bewährte sich die immer geübte Zusammenarbeit mit der Forstverwaltung. Auch in dieser Notzeit konnte genug Holz für die Ausstattung zugesichert werden. Ein Problem stellte die Zufahrt dar, die schwierig und gefährlich werden konnte, besonders im Winter. Die absolute Sicherheit der Lagerung wog aber das Risiko des Transportes auf.

Langsam kamen die Gesprächspartner einander näher. Da saßen Menschen beisammen, die Fachleute auf ganz verschiedenen Gebieten waren. Nun sollten sie plötzlich gemeinsam ein Projekt ausführen, bei dem es überdies noch um unersetzliche Werte ging. Man tastete sich, so gut es ging, aneinander heran. Jeder wußte, was in seinem Bereich möglich oder unmöglich war, und man suchte nach einer für alle und alles befriedigenden Lösung. Noch zu bedenken war das Problem einer Lagerung auf längere Zeit. Würden die Güter in diesem Fall nicht Schaden leiden wie an anderen Orten? Daß Salz eine konservierende Wirkung hat, wußten die Menschen schon Jahrtausende lang. Aber galt das auch für die vielen Materialien, aus denen Gemälde, Prunkgewänder, Zierat und Instrumente gemacht waren? Es gab keinerlei Erfahrungswerte. Was Seiberl schließlich überzeugte, war die sogenannte Barbara-Kapelle im Berg. St. Barbara ist die Schutzheilige der Bergleute in dem überwiegend katholischen Land, und so war ihr im Altausseer Bergwerk im Jahr 1934 ein kleiner Raum mit naturbelassenen Gesteinswänden als Kapelle gewidmet worden. Er war mit Inventar aus der alten Ausseer Spitalskirche eingerichtet, ein Altar aus transparenten, von hinten beleuchteten, rötlich bis gelb schimmernden Steinsalzblöcken war mit einem frühbarocken Madonnenbild und barocken Heiligenfiguren ausgestattet und gab der Kapelle ihren besonderen Reiz. Vor 1938 hatten hier Gottesdienste stattgefunden. Jetzt gab es schon lange keine Gottesdienste mehr, aber was Seiberl staunen machte, war nicht nur der Erhaltungszustand des Altarbildes, das in klaren Farben leuchtete. An den von Salzkristallen glitzernden Wänden hingen Jahre alte Kränze aus Reisig und Alpenblumen, aber nicht einmal ihre Blätter und Nadeln waren abgefallen. Auch vorhandene Textilien waren völlig intakt und unbeschädigt. Zur Vorsicht nahmen Seiberl und seine Begleiter noch verschiedene Inventargegenstände und auch Aktenstücke aus dem Berg mit nach Wien an das Institut für Denkmalpflege, um zu prüfen, ob an den verschiedenen Materialien Schäden aufgetreten waren oder ob sie bei der Rückführung in normale Verhältnisse auftreten würden.

Diese „große Untersuchung“, wie Frau Dr. Oberwalder sie nennt, dauerte einige Monate, bis Ende August 1943. Dann aber war sich Seiberl völlig sicher, daß er gut gewählt hatte. Er gab „grünes Licht“ für die Bergung und begann, ungefähr zur gleichen Zeit, als die ersten Bomben auf Österreich fielen, mit einer Aktion, die ihresgleichen sucht. Zu einem Zeitpunkt, als in diesem Gebiet die echte Gefahr kaum begonnen hatte, wählten er und Juraschek schon erste Bestände aus, die in den Ausseer Salzberg eingelagert werden sollten. Es handelte sich dabei um Kirchenbesitz, über den noch nicht weiter verfügt worden war, aber auch um Dinge, die dem Gau Oberdonau oder ähnlichen Stellen wie Heimathäusern und Museen gehörten und die damit der Verantwortung des Instituts für Denkmalpflege bzw. des Gaukonservators unterstanden. Seiberl und Juraschek brachten zunächst in Sicherheit, was schon in Sammelstellen geborgen war, nahmen aber dabei von dort auch gleich alles Wertvolle mit.

Im Bundesdenkmalamt sind die Einlagerungslisten aus jenen Tagen erhalten geblieben.[27] Schon mit Datum vom 13. Oktober 1943 findet sich ein Transport, der vom „Historischen Forschungsinstitut des Gaues Oberdonau“, also vom Stift St. Florian, nach Aussee ging. Er enthielt neben den übernommenen Handschriften aus Kremsmünster, Wilhering und Lambach auch Handschriften aus Hohenfurth und St. Florian selbst. Am 28. Oktober trafen Bilder aus dem Stift Melk ein, und am 4. November 1943 ging ein weiterer Transport nach Aussee ab, der die acht Bildtafeln des Altendorfer-Altares von St. Florian enthielt (siehe Seite 50), außerdem vier Bilder aus der Pfarrkirche von Pulkau, Niederösterreich, zwei Bilder von Wolf Huber und, neben ersten Plastiken, auch das Bild „Begegnung der Frauen“ des Schottenmeisters, das die Szene von Maria Heimsuchung in das Wiener Stadtbild um 1480 verlegt (siehe Seite 51). Bis Weihnachten waren, wie einem Bericht Juraschek an Gauleiter Eigruber zu entnehmen ist,[28] auch Werke von Zürn, Schwanthaler und Guggenbichler im Springerwerk des Altausseer Salzberges geborgen und „mit Zustimmung Dr. Reimers“ die Altartafeln von Hohenfurth, also die ersten ausdrücklich für Linz bestimmten Stücke.

Albrecht Altdorfer, Kreuzigung;
Altartafel von St. Florian, Oberösterreich

Es waren beachtliche Werte, die sich da unter Seiberls Obhut anhäuften. Und wieder zeigte sich seine Gewissenhaftigkeit und Umsicht. Von Anfang an hielt er fest, was ihm von wem übergeben wurde, bemühte sich um sicheren Transport und behandelte alles so, als hätten sich die Besitzverhältnisse nicht geändert.[29] Wertvollstes Gut österreichischer Herkunft wurde so als erstes in die sicheren Räume des Berges gebracht. Die Einlagerungen durch das Institut für Denkmalpflege wurden auch in der Folgezeit fortgesetzt und vollzogen sich bis zuletzt vollkommen getrennt von jenen Aktionen, die die Bergung Aussee später bekannt machten. Im Lauf der Zeit kamen noch Gemälde aus öffentlichem und geistlichem Besitz, Be-

Schottenmeister, Begegnung der Frauen; Schottenkloster, Wien

stände des Wiener Heeresgeschichtlichen Museums sowie die kostbaren Wandverkleidungen des Millionenzimmers von Schönbrunn dazu[30]. Schließlich waren im Springerwerk gegen Ende des Jahres 1943 auch die Figuren des Lorenz Luchsperger aus dem Wiener Neustädter Dom gelagert, daneben weitere Bestände aus dem Museum und dem Neukloster dieser Stadt. Es gab Bilder des Barockmalers Kremser Schmid, wertvolle Fenster aus der Stadtpfarrkirche Wels und Bruckner-Partituren aus St. Florian. Die Aktion war also durchaus erfolgreich, denn sie erwies sich bald als absolut ungefährlich, was den Zustand der Kunstwerke betraf.

Aber auch in anderer Hinsicht wurde immer deutlicher, wie

notwendig und klug sie gewesen war. In den Monaten, in denen Seiberl seine Untersuchung gemacht, seine Einlagerungen vorgenommen hatte, war nämlich die allgemeine Lage spürbar schlechter geworden. Vor allem die Überlegenheit der Alliierten in der Produktion kriegswichtiger Güter fiel mehr und mehr ins Gewicht. Die Westmächte erzeugten schließlich das Vierfache der deutschen Industrie. Das beeinflußte die Situation auf den Kriegsschauplätzen, hinter deren enger werdenden Linien sich das Leben abspielte, es beeinflußte aber auch die Lage im Land selbst. Immer stärker machten sich Materialmangel und Mangel an Arbeitskräften bemerkbar. Alle wehrfähigen Männer waren an der Front, viele in den Kämpfen der letzten Jahre gefallen. Immer jüngere Jahrgänge wurden einberufen. In den Fabriken arbeiteten überlastete Frauen und solche Männer, von denen man einen begeisterten Einsatz nicht erwarten konnte, nämlich Kriegsgefangene und zwangsverschickte Arbeiter aus den besetzten Gebieten. Besonders erschwert wurde die Lage durch die immer rascher aufeinanderfolgenden Alarme und Luftangriffe. Sie wuchsen sich mehr und mehr zu einer Plage für die Menschen und zur Gefahr für alle Sachgüter aus. Die Alliierten wußten sehr wohl, was diese ständige Bedrohung aus der Luft zur Folge hatte. Kostbare Arbeitszeit und kriegswichtiges Material in den Rüstungsbetrieben gingen dadurch verloren, während das Land eine funktionierende Produktion dringend gebraucht hätte.

Aber auch die nervliche Belastung der Zivilbevölkerung nahm damit zu. Bald verbrachten die Deutschen mehr Zeit in den Luftschutzkellern als außerhalb. Ganze Stadtviertel sanken in Schutt und Staub. Wasser, Strom und Transportmittel fielen immer öfter aus. Tausende „ausgebombte" Frauen, die alles verloren hatten, wußten nicht, wo sie mit ihren Kindern wohnen sollten. Wer in den Städten bleiben mußte, litt nicht nur an Hunger und Kälte sondern auch an Schlafmangel. Denn nicht nur am hellen Tag, auch in der Nacht ertönten die Sirenen, gab es keine Ruhe. Leuchtraketen fielen, Scheinwerfer suchten mit ihren Fingern den Himmel nach Flugzeugen ab, Flakgeschütze bellten, und dann dröhnte die Luft, Brände flammten auf, während selbst in den Kellern noch die Wände bebten. Wer überlebte, war vom Grauen gezeichnet. Immer mehr wurden die Menschen zu „Höhlenbewohnern" in Luft-

Oben: Überlebende eines Bombenangriffs in Deutschland
Unten: Hannover, Leibnitz-Haus

schutzkellern und Bunkern. Nach unruhiger Nacht verließen ältere Leute, Ängstliche und Überängstliche schon am Morgen ihre Wohnungen und wanderten mit Notration, Klappsessel und Köfferchen in Richtung Luftschutzraum. Ganz Deutschland wurde jetzt mit den näher rückenden Fronten Gefahrenzone, und die Bombenteppiche fielen immer dichter.

Längst gab es, was die Luftgefahr anlangte, kein „Hinterland" mehr. Alles war gefährdet, auch Städte, die bisher kaum Ziel von Angriffen gewesen waren. Das veranlaßte Hitler und seine Mitarbeiter, alle Reichsstellen zu gezielten und verstärkten Maßnahmen anzuhalten. Zu ihrer Realisierung wurden sogar – zumindest vorübergehend – Mittel wie Baumaterial und Treibstoff ebenso wie letzte Reserven an Arbeitskräften zur Verfügung gestellt. Auf dem Gebiet der Kunstgüterbergung und des Denkmalschutzes wurden die Bemühungen im ganzen Reich neuerlich intensiviert. Weitere wertvolle Anlagen wurden mit Schutzmauern umgeben, aus den Museen alle brennbaren Stoffe entfernt und Motorspritzen angeschafft. Vom Museumspersonal wurden möglichst wenige Leute abberufen; sie wurden im Rahmen des Volkssturms zur Bewachung der Institute selbst eingesetzt.

Aber immer noch schienen die getroffenen Vorkehrungen dem Führer, der sich über alles berichten ließ, zu gering. Das galt vor allem für die „Ostmark" und hier besonders für Wien. Nun hatte man offenbar auch „oben" das Gefühl, einer „Katastrophe" nahe zu sein. Vom Ende des Jahres 1943 hat sich ein Austausch von Telegrammen zwischen Reichsleiter Bormann und dem Gauleiter von Wien, Baldur von Schirach erhalten[31], aus dem nicht nur die Dringlichkeit der Situation sondern auch das Maß hervorgeht, in dem sich Hitler die Sicherung vor allem von österreichischem Kulturgut angelegen sein ließ.

In Beantwortung eines Telegramms des Reichsleiters berichtete Schirach am 24. November 1943 über den Stand der Bergungsmaßnahmen in Wien:

„Die wertvollsten Sammlungsbestände des Kunsthistorischen Museums, der Österreichischen Galerie, des Kunstgewerbemuseums, der Graphischen Sammlung ‚Albertina' und der Akademie der bildenden Künste sind ganz geborgen. Ausgenommen von der Bergung wurde eine Anzahl letztrangiger, für die Sammlung unwesentlicher Objekte. Untransportable

Sammlungsstücke von wesentlichem Wert wurden, so weit als möglich, an Ort und Stelle geschützt."

Maßnahmen zur Sicherung von Gebäuden und ihres Inhaltes, wie etwa der Oper oder des Burgtheaters seien getroffen, wobei auf ganz bestimmte Bestandteile eingegangen wird. Dann heißt es weiter:

„Die kostbare Einrichtung der Schlösser (Burg, Schönbrunn, Belvedere, Hetzendorf) ist ganz geborgen, das Wiener Reichsarchiv, die Nationalbibliothek, die Universitätsbibliothek haben gleichfalls ihre Bestände in großem Umfange abtransportiert und gesichert. Privater Kunstbesitz (Liechtenstein, Czernin, Harrach) wurde unter staatlicher Hilfe geborgen, ebenso wie kirchlicher Kunstbesitz."

Bauliche Maßnahmen an öffentlichen und kirchlichen Gebäuden in Wien, die Schaffung von Luftschutzkellern und die Löschwasserversorgung sowie der Bau von Flaktürmen seien im Gang, nur der „Baufortschritt bei LS-Bauten[32] Wien, einschließlich Flaktürme, leidet unter Mangel an Fachkräften." Der Gauleiter hielt diesen Überblick für durchaus positiv. Umso erstaunlicher ist die Antwort, die schon am 30. November 1943 aus Berlin zurückkam und die ein offenbar völlig verwirrter und zutiefst beeindruckter Postbeamter[33] festhielt. Der Buchstabensalat lautet im – gekürzten – Klartext:

„Führerhauptquartier, den 30. 11. 1943, 19.35 Uhr"

„Reichsleiter v. Bormann an Reichsleiter von Schirach, Wien"

„Ihr Fernschreiben vom 24. 11. konnte leider erst heute dem Führer vorgelegt werden."

„1. Der Führer wünscht, daß Sie auch die sogenannten letztrangigen Bilder bergen, denn diese Bilder, die in Wien als letztrangig gelten, wären für andere kleine Museen von erheblichem Wert."

„2. Darüber hinaus wünscht der Führer, daß Sie die Bergungsmaßnahmen in größtem Umfang fortsetzen. Was irgendwie geborgen werden kann, muß geborgen werden, und zwar an sicheren Orten geborgen werden. Die Zerstörungen in Berlin zeigen, worauf wir uns auch in Wien einstellen müssen."

„3. Der Führer wünscht, daß Sie noch einmal prüfen lassen, ob die Bilder in den Stiegenhäusern des Burgtheaters als Fresken gemalt sind."

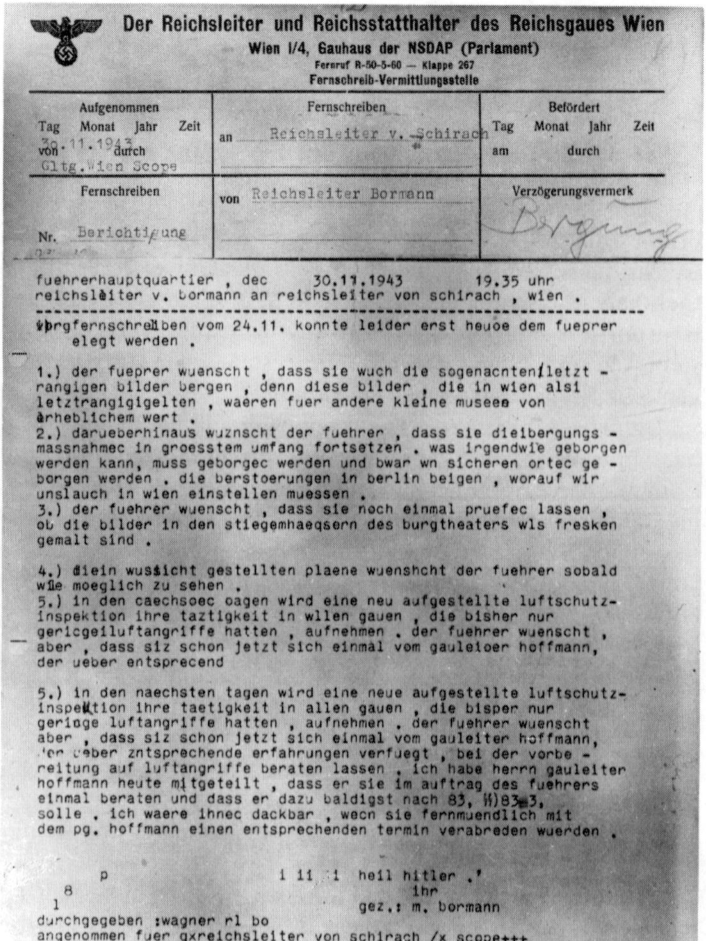

Der Reichsleiter und Reichsstatthalter des Reichsgaues Wien
Wien I/4, Gauhaus der NSDAP (Parlament)
Fernruf R-50-5-60 — Klappe 267
Fernschreib-Vermittlungsstelle

Aufgenommen	Fernschreiben	Befördert
Tag Monat Jahr Zeit 30.11.1943 von durch Gltg.Wien Scope	an Reichsleiter v. Schirach	Tag Monat Jahr Zeit am durch
Fernschreiben Nr. Berichtigung	von Reichsleiter Bormann	Verzögerungsvermerk Bergung

fuehrerhauptquartier , dec 30.11.1943 19.35 uhr
reichsleiter v. bormann an reichsleiter von schirach , wien .

vorgfernschreiben vom 24.11. konnte leider erst heuoe dem fueprer elegt werden .

1.) der fuepner wuenscht , dass sie wuch die sogenacnten/letzt - rangigen bilder bergen , denn diese bilder , die in wien alsi letztrangigigelten , waeren fuer andere kleine museea von erheblichem wert .
2.) darueberhinaus wuznscht der fuehrer , dass sie dieibergungs - massnahmec in groesstem umfang fortsetzen . was irgendwie geborgen werden kann, muss geborgec werden und bwar wn sicheren ortec ge - borgen werden . die berstoerungen in berlin beigen , worauf wir unslauch in wien einstellen muessen .
3.) der fuehrer wuenscht , dass sie noch einmal pruefec lassen , ob die bilder in den stiegemhaeqsern des burgtheaters wls fresken gemalt sind .

4.) diein wussicht gestellten plaene wuenshcht der fuehrer sobald wie moeglich zu sehen .
5.) in den caechsoec oagen wird eine neu aufgestellte luftschutz- inspektion ihre taztigkeit in wlien gauen , die bisher nur gericgeiluftangriffe hatten , aufnehmen . der fuehrer wuenscht , aber , dass siz schon jetzt sich einmal vom gauleioer hoffmann, der ueber entsprecend

5.) in den naechsten tagen wird eine neue aufgestellte luftschutz- inspektion ihre taetigkeit in allen gauen , die bisper nur geringe luftangriffe hatten , aufnehmen . der fuehrer wuenscht aber , dass siz schon jetzt sich einmal vom gauleiter hoffmann, der ueber zntsprechende erfahrungen verfuegt , bei der vorbe - reitung auf luftangriffe beraten lassen , ich habe herrn gauleiter hoffmann heute mitgeteilt , dass er sie im auftrag des fuehrers einmal beraten und dass er dazu baldigst nach 83, H)83=3, solle . ich waere ihnec dackbar , wecn sie fernmuendlich mit dem pg. hoffmann einen entsprechenden termin verabreden wuerden .

heil hitler .'
ihr
gez.: m. bormann
durchgegeben :wagner rl bo
angenommen fuer gxreichsleiter von schirach /x scope+++

Telegramm des Reichsleiters Bormann an Reichsleiter Baldur von Schirach, 30. November 1943

„4. Die in Aussicht gestellten Pläne wünscht der Führer sobald wie möglich zu sehen." . . .

Bei den geforderten Plänen handelte es sich um solche über den Stand der baulichen Luftschutzmaßnahmen.

Was ging wohl in Hitler vor, als überall in der Ostmark

Bomben zu fallen begannen, auch auf Werke, die ihm von Jugend an vertraut sein mußten und von denen er wußte, wieviel sie den Österreichern bedeuteten?

Auch für seine eigene Sammlung traf der Führer gerade in jenen Tagen eine weitreichende Entscheidung – aber davon später.

Der „Führer wünschte" ferner, daß eine neu aufgestellte Luftschutzinspektion ihre Tätigkeit nun auch in Wien aufnehme. Schirach legte daraufhin in Telegrammen vom 1. und 2. Dezember 1943 und in einem abschließenden Bericht vom 10. Feber 1944 detaillierte Angaben über die von ihm getroffenen Vorkehrungen vor, in denen sogar die Ummauerung des Löwen von Aspern und des Grabmals von Prinz Eugen angeführt wurden. Dem Auftrag des Führers entsprechend, wurde Gauleiter Hoffmann aus Westfalen-Süd, dessen Maßnahmen die besondere Anerkennung Hitlers gefunden hatten, nach Wien eingeladen, um Schirach und seine Leute zu informieren. Bei dieser Gelegenheit tauchte erstmals der Gedanke einer Verlagerung von Kunstschätzen aus Österreich weg in andere Gebiete, etwa in das Sudetenland auf, dieser Vorschlag scheiterte aber am massiven Widerstand der Museumsdirektoren.[34] Jedenfalls waren aber die empfohlenen Maßnahmen bezüglich Bergungen so gravierend, daß die Museen Anfang 1944 endgültig ihre Pforten schließen mußten.

Auch in den anderen Gauen der Ostmark erschienen Kommissionen des Luftfahrtministeriums, um sich vom Stand der Arbeiten zu überzeugen. Es entsteht der Eindruck, als habe in jenen Wochen plötzlich alle Verantwortlichen blanke Angst ergriffen, vom Führer angefangen bis zu den untersten Beamten. Allerdings war diese Panik nicht unbegründet. Das Wort „Bombenterror" ließ sich nun auf das, was in Deutschland geschah, genauso anwenden wie in den Jahren vorher auf England. Auch entlegenste Punkte waren vor Angriffen nicht mehr sicher, selbst der kleinste Ort konnte Szene von Luftschlachten, Opfer von Notabwürfen oder Angriffsziel werden, wenn ein Regimegegner seine Bedeutung verriet. Und die Häuser, in denen Kunstgut gelagert war, hielten solcher Bedrohung sicher nicht stand, sie waren ja bloß wegen ihrer geographischen Lage, wegen ihrer Abgeschiedenheit für Bergungen gewählt worden.

Nun begann die Evakuierung von Menschen, die Verlagerung von Anlagen und Gütern dorthin ihren Sinn zu verlieren. Man mußte neue Möglichkeiten, neue Bergungsstätten suchen. Alles hatte sich bisher als zu schwach, zu anfällig erwiesen – bis auf natürliche oder künstlich geschaffene unterirdische Anlagen. Sie allein schienen noch Rettung zu bieten vor der Bedrohung aus der Luft. Und so begann man sich in jenem Frühjahr des Jahres 1944 einzugraben, je tiefer, desto besser. Nun erst ergriffen allerorts Verantwortliche jene Maßnahmen, mit denen Seiberl schon ein halbes Jahr früher begonnen hatte.

Als erstes verschwanden Forschungszentren und Kommandozentralen unter der Erde, zunächst in schon vorhandenen Systemen. Jede Höhle war willkommen, jeder Stollen. Sie konnten ja nicht, wie man das an Kellern und Luftschutzräumen erlebte, zur Gänze verschüttet oder selbst beschädigt werden. Überdies boten sie – und auch das wurde in zunehmendem Maß wichtig – Schutz vor Sabotage, Verrat und Fanatismus jeder Art. Was einmal die Eingänge eines solchen Refugiums passiert hatte, war jedem Zugriff entzogen. Daß dieser Aspekt viel bedeuten konnte, wurde ebenfalls immer klarer.

Aber der Vorrat an geeigneten Plätzen war begrenzt. So ging man daran, mit ungeheurem Aufwand an Arbeitskräften, vor allem aus den Konzentrationslagern, künstliche Zufluchts- und Bergungsstellen zu schaffen. Ganze Berge wurden ausgehöhlt, ganze Fabriken verschwanden in ihnen. Aber von Anfang an waren sich alle bewußt, daß auf diese Weise nur Wichtigstes gerettet werden konnte. Der Vorgang nahm zuviel Zeit in Anspruch, war zu aufwendig angesichts der immer schneller abrollenden Ereignisse.

Manchmal erwiesen sich die getroffenen Maßnahmen, die ausgewählten Anlagen überdies als gänzlich unzureichend. In Dresden, mit dessen Instituten die österreichischen Kunstexperten ja wegen der Führersammlung dauernd Kontakt hatten, brachte man, wie später zu erfahren war, die Sixtinische Madonna und mit ihr noch eine Reihe weiterer Gemälde Anfang 1944 in einen Tunnel, der einem aufgelassenen Sandsteinwerk in Rottwerndorf bei Pirna gehörte. Man „sicherte" diesen Tunnel mit einem einfachen Holztor, damit ja nicht auffiele, daß hier etwas Wertvolles verborgen sei. Die Bilder – außer jenem der Sixtinischen Madonna – wurden ohne jede Verpackung eng nebeneinander aufgestellt, bei den Werken zurück blieben nur zwei Restauratoren und eine Wachmannschaft – und die guten Wünsche und Hoffnungen aller Eingeweihten. Andere Werke aus der Dresdener Galerie wurden in ein fünfhundert Jahre altes Kalkwerk in Pockau-Lengenfeld verlagert. Aber der Ort war dafür kaum geeignet. Schon der Transport brachte Probleme. Das Bergungsgut mußte nach einer schwierigen Anfahrt zweiundfünfzig Meter tief in den Berg hinabgelassen und von dort zur Lagerstätte getragen werden. Außerdem war der Platz zu feucht, das Wasser tropfte von der Decke und drang langsam in die Kisten mit den Gemälden ein, die weder belüftet noch ausgepackt werden konnten. Ähnliches wird von einer Kupfermine bei Siegen berichtet, in der Werke aus Essener Museen aufbewahrt wurden. Dort waren die Bilder später bei der Auslagerung von Schimmel überzogen.[35]

Gerade diese Schwierigkeiten trugen sicher dazu bei, daß von bestehenden Bergwerken, auch wenn sie relativ leicht zu erreichen waren, nur wenige verwendet wurden. Es waren zu viele Faktoren, die zusammentreffen mußten, damit eine Bergung unter Tag Erfolg versprach. Nur die Salzbergwerke bewährten sich immer und überall, und sie wurden auch entsprechend genützt. Im süddeutschen Salzbergwerk Heilbronn wurden 830 Bilder, 147 Skulpturen, Antiquitäten und über 4000 Kisten mit Büchern gelagert, die vor allem aus den Museen von Karlsruhe, Mannheim und Stuttgart kamen. Aus Stuttgart, aber auch aus Köln und Heidelberg ging außerdem noch Bergungsgut in das Salzbergwerk Kochendorf, ebenfalls in diesem Raum[36]. Die wichtigste Einlagerung fand in „Merkers Salzbergwerk", 140 Kilometer westlich von Weimar statt. Hier wurden später, in den letzten Kriegstagen, von den vorrückenden amerikanischen Truppen neben Unmengen von Papiergeld in einem Stollen auch Gemälde und anderes Kunstgut aus den Berliner Museen gefunden, darunter der berühmte Kopf der ägyptischen Königin Nofretete. Als die Soldaten weiter vordrangen, fanden sie in einem Tunnel pures Gold – so viel, daß Experten seinen Wert auf etwa 250 Millionen Dollar schätzten. Da lagen große Barren in Säcken, 100 Tonnen, wie sich bei der Auslagerung herausstellte, zu Münzen geprägtes Gold und, in Koffer und Kisten gestopft, Mengen von Schmuckgegenständen. Sie waren mit Hämmern flachgeklopft worden, damit

Büste der Königin Nofretete, um 1370 v. Chr.; Staatliche Museen, Berlin

mehr Platz hätte. General Eisenhower hat diese Bergungsstelle besichtigt und berichtet davon in seinen Erinnerungen.[37]

In Hallein wurden Schätze aus dem Museum Carolino Augusteum geborgen, außerdem Archivbestände und, neben anderem, der Radiumschatz der ehemaligen österreichisch-ungarischen Monarchie.[38] Auch diese Bergung fiel in den Kompetenzbereich der alpenländischen Salinen und damit Direktor Pöchmüllers, der für die Depots im Salzkammergut „Hausherr" war, aber sie konnte sich – ebenso wie alle anderen Stollenbergungen – nicht mit dem messen, was Seiberl ins Leben gerufen hatte und was jetzt, 1943/44, in ein neues Stadium seiner Existenz trat – die Ausseer Bergung.

2. Kennen Sie „Dora"?

So wichtig alles bis 1943 von Seiberl und Juraschek in Aussee Geleistete auch war, es bildete nur einen bescheidenen Vorläufer für die Aktion, die nun einsetzte. Und wieder war es

Seiberl, der den Stein ins Rollen brachte, den Anstoß für die neue Entwicklung gab. Ob sie dann auch in seinem Sinn verlief oder ob es ihn mit Bangen erfüllte, was er „angestiftet" hatte, ist nicht überliefert, nur seine Taten erlauben Rückschlüsse.

Im Herbst 1943 schon, knapp bevor er selbst mit den Bergungen in Aussee begann, als alle seine Untersuchungen befriedigende Resultate brachten, hatte Seiberl in Wien Reimer getroffen, jenen Mann, den der neue Direktor der Dresdener Sammlungen, Voss, als Sachreferenten für die Führersammlung immer wieder in die Ostmark und zu den Bergungsstellen im süddeutschen Raum schickte. Im Gespräch teilte Reimer Seiberl mit, daß wegen des Platzmangels und der zunehmenden Gefährdung geplant sei, die in Kremsmünster für die Führersammlung gelagerten Schätze an einen Ort in Mitteldeutschland zu bringen, der auch näher bei deren Verwaltungszentrum auf Schloß Weesenstein gelegen wäre.

Da unter den in Kremsmünster geborgenen Schätzen auch viele aus Österreich stammende Werke waren – man denke an die Rothschild-Sammlungen – wurde Seiberl bange, und – erfüllt von Stolz über seine Idee und seinen Erfolg – machte er Reimer auf die Möglichkeit einer Bergung im Salzberg Aussee aufmerksam. Reimer zeigte sich sofort interessiert, und so befuhren die beiden Herren im Spätherbst 1943 erstmals gemeinsam den Berg. Reimer erstattete ausführlichen Bericht über das, was er gesehen hatte, und im Dezember 1943 erschien eine Kommission, der auch Reichsleiter Bormanns Beauftragter Helmut von Hummel angehörte. Er war als Bormanns persönlicher Sekretär zuständig für den „Sonderauftrag Linz". Auch diese Herren waren beeindruckt, und so wurde der Vorsatz gefaßt, die Ausseer Bergungsräume in Hinkunft zum „Bergungsdepot des Reiches" zu erklären und besonders für die Führersammlung zu verwenden. Nur das Institut für Denkmalpflege würde weiterhin daneben bergen dürfen. Der Plan wurde dem Führer unterbreitet, der sofort zustimmte. Nicht nur der Großteil des in Kremsmünster aufbewahrten Gutes, sondern auch andere Bestände seiner Sammlung sollten in den Ausseer Salzberg verlagert werden, entschied er. Der Bergungsort erhielt den Decknamen „Dora".

Damit war ein für die Folgezeit ungeheuer bedeutungsvoller Beschluß gefaßt. Sehr rasch begann eine zielstrebige, bestens organisierte Tätigkeit, die auch mit den entsprechenden Mitteln gefördert wurde. Dresden und sein Schicksal aber waren von da an für die Stellen in Österreich noch wichtiger als zuvor, die Beziehung wurde noch enger.

Schon am 6. Jänner 1944 benachrichtigte Reimer Seiberl, daß er dem Generaldirektor der alpenländischen Salinen den Entschluß des Führers mitgeteilt habe und sagte sein Eintreffen mit Sekretärin für den 11. Jänner an. Am 10. Jänner schon begannen die Arbeiten. Zunächst mußten natürlich, ebenso wie das für die Bergung des Instituts für Denkmalpflege geschehen war, Räume für die Nutzung als Bergungsstellen vorbereitet werden. Und hier bewährte sich, daß sich die Kunst mit der Wahl der Salinen an einen „kriegswichtigen" Betrieb angeschlossen hatte, dem viel mehr Möglichkeiten zur Verfügung standen als anderen Stellen. Denkt man an den Bezugsschein, um den die Nationalbibliothek nach Berlin schreiben mußte, (siehe Seite 27), so klingt fast wie ein Wunder, was an Material in schwierigster Zeit für die Bergung Aussee zur Verfügung gestellt werden konnte. 1200 Festmeter Holz und 5 Kilometer Kabel zur Stromversorgung wurden für die Ausstattung der Räume aufgetrieben, wobei die Saline als „Hausherr" für die Beschaffung von Material und Arbeitskräften sorgen mußte – und das neben dem fortlaufenden Normalbetrieb. Daß es sich bei dem Projekt um einen „Führerauftrag" handelte, machte die Dinge natürlich auch leichter. Als alle Möglichkeiten ausgeschöpft waren, standen der Bergungsaktion nicht weniger als 40.000 Quadratmeter unterirdischer Lagerstätten zur Verfügung, ein schier unvorstellbares Ausmaß, das nirgendwo anders auch nur annähernd hätte erreicht werden können.

Direktor Pöchmüller schreibt in seinem Buch[39]: „Die Bergungsräume hatten mittlerweile ein anderes Gesicht bekommen . . . Der ‚Himmel' (die Decke) und die ‚Ulme' (die Seitenwände) waren, um das Herunterfallen lockerer Gesteinsteile zu vermeiden, abgesichert, nachgeschlagen und mit Brettern verschalt worden. Ein ganzer Wald viereckiger Pfosten stützte den Himmel ab, und von Pfosten zu Pfosten zogen sich horizontale Balken, schmale Gassen freilassend und sich zu Regalen gestaltend, auf denen das Bergungsgut Aufnahme fand. Dort, wo die Unebenheit des Bodens durch gewaltige Verbrüche zu groß war, hatte man richtige Terrassen geschaffen, die durch breite Treppen miteinander verbunden waren.

Es war für den Bergmann ein ungewohnter Anblick, in ein bekanntes Werk einzutreten, das zu einem riesigen Saal mit Holzdecke und Holzboden ausgezimmert war ... Der Eindruck von der Weite der Räume wurde noch verstärkt, als schließlich die Beleuchtungsfrage gelöst war und die Riesensäle im Lichte der elektrischen Lampen erstrahlten." Ungewohnt war auch, aus den traditionellen Bergmannsuniformen plötzlich fremde Gesichter blicken zu sehen, etwa die der Kunsthistorikerinnen Dr. Eva Kraft oder Gräfin Dr. Hoyos.

Inzwischen war ein ganzer Stab von Sachverständigen und Restauratoren vorhanden, die meisten von ihnen allerdings Mitglieder der ursprünglichen Bergung des Instituts für Denkmalpflege. Da war neben Seiberl noch der Chemo-Ingenieur Max Eder wichtig, der als Sachverständiger dauernd die Reaktionen des Bergungsgutes auf die neuen Verhältnisse prüfen mußte. Er wurde mit dem sich ausweitenden Führerauftrag

Bergung des Instituts für Denkmalpflege im Springerwerk des Salzbergwerkes vor Altaussee

auch für diese Bergung verantwortlich, was die chemisch-physikalische Seite anlangte und erhielt schließlich sogar eine Dienstwohnung auf dem Salzberg. Der Direktor am Naturhistorischen Museum in Wien, Hofrat Dr. Hermann Michel, vor dem Anschluß Erster Direktor des Hauses, wurde wiederholt zur Erstellung von Gutachten herangezogen, hatte aber sonst zunächst wenig Kontakt mit den Vorgängen im Salzkammergut. Als Restaurator fungierte vor allem Herr Karl Sieber, ein Berliner, der direkt von den für die neue Bergung Verantwortlichen bestellt war. Man richtete ihm sogar einen Raum im Steinberghaus als Restaurierwerkstätte ein, damit auftretende Schäden rascher behoben werden konnten.

Aber all diese Vorkehrungen waren nur flankierende Maßnahmen für die eigentliche Aufgabe, nämlich die Bergung der Führersammlung. Schon eine Woche nach Erteilung des Auftrages für die Adaptierung der Räume trafen die ersten Transporte ein, und ihr Zustrom sollte das ganze Jahr hindurch nicht mehr abreißen. Der Transport bis zum Berg war alles andere als einfach: Die Kunstschätze kamen mit der Bahn an, und zwar aus den verschiedensten Bergungsorten, wurden, in Decken verpackt, auf Lastwagen aufgeladen und durch den Ort Aussee zu dem neun Kilometer vom Bahnhof entfernten Eingang in das Bergwerk transportiert. Dort wurden sie auf Grubenwagen verladen und in die vorgesehenen Lagerräume gebracht. Die Bilder waren dabei meist unverpackt und nur die Ecken der Rahmen geschützt. Man muß in diesem Zusammenhang bedenken, daß die Transporte nach dem Verlassen der Depots immer wieder durch Gebiete mit Luftangriffen fuhren, daß es auf der Strecke immer wieder Alarm gab und daß Transportmittel damals schon rar zu werden begannen. Dazu kam der Ausseer Winter, der in den beiden Bergungsjahren allen zu schaffen machte. Die Schneehöhe erreichte bis zu fünf Meter, und die Strecke mußte damals händisch ausgeschaufelt werden, da es Schneeräumgeräte heutiger Konstruktion noch nicht gab – all das bei äußerstem Personalmangel und neben dem laufenden Bergbaubetrieb. Als die Situation gar zu arg wurde, setzte man Raupenschlepper ein, die samt den Spezialfahrern von den Steyr-Werken zur Verfügung gestellt wurden, damit die Arbeit weitergehen konnte. So rollte Transport um Transport zum Berg, allein neun unter der Leitung von Hans Reger aus dem

„Führerbau“ in München mit mehr als 1650 Bildern, dazu noch Skulpturen, Mosaike und Gobelins. Ein Werk nach dem anderen wurde belegt (siehe Abb. Seite 46 f.), denn die Zeit drängte.

Im Verlauf des Jahres 1944 wurde die Kriegslage zusehends katastrophaler. Bald mischte sich unter das Bergungsgut verschiedenster Herkunft auch solches, das bei Rückzügen mitgeführt worden, das im Chaos eines Frontzusammenbruches in die Feuerlinie geraten war und das beherzte Soldaten oder Offiziere meinten retten zu müssen, manches wirklich in bester Absicht. Ein Beispiel dafür sind jene Dinge, die aus dem italienischen Kloster Montecassino kamen. Die ehrwürdige Benediktinerabtei war nahe einer Linie gelegen, die von den Deutschen verteidigt werden sollte, als es ihnen nach der Kapitulation Italiens allein zufiel, die vorrückenden Alliierten aufzuhalten. Der Division Hermann Göring, die dort operierte, gehörte auch der österreichische Oberstleutnant Julius Schlegel an, und als er erfuhr, daß Montecassino gefährdet war, startete er eine schier unglaubliche Aktion: Ohne Auftrag begann er, die wertvolle Bibliothek des Klosters im Einverständnis mit dem Abt und den Mönchen in den Vatikan zu evakuieren, in Lastwagenkonvois, die teilweise noch während der Fahrt unter Beschuß gerieten. Es war eine der seltenen Bergungen der damaligen Zeit, die wirklich nur aus Sorge um die Kunstschätze und ohne Rücksicht darauf durchgeführt wurde, wer Freund oder Feind war. Wenig später wurde das Kloster durch einen Bombenangriff der Alliierten zerstört.

Schlegel berichtete über seine Aktion 1951 in einer mehrteiligen Serie in der österreichischen Zeitschrift „Die Furche“, und die Erinnerung daran hat sich bis heute erhalten. Allerdings konnte auch Schlegel nicht verhindern, daß ein Teil der Aktion in eine andere Richtung ging, vielleicht hat er es überhaupt nie erfahren. Während der Bergungsarbeiten fielen Schlegel zwei Männer auf, die eine Uniform bekannter Art trugen. Schlegel erinnerte sich, Museumsaufseher in solcher Kleidung gesehen zu haben. Auf seine Frage berichteten die Männer, daß bei der Landung der Alliierten gerade eine Ausstellung in Neapel gelaufen sei, mit Spitzenwerken italienischer Museen. Im Schock über das Nahen der Front sei das ganze Kunstgut nach Montecassino verlagert worden, sie selbst seien als Aufseher verpflichtet. Nun galt es also, auch diese Werke sicherzustellen. Sie gehörten aber nicht dem Kloster, nicht der Kirche, sondern dem italienischen Staat, der allerdings nach dem Sturz Mussolinis noch nicht wieder konsolidiert war, die Regierung Badoglio stand noch auf schwachen Füßen. So ließ Oberstleutnant Schlegel die Kunstwerke auf ein Schloß in Spoleto bringen, etwa so weit nördlich von Rom, wie Montecassino südlich lag, und er hoffte, damit zu ihrer Rettung beigetragen zu haben. Wie die Sache dann weiter zuging, wird man sicher nur mehr schwer erfahren. Tatsache aber ist, daß einige der Bilder, z. B. „Die Blinden" von Brueghel oder die „Heilige Familie" von Palma Vecchio ihren Weg nach Aussee fanden, wo sie nach der Besetzung durch die US-Truppen aufgefunden wurden. Gerüchten zufolge hatten andere Offiziere der Division Hermann Göring ihrem bekanntermaßen kunstbegeisterten und -verständigen Chef eine Freude machen wollen und ihm die Bilder aus dem Fundus von Spoleto geschenkt. Göring, der stets Wert darauf legte, seinen Erwerbungen zumindest den Schein der Rechtmäßigkeit zu geben, und der in seine Kunstsammlung auch wirklich gewaltige Mittel investiert hatte, lehnte es ab, so offenbar widerrechtlich erworbenes Gut als Geschenk anzunehmen und ließ die Bilder zunächst einmal nach Aussee in die Bergung bringen, wo man sie sicher wußte. Die einrückenden Amerikaner fanden die weitgereisten Werke später in einem entsprechenden Zustand. Zu einer Fotografie des Gemäldes von Palma Vecchio heißt es im Begleittext: „Man beachte den schlechten Zustand des Bildes, die zahlreichen Blasen und abblätternden Stellen, verursacht durch die Reise und die daraus resultierenden Änderungen von Temperatur und Luftfeuchtigkeit, wodurch sich das Gemälde ausdehnte und zusammenzog."[40]

Nach der Landung der Alliierten in der Normandie im Juni 1944 setzte auch an der Westfront der Rückzug ein. Ein „Flüchtling" aus dieser Zeit war „Maria mit dem Kinde" von Michelangelo, die von den abziehenden Deutschen aus jener Kirche in Brügge geholt wurde, in der sie seit ihrer Fertigstellung gestanden war, Zeichen der Frömmigkeit und des Kunstsinnes eines Kaufmanns dieser Stadt. Der für den Transport aus der Kampfzone verantwortliche Offizier ließ die Madonna auf eine Matratze aus gestreiftem Gradel betten, weil sonst nichts Passendes zur Hand war. Auf dieser Matratze ruhend, erlebte

Michelangelo, Maria mit dem Kinde;
Kirche Unserer Lieben Frau, Brügge

sie nicht nur die Reise quer durch Deutschland nach Aussee, die Einlagerung und das Kriegsende, die Matratze ist auch auf den Bildern von der Auslagerung noch deutlich zu erkennen und auf diese Weise zu seltsamen Ehren gekommen.

Ebenfalls in Aussee traf nun vom Chiemsee der Genter Altar ein, der ja schon früher, als die Zeiten noch besser gewesen waren, seine Fahrt nach Deutschland absolviert hatte. Er sollte bekanntlich (siehe Seite 37 f.) restauriert werden, und als das nicht mehr möglich war, als auch im süddeutschen Raum die Lage zu gefährlich wurde, transportierte man den Altar weg, wie er war. Um die abblätternden Stellen der Bemalung zu festigen, hatte ein Restaurator sie mit wachsgetränktem Papier abgedeckt, und so wurde der Altar dann auch im Mineralienkabinett im Ausseer Salzberg aufgestellt. Er trug die Spuren hilfreicher Hände noch wie das Kücken seine Eierschalen an sich, als er schließlich aus dem Berg „befreit" wurde.

Aber auch heitere Episoden ereigneten sich. Frau Dr. Oberwalder berichtet davon, und in der einschlägigen Literatur finden sich Hinweise darauf.[41] Bei Besetzungen oder ähnlichen Aktionen hatte das Militär den Auftrag, alle Vorkommnisse und Funde im Zusammenhang mit Kunstschätzen zu melden, damit die Dinge „sichergestellt" werden konnten. Eine Armee-Einheit hatte sich aber eine wertvolle Sammlung „durch die Lappen" gehen lassen, ihr Abtransport nach England war gelungen, und die Truppe hatte eine ziemlich scharfe Rüge einstecken müssen. Als sie nun ein weiteres Mal einen Besitz übernahm, der nach Wert und Reichtum aussah, wollten die Soldaten ihren Fehler wieder gutmachen, indem sie das Gefundene fein säuberlich in Eisenbahnwaggons packten und „heim ins Reich" schickten. Wie sie aufgegeben worden war, wurde die Sendung schließlich nach Aussee weitergeleitet – und Seiberl hatte seine liebe Not damit, die „Spreu vom Weizen" zu sondern, und das bei eisiger Kälte in Lagerräumen des Ausseer Bahnhofs. Die Soldaten hatten diesmal alles genommen, was nicht niet- und nagelfest war, alles außer Klosettmuscheln und Armaturen. Trotzdem blieb nach der Sichtung – es handelte sich um den Besitz des Barons Cassel an der Riviera, in der Bergungszeit als „Sammlung Berta" geführt – tatsächlich ein Bestand über, der sich vor allem aus französischen Bildern des späten 19. Jahrhunderts zusammensetzte und einen Wert von über einer Million Reichsmark repräsentierte. Der „Rest" wurde an die Bergung Schloß Thürntal im niederösterreichischen Weinviertel weitergegeben.

All das waren aber nur „Einzelschicksale", herausgegriffen

aus einer Fülle von Dingen, die sich in diesem Jahr 1944 im Ausseer Salzberg anhäuften. Da trafen sich, wenigstens für kurze Zeit, erstrangige Werke aller Art aus ganz Europa: neben den Rothschild-Sammlungen aus Wien, fein säuberlich inventarisiert während ihres Aufenthaltes in Kremsmünster, andere private Sammlungen sowie einzelne Gegenstände aus dem öffentlichen Besitz der eingegliederten Länder. Französische Maler waren da vertreten, aber auch Holländer und Künstler des 19. Jahrhunderts neben ganzen Hallen voll anderer Gegenstände, von Kassetten mit dem Renaissanceschmuck der Pariser Rothschilds über antike Statuen bis zum Hausrat. Direktor Pöchmüller beschreibt, wie es ihm beim Betreten des Bergwerks immer wieder erging[42]: „... unauslöschlich waren die Eindrücke, die ich auf meinen Dienstgängen durch die Stollen und Werkanlagen gewann. Man öffnet irgendwo eine Tür – und steht plötzlich Angesicht zu Angesicht ... einem von Kindheitstagen vertrauten Bild" gegenüber, „das man immer nur in der unpersönlichen Atmosphäre eines Museums par distance sehen durfte – oder man nimmt die Tafeln des Genter Altars, sonst dem normalen Besucher weit entrückt, selbst in die Hand, um sie im Einzelnen zu betrachten – und wo man sich hinwandte, standen schöne Gegenstände des Kunsthandwerks, Leuchter, Krüge und edle Möbel, oder blickten herrliche Plastiken von den Regalen herab. Es war eine eigenartige, zauberhafte Atmosphäre, der sich niemand entziehen konnte, der den Schatz im Berg jemals sah ..."

Zu Weihnachten 1944 kam vom Institut für Denkmalpflege in Wien Frau Dr. Oberwalder dienstlich hinaus nach Aussee zu Seiberl, und auch sie berichtet im Gespräch von dem unauslöschlichen Eindruck, den sie damals mitnahm. Nach getaner Arbeit kündigte Seiberl an, er werde sie – gleichsam als Weihnachtsgeschenk – auf eine Führung durch den Berg mitnehmen. Mit Grubenlampen machte sich die kleine Gruppe auf den Weg von einem Werk zum anderen, bis in die fernsten Winkel des Berges. Und jedes enthielt neue Kostbarkeiten. Da stand im Mineralienkabinett der Genter Altar, in einem anderen Werk ruhte auf ihrer Gradlmatratze die Madonna aus Brügge, makellos und unversehrt und aus ihrer Umgebung herausgehoben auf einem Steinplateau, neben dem aus der Tiefe eine riesige Felsnadel aufragte. Da waren „ganz bekannte Sachen“ aus dem Westen Deutschlands. Frau Dr. Oberwalder glaubt, den Isenheimer Altar von Grünewald gesehen zu haben, irgendeine Madonna im Rosenhag – es gibt ihrer ja mehrere, z. B. von Stefan Lochner oder Martin Schongauer –, dann Werke, die aus Nürnberg stammten und aus München. Vielleicht war auch Altdorfers „Alexanderschlacht“ dabei. Frau Dr. Oberwalder kann sich nicht mehr genau erinnern, aber vielleicht werden wir es eines Tages erfahren. Die Geschichte der Ausseer Bergung ist bis jetzt ja nur in ihren Ansätzen erforscht, vieles muß erst geklärt werden – wenn das überhaupt noch möglich ist.

Wir können uns nicht vorstellen, nur ahnen, was an Werten und Werken dort vereint war, aber damals schon wußten alle, daß der Schatz zerstreut werden würde, wenn dieser Krieg verloren ging. Aus der sorgfältig registrierten und überschaubaren Einlagerung des Instituts für Denkmalpflege war ein solcher Nibelungenhort gewachsen, daß er nur Fluch, nicht Segen bringen konnte. Was würde geschehen, wenn diese Schätze eines Tages ausgelagert würden? Würde man sich die Zeit und die Mühe nehmen, die Dinge nach ihrer Herkunft zu trennen? Zwar existierte seit dem 5. Jänner 1943 die Londoner Deklaration, derzufolge alle Transaktionen von Vermögen, Rechten und Interessen, die während der Besetzung durch Gegner der Alliierten vorgenommen worden waren, für ungültig erklärt wurden, aber schon jetzt wußte man in der Bergung selbst in vielen Fällen nicht mehr, unter welche Kategorie manche Sachen fielen: Waren sie „enteignet“, „beschlagnahmt“, „sichergestellt“, „sequestriert“, bloß „geborgen“ oder für die Führersammlung ausgewählt? Und wem hatten sie ursprünglich gehört? Das war nur den jeweiligen Zentralen bekannt. Die Gefahr war groß, daß zu einem späteren Zeitpunkt mit allem im Berg Vorhandenen zumindest zunächst einheitlich verfahren würde. Blieb alles erhalten, so hatte sich die Aktion „Dora“ gelohnt, nicht nur für das Institut für Denkmalpflege sondern für die gesamte europäische Kunstwelt. Drohte der Bergung Gefahr, so konnten auch die Einlagerungen Seiberls und Jurascheks in den Strudel mit hineingerissen werden. Gerade diese Gefahr hatte Seiberl offenbar übersehen, als er dem Bevollmächtigten der Führersammlung Aussee als Bergungsort anbot.

III.

Die schweigenden Majestäten

1. Deckname „Berg"

Das Jahr 1944, während dessen in Aussee die wichtigsten Bergungen für das Führermuseum durchgeführt wurden, stand schon ganz im Zeichen einer weiteren Verschlechterung der allgemeinen Lage Deutschlands. Viele hatten längst erkannt, daß eine Fortführung des Krieges sinnlos war, sein Ausgang bereits feststand. Zu ihnen gehörten jene Offiziere, die am 20. Juli 1944 ein Attentat auf Hitler versuchten, das allerdings mißlang. Sie wollten einen Friedensschluß herbeiführen, um Menschenleben und Material nicht der unsinnig gewordenen Parole zu opfern, daß Deutschland „niemals kapitulieren" werde. Die Antwort der Führungsspitze auf den Anschlag war eindeutig. Goebbels verschärfte den „totalen Krieg". Alles stand nun in dessen Dienst, mehr noch als zuvor. Es gab, auch was die Verwaltung betraf, kein Hinterland mehr, alles war Front – „Heimatfront", wie es hieß. Der Reichsführer der SS, Heinrich Himmler, übernahm das Kommando über das „letzte Aufgebot" der Deutschen, den Volkssturm, bestehend aus Hitlerjungen und älteren Männern. Aus allen Behörden wurden Kriegsdienststellen, die bisherigen „Reichsstatthalter" in den Gauen zu „Reichsverteidigungskommissaren" und dadurch mit noch mehr Macht ausgestattet. Das änderte allerdings nichts am weiteren Kriegsverlauf. Ende 1944 standen im Westen die Amerikaner, Engländer und Franzosen an der deutschen Grenze, im Osten hielten die Russen eine Linie, die in ihrem nördlichen Teil weit in das Reichsgebiet, im Süden bis nach Ungarn hineinreichte und damit die Gefahr barg, daß die gesamte Balkanarmee von ihren Rückzugslinien abgeschnitten würde.

Trotzdem bestand kein Zweifel, daß viele Männer auf entscheidenden Posten alles daransetzen würden, den Widerstand gegen die Alliierten aufrecht zu erhalten, auch gegen alle Ge-

August Eigruber, Gauleiter von Oberdonau, 1907–1947

bote menschlicher Vernunft. Einer von ihnen war der Reichsverteidigungskommissar und Gauleiter von Oberdonau, August Eigruber. Er war ein Mann, der alles persönlich erledigen wollte, rastlos und unermüdlich, ein Fanatiker, der von der Durchhalte-Ideologie so überzeugt war, daß es ihn nicht kümmerte, was bei ihrer Befolgung alles „in Scherben" fiel. Ohne Rücksicht auf die Proteste der Unternehmensleitung kämmte er immer wieder die Betriebe nach Männern durch, die noch irgendwie entbehrlich und halbwegs wehrtauglich waren. So zog er nach einer Sitzung am 27. August 1944 noch dreißig Mann aus der wiederholt gelichteten und für den Führerauftrag dringend benötigten Belegschaft des Ausseer Salzberges zum Wehrdienst ab.[43] Ob Kunstschätze geborgen werden konnten oder nicht, spielte in seinen Augen eine geringe Rolle.

Reichsleiter Baldur von Schirach, 1907–1974

Anders dachte sein Kollege in Wien, der Reichsstatthalter und seit Herbst 1944 in einen Reichsverteidigungskommisar umbenannte Baldur von Schirach. Wenn er sich auch im Bemühen um die Sicherung der Kunstgüter säumig gezeigt hatte, so interessierte ihn doch alles, was Kunst und Kultur betraf. Es schien, als verfiele er mehr und mehr dem auch in dieser Notzeit noch wirksamen Wiener Charme. Er ließ nicht nur Werke des „Urösterreichers" Grillparzer aufführen, sondern veranstaltete auch eine Ausstellung junger österreichischer Künstler, die hart an das grenzte, was Goebbels in Berlin als „entartete Kunst" angeprangert hatte. Kein Wunder, daß ihn das bei den Berliner Parteispitzen verdächtig machte.[44] Nun begann er, sich neuerlich um die Wiener Kunstschätze zu sorgen. Vor allem die „Cimelien", die wertvollsten Stücke der Sammlungen, sollten an einem sicheren Ort untergebracht werden, möglichst im Westen. Mit diesem Auftrag versammelten sich am 4. November 1944 Seiberl, zwei Museumdirektoren und von Berg bei dem Regierungspräsidenten Dellbrügge,[45] der ihnen eröffnete, daß infolge der zu erwartenden Zunahme von Luftangriffen auf Wien eine Verlagerung der Kunstschätze dringend geboten scheine. Es sei dabei notfalls auch an eine Verbringung außerhalb Österreichs, etwa nach Thüringen oder nach Böhmen-Mähren gedacht. Solche Erwägungen waren schon Anfang 1944 (siehe Seite 57) und wieder im Zusammenhang mit der Bergung der Führersammlung aus Kremsmünster angestellt worden, und wie damals äußerten sich die Befragten ablehnend gegenüber den Vorschlägen, auf denen der Präsident auch nicht beharrte. Als Gegenvorschlag nannten sie den Ischler Salzberg, und Dellbrügge stimmte einer entsprechenden Prüfung zu. Der zu diesem Zweck gebildeten Kommission gehörten von Berg als oberster Verwaltungsbeamter, Direktor Dworschak vom Kunsthistorischen Museum als Leiter der Wiener Bergungen, Seiberl als der Mann mit der meisten einschlägigen Erfahrung und einem ganzen Jahr „Vorsprung" auf diesem Gebiet und Hofrat Direktor Dr. Hermann Michel, Direktor der Mineralogischen Abteilung im Naturhistorischen Museum, für die naturwissenschaftlichen Fragen an. Am 7. und 8. November 1944 schon sprachen Dworschak und von Berg bei dem Generaldirektor der Salinen, Pöchmüller in der Sache vor.[46] Er versprach seine Unterstützung, ebenso wie er sie für Aussee zugesagt hatte, wenn nicht weiterhin Arbeiter abgezogen und Schwierigkeiten bei der Materialbeschaffung gemacht würden. Am 10. November kam ein Anruf von Regierungspräsident Dellbrügge, der versprach, alle diesbezüglichen Wünsche zu berücksichtigen. Das erwies sich zwar in der Folge als unmöglich, aber da lief die Aktion schon.

Damit war für Ischl seine große Stunde gekommen, wenn auch relativ spät.

Schon in den ersten Gesprächen zwischen Seiberl und Juraschek war neben Aussee auch der Ischler Salzberg zum Zweck einer größeren Bergung vorgeschlagen worden. Aussee erwies sich jedoch als so aufnahmefähig, daß Ischl für eine umfassendere Aktion nicht benötigt wurde. Erst seit Aussee als „Bergungsdepot des Reiches“ fungierte, war Juraschek mit anderen Interessenten, die sich an ihn wendeten, hierher ausgewichen, es hatten aber nur kleinere Bergungen stattgefunden, und zwar alle im sogenannten „Erbstollen“ und seinen Abzweigungen, also im untersten Teil des Bergwerkes, der knapp vor der Ortschaft Lauffen von der Bundesstraße aus erreichbar war und durch den die Grubenbahn fuhr. Anschließend wurden die Seitenstollen verschlossen und damit jeder Zutritt unmöglich gemacht. Bei den geborgenen Gütern handelte es sich um Akten des Haus-, Hof- und Staatsarchivs, Hofkammerakten des 16. und 17. Jahrhunderts – immerhin 120 Kisten davon – und um Klosterbesitz wie etwa Kreuze und Handschriften. Aber auch Bruckners eigenhändig geschriebene Partitur der Missa solemnis hatte ebenso Aufnahme gefunden wie Geschäftspapiere und Betriebsunterlagen der Firma Schoeller-Bleckmann[47]. Was der Bergung bisher gefehlt hatte, war ein System, eine zentrale Ausrichtung gewesen. Nun war sie gefunden.

Die Verantwortlichen waren sich der Tatsache bewußt, daß es höchste Zeit war, mit der Arbeit zu beginnen, wollte man eine umfassende Verlagerung noch durchführen. Das zeigt die Eile, mit der man ans Werk ging. Schon am 17. November befuhr Hofrat Michel den Salzberg, am 18. und 19. November fanden Besprechungen mit Direktor Pöchmüller statt, und am 20. November langte von Reimer, der in der Sache ebenfalls befragt werden mußte, die Erlaubnis bei Pöchmüller ein, den Wiener staatlichen Sammlungen den Ischler Salzberg zur Verfügung zu stellen[48].

Am 30. November legte Hofrat Michel sein Gutachten vor, das in den Bergungsakten des Kunsthistorischen Museums erhalten ist. Dort ist der Bergung Bad Ischl – Lauffen ein ganzer Ordner (Fasz. 9) gewidmet. Nach einer Beschreibung des Bergwerks kam der Sachverständige zu dem Schluß, daß im Ischler Berg ähnliche Verhältnisse herrschten wie in dem von

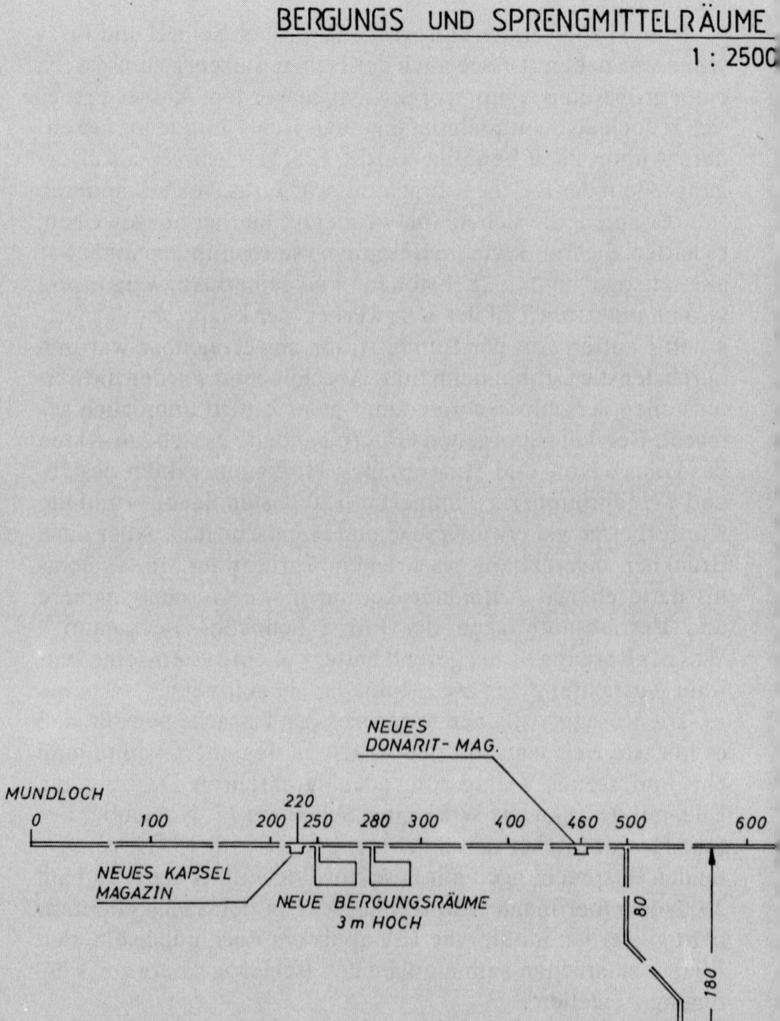

Der Erbstollen im Salzbergwerk Bad Ischl

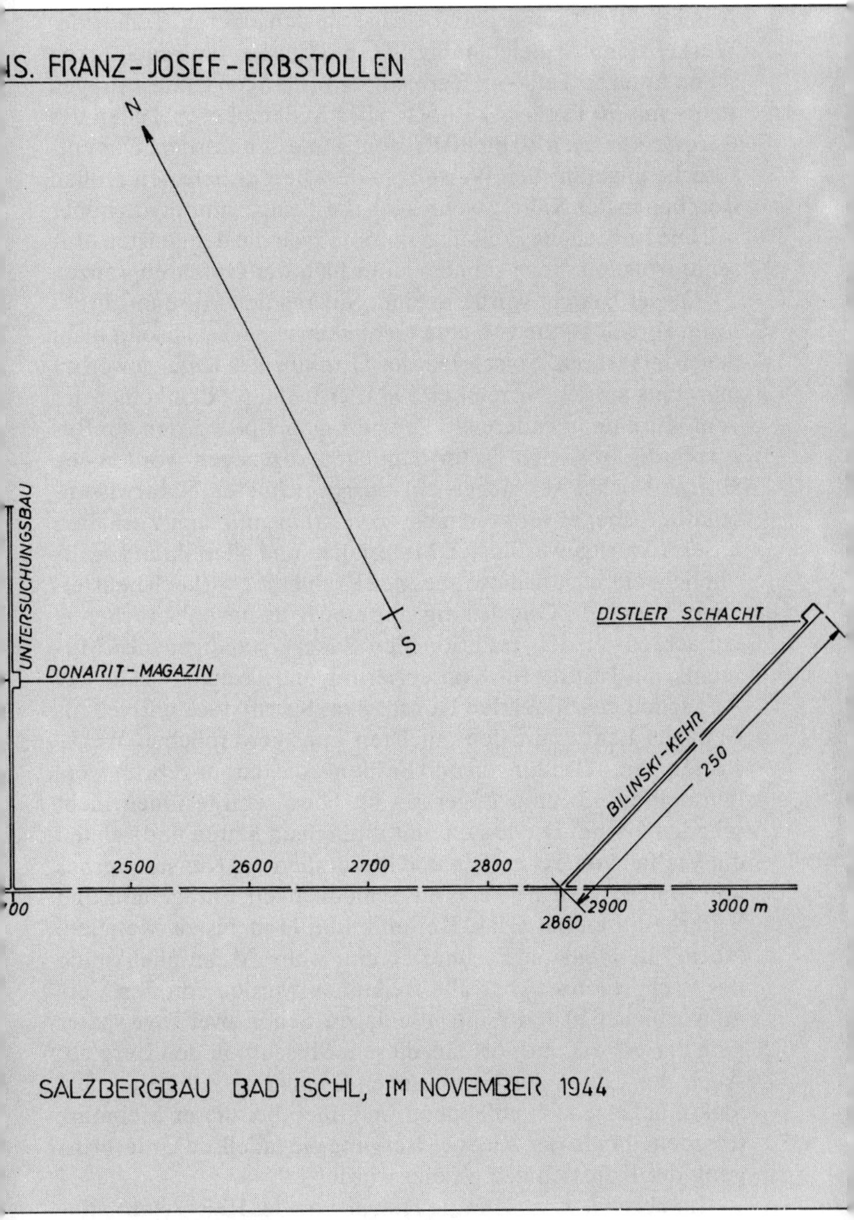

mit Abzweigung zum Distler Schacht (Plan verkleinert)

Aussee. Die Temperatur betrage in den oberen Teilen des Werkes ziemlich gleichmäßig 10 Grad Celsius, die Feuchtigkeit sei im unteren Teil – im Bereich der bisherigen Einlagerungen also – mit 90 Prozent zu hoch, aber in den oberen Teilen des Bergwerkes seien 70 bis 80 Prozent gemessen worden. Das entspreche ungefähr den Werten „in dem bereits belegten großen Bergbau in der Nähe", wenn auch die Temperatur etwas höher sei. Die Luftfeuchtigkeit überschreite zwar die der meisten Museen, trotzdem liege sie aber unterhalb der Gefahrengrenze.

Dieser Bericht wurde in einer Sitzung den Museumsdirektoren vorgelegt, die von dem Gedanken zunächst absolut nicht begeistert waren. So schrieb der Direktor des Kunstgewerbemuseums am 12. Dezember 1944, er bedaure, daß keiner der vom Museum in anderen Fällen befragten Spezialisten der Besprechung bzw. den Untersuchungen zugezogen worden sei. Hofrat Michel sei sicher ein ausgezeichneter Naturwissenschaftler, aber er sei wohl nicht so vertraut „mit dem Verhalten unserer kunstgewerblichen Materialien und allen ihren Eigentümlichkeiten", um diese „heiklen Probleme" wirklich beurteilen zu können[49]. Gleichzeitig ging eine Bitte um entsprechende Gutachten an den traditionellen Sachverständigen des Museums, das Institut für Konservierung und Technologie an der Akademie der bildenden Künste. Das Schriftstück enthielt als Beilagen Listen mit den „meisten kunstgewerblichen Werkstoffen, ihren Bindungen und Farben", die darauf geprüft werden sollten, ob eine Lagerung im Haselgebirge ihnen nicht schaden könne. Die Listen umfaßten neun Seiten und zeigten die Vielfalt von Techniken und Materalien des Kunstgewerbes auf, von Textilien in ihrer Unterschiedlichkeit, Farbgebung und Verarbeitung über Glas, Keramik und Holz bis zu Metallen, Horn, Elfenbein und Perlmutter, eine wahre Materialienkunde des Fachgebietes. Aber alle Bedenken wurden von den Verantwortlichen in den Wind geschlagen. Schon zwei Tage später ging der erste Transport aus diesem Museum in den Berg ab. Auch der Leiter der Graphischen Sammlung Albertina, Dr. Saiko, äußerte sich ablehnend und blieb bei dieser Meinung, trotzdem ihm in der Ausseer Bergung die tadellose Unterbringung der Kunstschätze gezeigt wurde[50].

Im übrigen war es für die Herren von der Reichsstatthalterei auch in anderer Hinsicht der letzte Moment gewesen, ihren

Wunsch nach Bergung ihrer Schätze im Ischler Salzbergwerk zu deponieren. Im Auftrag von Reimer und für die Führersammlung war man nämlich schon dabei, im Erbstollen zwei Kammern auszusprengen, und zwar bei Stollenmeter 250 und 280. Dort sollte größerformatiges Bergungsgut aus der Führersammlung eingelagert werden, da in Aussee für größere Stücke

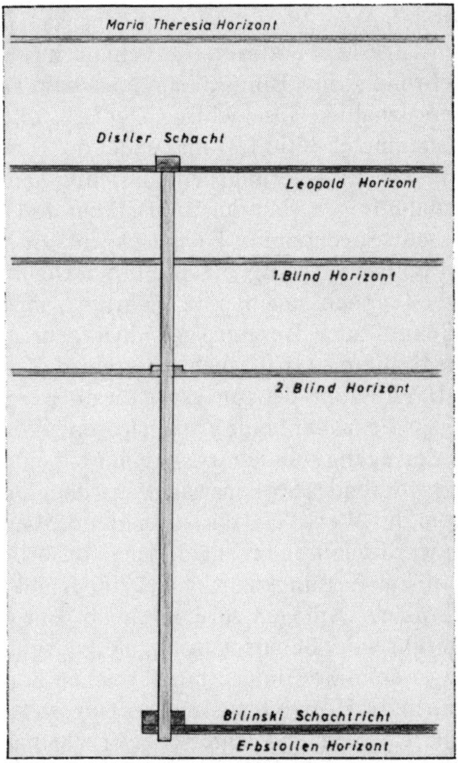

Schematische Darstellung der Horizonte im Salzbergwerk von Bad Ischl

kein Platz war. Erst mit seinem Verzicht ermöglichte Reimer (siehe Seite 75) die Einlagerungen der Wiener staatlichen Sammlungen. Auch wenn er für seine Zwecke weiterhin das Recht beanspruchte, zusätzliche Kammern im Erbstollen schaffen zu lassen, betonte er doch im selben Zusammenhang, daß er es für klug erachte, die beiden Bergungen streng getrennt zu halten. Selbstverständlich teilte man diese Meinung in Wien und lagerte das von dort kommende Kunstgut an ganz anderen Stellen, weit weg von allen bisher geborgenen Beständen. Die beiden Kammern Reimers beherbergten übrigens nur vorübergehend und nur in der ärgsten Krisenzeit Kunstschätze, da sie sich als zu feucht erwiesen. Für die Wiener Sammlungen hatten die Verantwortlichen anderes im Sinn.

Beim Stollenmeter 2860 des Erbstollens, also fast drei Kilometer vom Tageslicht entfernt, führt ein nach Nordosten abzweigender Stollen, die „Bilinskikehr“, aus dem Deckgebirge hinein in das salzhaltige Haselgebirge. Der Erbstollen setzt sich noch bis Stollenmeter 3000 fort und endet dort als Sackgasse, was für die spätere Einlagerung nicht unwichtig war. Die Gleise der Grubenbahn folgen aber der Bilinskikehr und enden nach 250 Meter beim sogenannten Distlerschacht. Er war damals mit einem primitiven Aufzug, einer „Förderschale“ ausgestattet, neben der Treppen, sogenannte „Fahrten“, angebracht waren. Dort konnte auch Bergungsgut hinaufgebracht werden, wenn es eine bestimme Größe nicht überschritt. Zunächst kam man in den II. Horizont, der zur Gänze für die Bergung freigegeben wurde, in dem aber keine großen leeren „Werker“ wie in Aussee zur Verfügung standen sondern nur ein einmal breiter, einmal enger werdendes Stollensystem. Darüber lag der I. Horizont, in dem das Werk XII, das sogenannte Ebenseer Werk freigegeben wurde, mit einer Lagerfläche von 1100 Quadratmeter und einem Fassungsraum von 2700 Kubikmeter weit hinter den Ausseer Anlagen zurückstehend. Ein vom I. zum II. Horizont führender Schurf wurde später verschüttet, damit niemand ungebeten die Einlagerung erreichen konnte.

Stieg man im II. Horizont aus dem Aufzug, so kam man zuerst am „Füllort“ an, einem Raum, der etwa acht mal vier Meter maß und dem Be- und Entladen des Aufzugs diente. Von dort zweigte schräg nach rechts der „Bahnhof“ ab, ausgestattet mit zwei Gleisen zum Verschub der Grubenbahn, die auch für diesen Horizont eingerichtet war, und daher breiter als die übrigen Stollen im Berg. Diesem „Bahnhof“ kam im späteren Verlauf noch eine wichtige Rolle zu. Von ihm zweigten mehrere Stollen ab, die ebenfalls mit Bergungsgut belegt werden konnten.

Der Aufzug reichte noch hinauf in den nächsten, den sogenannten Leopold-Horizont und endete dort. Der darüberlie-

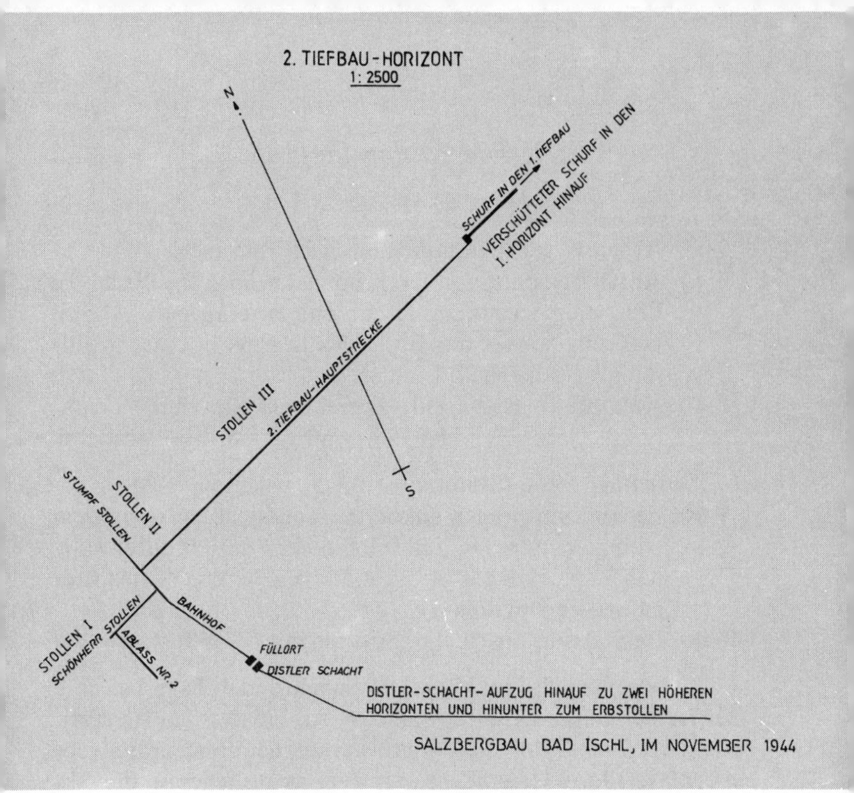

Der zweite Tiefbau-Horizont im Salzberg von Bad Ischl
(Plan verkleinert)

gende Maria-Theresien-Horizont war mit den tieferen Anlagen nur durch einen Schurf verbunden. Dafür bot er einen zweiten Eingang in den Salzberg, den man zu Fuß von der im Südosten von Bad Ischl liegenden Ortschaft Perneck erreichen konnte. Hier, oberhalb von Perneck, lagen auch die Verwaltungsgebäude und die Markscheiderei, in der die Pläne gezeichnet wurden. Heute führt eine Bahn in den Theresien-Horizont, denn er ist für Besichtigungen in Benützung, und ein neuer Aufzug führt durch alle Horizonte bis hinunter zum Erbstollen. Der Distlerschacht wurde übrigens 1950 aufgelassen[51].

Hier sollten also die Schätze der Wiener Sammlungen ihren Unterstand finden, bis ruhigere Zeiten eintreten würden, und man machte sich, sobald in Wien die Entscheidung gefallen war, gleich an die Arbeit. Als Deckname für die Ischler Bergung wurde „Berg“ gewählt.

2. Die Aktion läuft an

„*9. Dezember 1944*

7.52 Abfahrt Hajsinek von Wien nach Bad Ischl

6.40 Abfahrt Sochor von Kremsmünster nach Bad Ischl. In Linz stieg Sochor in den D-Zug zu Hajsinek. Alarm! Der Zug wartet das Ende des Alarms in einer Waldschneise außerhalb Linz ab.

16.40 Ankunft in Bad Ischl (zweieinhalb Stunden Verspätung). Quartier in der Pension Engljähringer bezogen.

10. Dezember 1944 (Sonntag)

9.00 Telegramm: wagen ankommt sonntag abend – waldum – eingetroffen. Da das Telefon der Pension durch starken Schneefall gestört ist, mündlich die Wache des Sudhauses verständigt.

20.00 Im Sudhaus das Nichteintreffen des LKW festgestellt."

So beginnen die laut Vorschrift zu führenden Tagesberichte der Ischler Bergung, aufbewahrt im Archiv des Kunsthistorischen Museums. Der sie schrieb, war der Chefrestaurator dieses Hauses, Josef Hajsinek, erster Verantwortlicher für die Aktion „Berg". Er war vorher in der Bergung „Schloß", also in der Kartause Gaming tätig gewesen. Ihm beigegeben war der Restaurator Franz Sochor, ebenfalls vom Kunsthistorischen Museum, vorher bei der Führerbergung in Kremsmünster beschäftigt (siehe Seite 39) und nun hierher abkommandiert. Was also zunächst vorhanden war, zwei Wochen, nachdem Hofrat Michel sein Gutachten über den Ischler Salzberg abgegeben hatte, waren zwei Herren und ein Quartier für sie im Gasthof Engljähringer, „Grüner Baum", Bad Ischl, Grazer Straße 39, sonst nichts; kein LKW für den Transport des Bergungsgutes, keine Telefonverbindung – und vor allem keine irgendwie vorbereiteten Bergungsräume. Pöchmüller schreibt in seinem Buch, Seiberl sei „einsichtig genug" gewesen, seine Forderungen bezüglich der Ausgestaltung der Räume auf ein Mindestmaß zu beschränken und „auf alles schmückende Beiwerk zu verzichten". Daß aber gar nichts vorhanden war, damit hatten die Herren aus Wien wohl nicht gerechnet. Was Seiberl sich vorstellte, hatte er in einem Brief vom 3. Dezember, also weniger als eine Woche vor dem Eintreffen der Bergungsmannschaft, Herrn

Oberbergrat Dipl.-Ing. Mayerhoffer von der Saline in einem detaillierten Plan angegeben, der unter anderem die benötigten Bretter und Latten, nach ihrer Stärke aufgegliedert, in tausenden Laufmetern anführte. Allein an Brettern von drei Zentimeter Stärke gab Seiberl 7056 Laufmeter an.[52] Das war eine ungeheure Menge, die so schnell nicht zur Verfügung stehen konnte. Dazu kam, daß das Holz vollkommen trocken sein mußte, das wußte man von einem Zwischenfall in der Ausseer Bergung. Aber das war noch schwieriger, wenn nicht überhaupt unmöglich. Seiberl legte seinen Wünschen auch sauber gezeichnete Pläne bei, wie die Auskleidung der Räume im Endstadium aussehen sollte. Solche Pläne für das Werk XII im Tiefbau I sind heute noch bei den Bergungsakten des Kunsthistorischen Museums vorhanden. Aus allen Angaben merkt man, daß hier ein Fachmann sprach, der genau wußte, was er wollte, und der an alles dachte. Die Stellagen für die Lagerung von Gobelins mußten andere Voraussetzungen erfüllen als jene, auf denen Bilder untergebracht werden sollten. Manche Räume benötigten eine Deckenverkleidung, andere nicht. Die Lagerung von Kisten erforderte wiederum andere Vorkehrungen. – Aber all das existierte am 11. Dezember nur auf dem Papier.

An jenem Morgen trafen sich die Herren aus Wien mit Seiberl, und es wurde „im Kaffeehaus die Lage besprochen". Dann gingen die Beamten in die Salinendirektion, um die wichtigsten Fragen zu klären. Aber dazu kam es nicht, „11.50 Uhr Alarm!" meldet das Tagesprotokoll. Direktor Pöchmüller lag im Spital, bei der Besprechung anwesend waren die Oberbergräte Lepez und Mayerhoffer, der eine für den Salzberg, der zweite für die Saline. Allerdings wußten auch sie keinen Rat, obwohl die Zeit drängte. Für den nächsten Tag schon war der erste Kunstgütertransport angekündigt.

Am Nachmittag kamen drei Mann an, die als Bewachungspersonal vorgesehen waren. Sie hatten nicht einmal ein heizbares Zimmer, aber in dieser Hinsicht konnte man improvisieren; bald war eine Notlösung gefunden. Auch in Sachen Transport mußten nun die Möglichkeiten geklärt werden. Die Mitglieder der Kommission machten sich zu Fuß auf den Weg, um sich die Situation bei dem ungefähr vier Kilometer entfernten Erbstollen anzusehen. Sie fragten sich, ob der LKW die Strecke bis zum Mundloch des Stollens überhaupt schaffen könne, denn der Weg, der vor Lauffen von der Durchgangsstraße abzweigte, war schmal und steil. Da seine Bewältigung keineswegs sicher war, organisierten die Salinenbeamten auf dem Heimweg bei Bauern aus den nächsten Ortschaften vier Ochsenschlitten. Sie wurden dann allerdings doch nicht benötigt, weil um 20.00 Uhr der sehnlich erwartete und offensichtlich leistungsstarke LKW ankam. Der Wagen hatte zwar einen russischen Kriegsgefangenen als Fahrer, was bei der „streng geheimen" Aktion nicht gerade günstig war, aber nun war wenigstens die Beförderung gesichert, wenn auch in unvorbereitete Räume. Am Dienstag, dem 12. Dezember 1944, um 14.00 Uhr traf tatsächlich der erste Transport mit Bergungsgut ein, ein ganzer Waggon voll.

Die ortsansässige Speditionsfirma Bruckschlögl löste ihn aus, und bis 19.00 Uhr war alles beim Erbstollen – allerdings nur dort.

„Der Weitertransport vom Mundloch zum Förderkorb gestaltete sich sehr schwierig, da die starr gekoppelten Förderwagen immer aus den Schienen sprangen und oftmals auf- und abgeladen werden mußten.

24.00 Uhr: Sämtliches Kunstgut bis zur Förderschale transportiert, einen kleineren Teil an Ort und Stelle gebracht.

00.30 Uhr: Ankunft Hajsinek in der Pension",

meldet das Protokoll trocken. Trotzdem spürt man heraus, was da dahintersteckte an Einsatz und Arbeit, an Müh und Plage ohne Rücksicht auf Dienstzeiten. Man kann aber auch die Gefahr ermessen, die darin lag, die Sendung in vollkommen ungesicherten Stollen zurückzulassen. Und noch immer war kein Holz zur Auskleidung der Räume bereit, es dauerte Tage, bis wenigstens eine Trockenanlage in Altmünster ausfindig gemacht werden konnte.

Da kam am 15. Dezember schon ein weiterer Transport, aber nicht von den staatlichen Sammlungen sondern vom Institut für Denkmalpflege in Wien. Wertvolle Bestände aus geistlichem Besitz wurden jetzt im Ischler Erbstollen – statt im Ausseer Salzberg – gelagert, unter ihnen sieben Bilder des Schottenmeisters und einige weitere Werke der Tafelmalerei des ausgehenden Mittelalters, in sechs Kisten verpackt.[53] Unwillkürlich drängt sich die Frage auf, ob nun auch Seiberl Bedenken kamen, weiter österreichisches Gut neben der Führersammlung in Aussee zu bergen. Viele Maßnahmen der folgenden Zeit sprechen dafür.

Die Aktion „Berg“ jedoch kam damit voll in Gang. Ein Transport nach dem anderen traf aus Wien ein, wurde verfrachtet und in Sicherheit gebracht, nach dem vom 15. Dezember noch einer am 30. Dezember 1944. Aus fast allen staatlichen Sammlungen stammten die Schätze: Da gab es 150 Kisten aus der Nationalbibliothek mit Handschriften und Druckwerken, von denen jede einzelne Seite schon eine Kostbarkeit darstellt, Bestände aus dem Naturhistorischen Museum, dem Völkerkundemuseum, dem Kunstgewerbemuseum und natürlich aus dem Kunsthistorischen Museum mit seinen vielen Abteilungen.

Kiste um Kiste wandert durch die engen Stollen in den Berg und wird dort in den – zunächst unvorbereiteten – Räumen abgestellt. Die Männer von der Bergungsmannschaft plagen sich

Der „Bahnhof“ im zweiten Tiefbau des Salzberges von Bad Ischl mit erstem Bergungsgut

gemeinsam mit den Bergleuten. Sie reißen sich die Hände wund an den überschweren Packstücken, deren Inhalt sie nicht kennen. Die Schätze reisen gewissermaßen inkognito und treffen auch so ein. Höchstens der Bergungsleiter und sein Mitarbeiter wissen, was die geheimnisvollen Buchstaben und Nummern bedeuten, die da und dort aufgemalt sind. Natürlich steckt dahinter eine Absicht. Aber wenn ein solcher Transport in kürzester Zeit, im Finsteren und – was immer wieder vorkommt – ohne Begleitlisten entladen werden soll, wäre es sicher vorteilhaft, wenn man aus der Bezeichnung wenigstens annähernd entnehmen könnte, worum es sich handelt – meinen die Leute von der Bergung. So sind es „bloß" Kisten, immer wieder Kisten, die der Berg aufnehmen soll. Nur in der Zentrale, im Kunsthistorischen Museum also, und in der Sammlung, aus der der Transport kommt, liegen die Detailangaben auf. Dort weiß man zum Beispiel, daß die mit S. A. M. gezeichneten Stücke der „Sammlung alter Musikinstrumente" des Hauses entstammen. Für Notfälle ist jedem Stück eine Inventarliste beigepackt, aber hineinzuschauen ist laut Bergungsordnung (siehe Seite 18) verboten. Muß es trotzdem einmal sein, so wird über den ganzen Vorgang ein Protokoll aufgenommen. Die Fracht ist zu wertvoll, als daß man auch nur die geringste Unsicherheit in Kauf nehmen möchte, ungeachtet des Aufwandes an Zeit und Energie, der damit verbunden ist.

Trotzdem gibt es Zwischenfälle. Das beginnt schon beim Einladen in Wien. Frau Pfannl aus dem Kunsthistorischen Museum schildert in ihren Erinnerungen[54], was für ein Hasardspiel die ganze Aktion vom Abtransport weg darstellte: „Die großen Möbelwagen wurden im ringseitigen Foyer (des Museums) beladen. Oft stand der bepackte Wagen in der Einfahrt, wenn Fliegeralarm gegeben wurde. Wir gingen alle in den Keller mit dem bangen Gedanken an den kostbaren und unersetzlichen Inhalt des Wagens, der ungeschützt in der Halle stand." Dann, nach der Entwarnung, fuhr der Laster zum Westbahnhof, ein Waggon wurde angefüllt, und der Nachtschnellzug beförderte die wertvolle Fracht über Attnang nach Ischl – wenn nicht die Strecke durch Bomben zerstört war und der Umweg über Selztal gewählt werden mußte.

Auch der ängstliche Direktor des Kunstgewerbemuseums, der sich verhement gegen die Verlagerung der Güter gewehrt

Transport von Kisten mit Bergungsgut im Salzberg von Bad Ischl

hatte, wendet sich schon nach dem ersten Transport in einem geharnischten Brief an seine vorgesetzte Stelle, die Reichsstatthalterei.[55]

Die Verladung der 59 Bergungskisten auf dem Westbahnhof sei zwar in Anwesenheit eines Vertreters des Instituts erfolgt, sein Ersuchen um Absperrung des Paketwagens sei aber mit dem Hinweis abgelehnt worden, es seien keine Schlösser vorhanden. Dann sei der Waggon auch noch ohne Aufsicht verschoben worden, und auf der Strecke zwischen Ebensee und Ischl habe es Fliegeralarm gegeben. Schließlich habe man dem Transportbegleiter nicht einmal die Einfahrt in die Bergungsräume gestattet, sondern das Gut ohne ihn eingelagert.

Tatsächlich hat die Ischler Bergungsmannschaft mit anderen Problemen voll zu tun. Da ist zunächst der LKW. Immer wieder gibt er Anlaß zu Zeitverlust und Schwierigkeiten. Reparaturen sind zum damaligen Zeitpunkt fast nicht mehr durchführbar, es fehlt an Ersatzteilen. Außerdem ist der Wagen dauernd überbeansprucht und zum letzten noch begehrtes Transportmittel für alle, denen so ein Gefährt nicht mehr zur Verfügung steht.

Denn wenn man schon nach Altmünster fährt, um das Holz zum Trocknen abzuliefern, könnte man doch gleich aus Ebensee Gemüse für die Salinenverwaltung, den hilfsbereiten „Hausherrn" der Bergung, mitnehmen. Natürlich muß das Gemüse in Ischl auch wieder zugestellt und abgeladen werden. Auch ein kleiner Möbeltransport aus der Gosaumühle, etwa zwanzig Kilometer entfernt, wird für einen Angehörigen der Salinenverwaltung bewerkstelligt. Die Bergungsmannschaft braucht das Wohlwollen der Saline, und Lastwagen sind – wie gesagt – rar, Treibstoff streng rationiert außer für Sonderaufträge, wie die Bergung einer ist.

Schließlich bricht die Achse des LKW, der Schaden ist nicht reparabel. Von nun an ist man abhängig vom guten Willen und den Möglichkeiten der örtlichen Spedition. Steht ein Wagen zur Verfügung, geht alles gut. Ist aber keiner abkömmlich, so muß der Transport entweder warten, notfalls auch bei Regen die Fahrt von einem Zwischendepot zum Berg antreten, oder Ochsengespanne übernehmen den Zugdienst. So ist es auch beim letzten Transport des Jahres 1944, dem vom 30. Dezember. Vier Doppelgespanne ziehen die Schlitten mit dem Kunstgut durch den Ort hinaus zum Erbstollen, nachdem drei Stunden wegen Fliegeralarm ungenützt verstreichen mußten. Es ist Schwerarbeit, „die die größten Anforderungen an Mensch und Tier stellt, da noch keine richtige Schlittenbahn vorhanden" ist. Das Gut muß immer wieder umgeladen und anders auf den Gefährten verteilt werden, bis endlich die letzte Kiste um Mitternacht beim Erbstollen einlangt und auf den Förderwagen verstaut werden kann. Zwei Wachleute leiten den Transport im Berginnern weiter – bis vier Uhr früh.

Daß diese Menschen unendlich hart arbeiten mußten, daß die an sie gestellten Forderungen manchmal ihre Kräfte überstiegen, steht außer Zweifel. Es grenzt an ein Wunder, wenn alle Dinge ihren Bestimmungsort, den Lagerplatz im Berg, heil und unversehrt erreichten. Längst hatte der Bergungsleiter die Versuche aufgegeben, beim hastigen Entladen der Waggons die einzelnen Packstücke auch nur zu zählen . . .

Mit Beginn des neuen Jahres trat erstmals nach den Anstrengungen der letzten Zeit etwas Ruhe ein. Man konnte Versäumtes nachholen, Ordnung schaffen. Die Grubenbahn bekam einen Aufbau für den Transport von Bildern, der „Bahnhof", zu Anfang der Aktion noch leer und kahl, war bald so verkleidet, daß nur ein Gleis frei blieb (siehe Seite 91). Der übrige Raum war für die Lagerung von Gemälden vorgesehen. Er wurde an beiden Enden, ebenso wie das in Aussee gemacht worden war, mit schweren hölzernen Bohlentüren verschlossen, deren Rahmen im Felsgestein verankert waren. Das machte den Eingang absolut sicher. Nur Lüftungsrohre blieben frei, aber die waren ziemlich dünn, überdies gekrümmt und so hoch oben unter der Decke angelegt, daß man nicht einmal etwas hineinwerfen, geschweige denn herausholen hätte können. An anderen Stellen spannte Wachmann Höher zur Kontrolle, ob nicht doch Unbefugte sich zu schaffen machten, schwarze Zwirnsfäden und hätte sofort gemerkt, wären diese für den Ahnungslosen unsichtbaren Merkzeichen zerrissen worden.

Auch in anderer Hinsicht stand die Bergung dauernd unter Beobachtung. Am 10. und am 24. Jänner 1945 fuhr Hofrat Michel bei einem Besuch wieder – wie auch vorher schon – in den Berg ein und machte zusätzlich zu den täglichen Überprüfungen durch das Personal noch Messungen, die er in einem anschließenden Bericht an die Direktion des Kunsthistorischen

Museums vom 1. Februar 1945 festhielt. Seiner Meinung nach war das Gut im Lauffener Salzberg durchaus zufriedenstellend und ohne jede Gefahr geborgen.

Die einzige Aufregung in dem langsam zur Routine werdenden Alltag der Bergung brachte ziemlich am Anfang dieses Zeitabschnittes ein Transport aus dem Steirischen Landesarchiv in Graz. Mit ihm hatte die Wiener Mannschaft eigentlich nichts zu tun, nahm sich aber dann doch seiner an, nachdem das Gut fast eine Woche lang ungesichert in einem leerstehenden Möbelwagen auf dem Frachtenbahnhof „deponiert" gewesen war. Niemand hatte von seiner Ankunft gewußt außer der Speditionsfirma, aber sie wiederum hatte von niemandem einen Transportauftrag erhalten. Wie sich später, bei der Rückführung herausstellte,[56] handelte es sich bei der Fracht um Urkunden und Akten zur steirischen Landesgeschichte vom 11. bis zum 17. Jahrhundert, unter ihnen unersetzliche Pergamenthandschriften. Irgend etwas mit der Verständigung hatte nicht funktioniert . . .

Aber nicht nur Bomben und „menschliches Versagen" brachten die Kunstgüter in Gefahr. Plötzlich, Ende Jänner, rief Kulturreferent Dr. Stuppäck bei von Berg, dem Leiter der Kunstgüterbergung an. Reichsleiter Schirach, meldete er, wünsche „eine Verlagerung des wichtigsten Kulturgutes möglichst nach Westen". Da war sie nun wieder aufgetaucht, die gute Idee des Gauleiters, wenn auch in neuer Version. Diesmal meinte Schirach, es sollte im Kühtai geborgen werden. Gauleiter Hofer von Tirol habe dazu ein – nun als Gasthaus dienendes – Jagdschlößchen aus dem 17. Jahrhundert angeboten.

Von Berg – ein von ihm verfaßtes Gedächtnisprotokoll ist im Bundesdenkmalamt erhalten – erklärte sofort, noch am Telefon, er kenne sowohl das Gebäude wie auch die Gegend und wisse, „daß es sich um das bekannte Schigebiet in 1900 Meter Höhe handle und (um) ein in völliger Einsamkeit liegendes, tief verschneites Objekt mit kaum befahrbaren Wegen". Er lehne eine solche Bergung als unmöglich ab.

Man kann sich vorstellen, wie der zufällig anwesende Dir. Dr. Ernst vom Kunstgewerbemuseum darauf reagierte, jener, der sich gerade erst in der Reichsstatthalterei darüber beschwert hatte, daß die nach Ischl abgehenden Waggons mit Bergungsgut in einen Fliegeralarm geraten seien. Aber von

Verbauung des „Bahnhofs“ im Salzberg von Bad Ischl zur Aufnahme von Bergungsgut

Berg verständigte eilig auch andere Museumsdirektoren, er gab sozusagen „Alarm“. Alle erklärten, sie würden immer noch lieber in Lauffen als im Kühtai bergen. Zufällig war der Gaukonservator von Tirol, Graf Oswald Trapp, gerade in Wien zu Besuch. Auch er wurde befragt und erklärte den Plan für wahnwitzig.

Aber schon tags darauf war Stuppäck neuerlich am Apparat. Wenigstens die Hauptwerke, die Cimelien müßten ins Kühtai verlagert werden, „es müßten sich nach seiner Meinung jedenfalls die kleineren Packeinheiten auf Rückentragen hinaufschleppen lassen, wenn schon der Weg nicht für Fuhrwerke passierbar sei.“ In seinem für Hofrat Michel nach Kriegsende verfaßten Bericht[57] präzisierte von Berg die Vorstellungen des Gauleiters noch genauer, als das aus dem im Bundesdenkmalamt erhaltenen Akt hervorgeht.[58]

Zum leichteren Transport ins Kühtai – oder an jeden beliebigen anderen Ort – sollten nach Schirachs Forderung z. B. sämtliche Cimelien der Albertina, etwa 2000 Blätter im ganzen, von den Kartons gelöst und in zwei Handkoffer verpackt werden. Offen blieb, ob nun Schirach plötzlich und mit etwas Verspätung in Panik geraten war oder ob er genau wußte, was er damit wollte. Es wird davon noch später die Rede sein.

Der einzige, der sich dem Wahnsinnsplan nicht entgegenstellte, war der Leiter der Albertina, Dr. Saiko, der sich von Anfang an vehement gegen eine Einlagerung seiner Bestände in Lauffen ausgesprochen hatte. Von Berg nahm ihn sich allein vor, aber Saiko blieb bei seiner Ablehnung von Lauffen und der Befürwortung des Kühtai, was immer seine Gründe gewesen sein mögen.

Schließlich griff von Berg zu einer List, Graf Trapp half ihm dabei. Die beiden vereinbarten, Berg werde bei Trapp schriftlich wegen einer Verbringung ins Kühtai anfragen, Trapp aber solle sich mit der Antwort ja nicht eilen und dann möglichst negativ Stellung nehmen. So geschah es auch. Trapps Antwort, mit Bleistift „im Spital" hingekritzelt, traf erst gute sechs Wochen später, am 15. März in Wien ein, und trotz seiner Krankheit hatte sich Trapp die Mühe genommen, sehr anschaulich zu schildern, daß das Gebiet äußerst lawinengefährdet sei. „Erst im vergangenen Jänner wurden nach Zeitungsberichten 2 (oder 3?) Fuhrwerke verschüttet, wobei die Pferde und einer der Fuhrleute tot blieben. Die Lawinengefahr besteht derzeit noch."

Als Trapps Antwort eintraf, war alles ohnehin längst anders gelaufen. Schirachs erster Verschleppungsversuch war so am Widerstand der Museumsdirektoren gescheitert, und die Ischler Bergung lief seit dem 31. Jänner schon wieder auf vollen Touren, ohne daß die Mannschaft je etwas von Schirachs Absichten erfahren hatte.

An diesem 31. Jänner 1945 kamen – mit dem vierten Transport und zur großen Freude aller – die ersten Gemälde aus den staatlichen Sammlungen nach Ischl. Damit erhielt die Einlagerung für die Mannschaft sofort ein anderes Gesicht. Hier war endlich klar, was geliefert wurde.

Nur gelegentlich und in Ausnahmefällen waren die Kunstwerke verpackt, meist kamen sie in ihrem Rahmen, und nur die

Ecken waren verkleidet und damit geschützt. Auch die Bergleute kamen herzu und staunten und schauten – und sie reden heute noch davon. Da waren 41 Gemälde, die vom Kunsthistorischen Museum aus den Gewölben der Postsparkasse in Wien nun nach Lauffen verlagert wurden, unter ihnen Bilder von Rubens, Holbein, Cranach und Tintoretto. Aber da waren auch Ansichten, die den Bergleuten wohlbekannt waren, denn die Österreichische Galerie schickte 45 Gemälde. Neben Werken von Amerling, Corinth, Kupelwieser und Schindler gab es da auch von Rudolf von Alt das „Rathaus in Gmunden", von Gauermann „Der Langbathsee" und von Waldmüller mehrere Werke, neben dem bekannten Bild „Die Gratulanten" auch „Der Hohenzollernwasserfall", also Bilder, die entstanden waren, als Ischl und das Salzkammergut nicht nur das Ziel von Persönlichkeiten des öffentlichen Lebens sondern auch großer Maler gewesen war. Nun fanden die Männer vom Salzberg ihre

Rudolf von Alt, Rathaus in Gmunden; Österreichische Galerie

Heimat in kostbaren Werken dargestellt, die Bilder kehrten wieder dort ein, wo sie entstanden oder zumindest skizziert worden waren.

Am 2. Feber kam in Ischl der fünfte Transport an. Er enthielt, nachdem der Berg nun lang genug beobachtet worden war, wertvollste Fracht in wahrhaft erstaunlichen Mengen. Das allein gab ihm schon eine Sonderstellung. Es schien, als hätten sich die Museumsdirektoren in ihrer Angst vor Schirachs Plänen mit einem gewaltigen Entschluß von ihren besten Stücken getrennt, um sie in Lauffen sicher vor jeder anderen Verbringung zu wissen. Direktor Dworschak vom Kunsthistorischen Museum ließ Schätze aus mehreren Abteilungen des Hauses anliefern, die bisher in Kellern und Tresoren in Wien geborgen gewesen waren, und Direktor Ernst schickte kostbarste Bestände in den Berg, wo sie, wie er wohl dachte, vor Bomben und Gauleitern sicher waren. Die Fracht füllte zwei große Güterwagen. Als Passagiere fuhren überdies Dr. von Berg und seine Sekretärin mit, die Transportleitung hatte ein relativ junger Beamter des Kunsthistorischen Museums. Trotzdem es sich um eine Ladung von bisher nie dagewesenen Ausmaßen handelte, kam von der Reichsbahn die Weisung, die Waggons müßten bis 19.00 Uhr geleert sein. Da kein LKW aufzutreiben war, erfolgte der Weitertransport wieder mit Ochsenschlitten. Wie immer waren die Bilder unverpackt, auf den Säcken mit den Gobelins standen wohl Nummern, aber die Zettel mit der genaueren Beschreibung des Inhalts hatten sich gelöst, sodaß eine Kontrolle nur schwer möglich war. Außerdem hatte der Transportleiter die Listen in seinem Rucksack vergessen, der im Gasthof „Grüner Baum“ in der Grazerstraße stand. So begnügte er sich damit, die Sachen beim Ausladen aus den Waggons an sich vorbeitragen zu lassen und sie dabei zu begutachten, während Hajsinek und Sochor draußen das Bepacken der Schlitten überwachten. Um 18.30 Uhr fuhr der Konvoi vom Frachtenbahnhof los, nachdem in Eile und in der immer dichter werdenden Dunkelheit die Arbeit getan schien. Ein Mitglied der Wachmannschaft packte noch die herumliegenden Papiere zusammen, damit die Waggons in ordentlichem Zustand übergeben werden konnten. Der Transportleiter zog sich in sein Quartier im „Grünen Baum“ zurück, die Ochsenschlitten mußten noch die gut drei Kilometer weiter zum Berg. Als sie am

Albrecht Dürer, Madonna mit Kind; KHM, Wien

Gasthof vorbeikamen, fragte Dr. von Berg, der sich inzwischen etwas ausgeruht hatte, ob er helfen solle, bekam aber die Antwort, man hoffe zurechtzukommen.[59] Damit war für die „Wiener“ die Tagesarbeit getan, die Bergungsmannschaft allerdings würde noch weit in die Nacht beschäftigt bleiben. Die Arbeit drängte, und der Wert der Sendung überstieg alles Meßbare. So berühmte Werke wie Albrecht Dürers „Madonna mit Kind“, Jan van Eycks Porträt des Kardinals Albergati und von Velázquez die „Infantin Margarita Teresa“ (siehe Seite 96) fanden nun ihren Platz in der Ischler Bergung. Aus der Österreichischen Galerie waren Maler des 19. Jahrhunderts, aber auch moderne „Ausländer“ wie Munch und Monet gekommen.

Es war eine stolze Bilanz, die gezogen werden konnte, als die Reichsstatthalterei durch den Kulturreferenten Stuppäck Mitte Februar fragen ließ, was nun schon im Ischler Salzberg gelagert sei. Besonders aus dem Kunsthistorischen Museum hatten zahlreiche Abteilungen bereits ihre größten Schätze geborgen. Da werden angeführt[60]: aus der Antikensammlung

„ihr Hauptbestand an Goldschatzfunden, die großen Kameen" – also auch die berühmte „Gemma Augustea" – „die wichtigsten Elfenbeine, Vasen" und Terrakotten; aus der Ägyptisch-orientalischen Sammlung „alle wichtigen Köpfe", „Schmuckstücke, Statuetten . . . und Tierfiguren", aus der Sammlung für Plastik und Kunstgewerbe der „Hauptbestand unserer Schalen und Becher" neben unzähligen anderen Gegenständen; bei den Verlagerungen aus der Gemäldegalerie handle es sich „durchwegs um Hauptwerke", wird betont, und bei den Gobelins „um den wertvollsten Teil der Sammlung".

Diego Velázquez, Infantin Margarita Teresa in Blau; KHM, Wien

Gemma Augustea, Onyx-Kamee; römisch, 1. Jh. n. Chr.; KHM, Wien

Ägyptischer Königskopf, XII. Dynastie; KHM, Wien

Auch fast alle übrigen staatlichen Institute hatten nun schon Einlagerungen durchgeführt.

Aber am selben Tag, dem 14. Feber, machte Seiberl eine Entdeckung, die die Fachleute und Beamten bis hinauf zu den höchsten Stellen noch wochenlang in Atem hielt. Seiberl sollte in Wien einen für die Führersammlung bestimmten Transport nach Aussee zusammenstellen und benütze dazu einen Waggon, der sonst für die Bergungen der Wiener Museen verwendet wurde. Als die Speditionsfirma die Arbeit des Beladens beendet hatte, wurde ihm gemeldet, ein Abteil des Waggons habe sich zwar nicht öffnen lassen, es sei aber möglich gewesen, die ganze Ladung im restlichen Raum unterzubringen. Seiberl nahm das zur Kenntnis und fuhr mit dem Waggon nach Aussee. Als er jedoch seinen Teil der Fracht ausgeladen hatte, wollte er doch sehen, was es mit dem letzten Abteil auf sich habe. Und da machte er eine wahrhaft erschreckende Entdeckung: Das Abteil war voll mit Bildern und Gobelinsäcken, und schon ein erster Blick zeigte ihm, daß es sich hier um Kunstwerke handelte, die eindeutig dem Kunsthistorischen Museum Wien gehörten. Seiberl verschloß deshalb, und weil es schon spät abends war, das Abteil mit Draht, spannte auch als sogenannte „stille Siegel“ Zwirnsfäden, wie das schon von anderer Stelle bekannt ist (siehe Seite 89) und bat die Wachmannschaft der Saline, den Waggon besonders im Auge zu behalten.

Am nächsten Morgen rief er sofort in Ischl an und bat, man möge Restaurator Hajsinek ausrichten, er solle so rasch wie möglich nach Aussee kommen, dort warte ein Transport auf ihn. Als Hajsinek die Nachricht erhielt, deutete er sie so, daß ein ganzer Waggon irrtümlich nach Aussee gegangen sei. Als er Seiberl für eine Rückfrage nicht erreichte, rief er in Wien im Kunsthistorischen Museum an und erfuhr dort, seit dem 2. Feber sei keine Sendung mehr nach Ischl gegangen, es müsse sich um einen Irrtum Seiberls handeln. Und nun begannen schleppende Postverbindungen, defekte und gestörte Telefonleitungen, wie sie in jenen Kriegszeiten an der Tagesordnung waren, die verständliche Nervosität und die Zahl der Mißverständnisse noch zu vergrößern. Seiberl schickte den Waggon mit dem verhängnisvollen Abteil nach Ischl, aber Hajsinek, inzwischen von Wien aus „beruhigt“, weigerte sich, auch nur zum Bahnhof zu kommen und die Sachen anzusehen.

Verzeichnis der am 15. Feber 1945 als Rest des Transportes vom 2. Feber 1945 übernommenen Bergungsgutes.

Inv.Nr.					
558	Brueghel	Blumenstück	864	Baldung	Männl.Bildnis
865	Orley	Selbstbildnis	924	Furtenagel	Burgkmair & Frau
6796	Altdorfer	Auferstehung	681	Holbein	Seymour
6754	Velde, E.v.	Gastmahl	939	Memling	Flügelaltar
6969	Pacher	Hl.Petrus	744	Goyen	Dünenlandschaft
1942	Wolf Huber	Ziegler	7722	Feti	Andromeda
6427	Altdorfer	Grablegung	559	Huysum	Blumen
4o56	David	Flügelaltar	1o2o	Brueghel	Vogeldieb
410	Rembrandt	Titus	586	Mieris	Kavalier
882	Holbein	Chambers	6338	Ostade	Bauernfamilie
65o4	Coninxloo	Waldlandschaft	63	Palma Vecch.	Damenbildnis
9o68	P.Nolpe	Winterlandsch.	1570	Salviati	Jüngling
327	Parmegianino	Damenbildnis	196	Sodoma	Hl.Familie
877	Cranach	3 Damen	6763	Correggio	Madonna
825	Dürer	Maximilian	117	Bellini	Frau b.d.Toil
9040	Rembrandt	Selbstbildnis	408	Rembrandt	Mutter
160	Feti	Hero & Leander	414	" "	Selbstbildnis
172	"	Galathea	129	Pacher	Geisselung
1514	Veronese	Adam & Eva	838	Dürer	Allerheiligen Altar
1059	Brueghel	Bauerntanz	1025	Brueghel	Kreuztragung
992	Orley	Flügelaltar	1026	" "	Turmbau z.Babel
353	Velazquez	M.Theresia	275	Parmegian.	Bogenschnitzer
5669	Beck	Hl. Georg	128	Pacher	Vermählung
81	Tizian	Strada	1544	Tintoretto	Nikolaus
2644	Bassano	Vater & Tochter	721	Teniers	Kirmes
478n	Vlieger	Seestück	411	Rembrandt	Selbstbildnis gr.
3834	Rubens	Meduse	114	Tizian	Ehebrecherin
3544	Piombo	Kardinal	84	"	Knabenbildnis
1527	Veronese	Venus & Andonis	74	Giorgione	David
501	Van Dyck	Lanier	76	Tizian	Strozzi
3678	Cranach	Paradies	175	Rafael	Madonna i.Grünen
1768	A.v.d.Neer	Winterlandschaft	9037	Magnasco	Inquisition
6084	Rubens	Gonzaga	2691	Brueghel	Martinsfest
2585	Mor	Malteser	321	Velazquez	Infantin i.Rosa
480	Everdingen	Landschaft	9000	Lebrun	Selbstbildnis
5976	P.d.Hooch	Mutter	2oo5	Ricci	Mönch i.Gewitter
132	Perugino	Madonna	711	Rubens	Weibl.Bildnis
694	Van Dyck	Wildens	48	Tintoretto	" "
429	A.v.d.Neer	Landschaft	6330	Terborch	" "
6301	Schönfeld	Rast v.Gasth.	10	Venezian.	Knabenbildnis
101	Latto	Maria m.Hl.	2690	Brueghel	Seesturm
6355	Cranach	Kreuztragung	570	" " J.	Blumen gr.
6809	Van Dyck	Apostel	858	Cranach	Judith
3818	Feti	Artemisia	886	" "	Weibl.Bildnis
560	Huysum	Blumen	1082	Savery	Landschaft
894	Gossart	Hl.Lucas	6446	V.d.Velde	Vertumus & Pemona
1668	Nr. sehr schlecht leserlich		5653	Niederl.	Bewäänung

<u>Gobelins:</u> 2o/7,20/4,13/4,40/1,41/4,6,20/9,20/6 - 7 Säcke mit 8 Stck.

Josef Hajsinek
1. III. 1945.

Liste der beim Transport vom 2. Feber 1945 nicht entladenen Bilder

Schließlich gelang es dem inzwischen verständigten Generaldirektor der Salinen, Pöchmüller, einen Platz für den ungewollten Transport zu beschaffen. Aber auch Hajsinek ließ die Sache keine Ruhe. Schließlich ging er doch mit Sochor zum

Rembrandt, Großes Selbstbildnis; KHM, Wien

Bahnhof. Daß er die Fracht dann auch sofort und voll Schrekken übernahm, war selbstverständlich, denn einer erhalten gebliebenen Liste ist zu entnehmen, daß hier vieles von dem eintraf, was aus dem Kunsthistorischen Museum auch einem breiteren Publikum bekannt ist. Da gab es fünf Bilder von Rembrandt, darunter das „Große Selbstbildnis", Bilder von Rubens, Raffaels berühmte „Madonna im Grünen", Brueghels „Bauerntanz", seinen „Turmbau zu Babel" und – wie könnte es auch anders sein – den „Vogeldieb", 94 Spitzenwerke insgesamt, neben einigen Säcken mit Gobelins.

Was war geschehen? Darüber gehen die Versionen auseinander. In einem Bericht heißt es, ein Bild habe sich im Abteil so

Raffael, Madonna im Grünen; KHM, Wien

verklemmt, daß die Tür sich nicht öffnen ließ, die zweite, glaubwürdigere Version lautet, das Abteil sei von außen, vom Bahnsteig her zu öffnen gewesen, von innen aber gegen den Rest des Waggons verschlossen. Im Waggon selbst sei der Eindruck entstanden, die Tür führe schon in einen nächsten Wagen.

Die erste Nachricht über den Vorfall erhielten die Wiener Stellen am 19. Feber durch einen Bericht von Seiberl, aber schon am nächsten Tag kehrte Hofrat Michel von einer weiteren Prüfungsfahrt aus Ischl zurück und berichtete seinerseits, was ihm Hajsinek zwei Tage nach dem Eintreffen der Sendung, also am 17. Feber, erzählt hatte.[61] Erst er stellte klar, um welche und um wieviele Bilder es sich bei den „Irrläufern“ gehandelt hatte. Was nun folgte, war eine Flut von Verhören, Protokollen und Erhebungen, mit denen sich auch Reichsleiter Schirach persönlich befaßte und die sich bis in den März hinzogen, in eine Zeit, in der die allgemeine Lage sich so zuspitzte, daß niemand mehr an der Erledigung der Angelegenheit interessiert war. Außerdem waren die Kunstschätze ja wie durch ein Wunder nach fast zweiwöchiger Fahrt unbeschädigt im Ischler Salzberg gelandet, sodaß kein Anlaß zu weiteren Maßnahmen bestand. Der Transportleiter nahm in einem offiziellen Schreiben alle Schuld in großzügiger Weise auf sich[62], da er es beim Entladen unterlassen habe, die Sendung aufgrund der Listen zu überprüfen. Den beiden Restauratoren Hajsinek und Sochor wurde aber trotzdem der Vorwurf gemacht, daß sie in der ganzen langen Zeit vom 2. bis zum 15. Feber die 94 Gemälde und 7 Gobelinsäcke nicht vermißt, die Lieferung also anscheinend nicht überprüft hatten.

Mit ein Grund dafür mag wohl gewesen sein, daß man inzwischen aufgehört hatte, alles sofort im Berg unterbringen zu wollen. Der Transport auf den Grubenhunten und das Vertragen der Bilder an ihre vorgesehenen Lagerplätze nahm zu viel Zeit in Anspruch. So hatten die Beamten Zwischendepots und Ausweichstellen geschaffen. Eine davon, für größere Formate, war in der Kaiservilla, manche Bilder stellten sie vorübergehend auch in einen Holzschuppen im Gasthof Engljähringer, in die Gebäude vor der Einfahrt in den Erbstollen oder in den Erbstollen selbst. Hofrat Michel meldet das in einem gesonderten Bericht vom 27. Feber 1945 der Leitung des Kunsthistorischen Museums und meint, daß das den Werken nicht eben zuträglich sei.

Die Lagerung im Berg hingegen sei durchaus problemlos, schreibt er. Es müsse nur darauf geachtet werden, alles Bergungsgut so aufzustellen, daß die Luftzirkulation nicht unterbunden werde. Die Luftfeuchtigkeit habe sich inzwischen bei ungefähr 75 Prozent stabilisiert, die Temperatur betrage in allen Räumen 10 bis 12 Grad.

Was in den Depots ist, ist also sicher, von den klimatischen Gegebenheiten her, aber auch in jeder anderen Hinsicht. Zwischen 260 und 460 Meter hoch erhebt sich der Berg über den Lagerräumen. Keine Waffe der damaligen Zeit kann Dingen

Venus von Willendorf, Alter 20.000–30.000 Jahre; NHM, Wien

etwas anhaben, die so geborgen sind. Michel lagert übrigens bei dieser Gelegenheit auch die „Venus von Willendorf" ein, jene weibliche Idolfigur, die nicht wegen ihrer Schönheit, sondern wegen ihres beachtlichen Alters von mindestens 20.000 Jahren berühmt ist. Sie stammt aus der Älteren Steinzeit und war bis vor kurzem das älteste Kunstwerk, das in Österreich gefunden wurde, auch eines der ältesten der Welt.

Aber inzwischen gibt es Schwierigkeiten mit den Beständen des Transportes vom 6. Feber. Eines der Werke aus der Österreichischen Galerie, „Der Stephansdom" von Rudolf von Alt, hat beim Transport einen drei Zentimeter langen Riß davongetragen. Auch bei den Listen dieses Institutes herrschen

Unklarheiten. Natürlich haben alle Museen das Problem, jeweils rasch auswählen zu müssen, was an Bergungsgütern aus welchen Erwägungen heraus welchem Transport mitgegeben werden soll, wenn die Aufforderung dazu kommt. Daraus ergeben sich Ursachen für Fehler. Auf den Listen wird gestrichen, hinzugefügt, umdisponiert. Die Arbeit des Bergungsleiters, festzustellen, was nun wirklich angekommen ist, wird dadurch erschwert, Rückfragen sind notwendig, und das in einer Zeit, in der bei allen betroffenen Stellen jede Minute zählt, besonders in Wien, wo nur mehr in „Pausen" zwischen den Fliegeralarmen vernünftig gearbeitet werden kann.

Aber endlich sind alle Fragen geklärt – bis auf jene Grundfrage, wie es überhaupt „weitergehen" soll angesichts der Rückschläge, die Deutschland an allen Fronten erleidet. Daß sich hier eine Entscheidung anbahnt, sehen wohl alle. Umso wichtiger ist jedes Stück, das im Berg untergebracht wird. Längst – spätestens seit dem Jänner – handelt es sich nicht mehr nur darum, die Kunstwerke vor der Luftgefahr zu bergen, die Aktion wird immer mehr zur Flucht vor der näher rückenden Front der Russen.

Und so füllen sich die Stollen. Da lagert die Venus von Willendorf neben ägyptischen Funden, da treffen sich Bestände aus dem Völkerkundemuseum mit Wiener Porzellan, und auf dem „Bahnhof" im II. Horizont stehen die Bilder der großen Meister – Könige, Kaiser und Prinzen neben Kardinälen und Männern mit steifen Halskrausen – stumme Zeugen des Geschehens, schweigsame Majestäten auf der Flucht vor dem zu Ende gehenden Krieg, vor einer aus den Fugen geratenen Zeit.

3. Bestandsaufnahme

Die Ischler Bergungsmannschaft hatte den Schock über die vergessenen Bilder noch nicht verkraftet, da traf am 16. Feber schon wieder eine Sendung aus Wien ein. Mit ihr kam aber nicht nur weiteres Bergungsgut sondern als Transportbegleiter ein Mann, der in der folgenden Entwicklung eine wichtige Rolle spielte, und zwar der Kustos der Sammlung alter Musikinstrumente im Kunsthistorischen Museum, Dr. Victor Luithlen. Er war derjenige, der in der Bergungsmannschaft bisher

Bilderdepot im „Bahnhof" des Salzberges von Bad Ischl

gefehlt hatte. Waren die Restauratoren Hajsinek und Sochor voll damit beschäftigt, die ankommenden Ladungen im Berg gut unterzubringen, Reparaturen durchzuführen und mit den widrigen Umständen allerorts fertig zu werden, kam mit Luithlen die „ordnende Hand". Genau, äußerst gewissenhaft, dafür vielleicht weniger praktisch, holte er das nach, wozu die anderen unter der Last der Arbeit bis jetzt nicht gekommen waren, was aber unbedingt nötig schien, wollte man den Überblick nicht verlieren: Luithlen ordnete, registrierte, sortierte und katalogisierte, schrieb Listen über Listen, legte Restaurator Hajsinek die Ergebnisse vor, verglich und kontrollierte, bis er von jedem Gegenstand wußte, wo er stand.

Er war der Mann, der immer und überall den zweiten Schritt erst nach dem ersten tat, besorgt und von Skrupeln geplagt, der Beamte, dem die Verantwortung, die ihm da auferlegt wurde, übergroß erschien. Ein feinsinniger Gelehrter, ein

Fachmann auf seinem Spezialgebiet, dem der alten Musikinstrumente, wurde plötzlich dazu ausersehen, in der Ischler Bergung eine „kanzleimäßige Ordnung" herzustellen, wie sein Auftrag zunächst hieß. Ausrüstung: eine Schreibmaschine, sonst nichts. Aber pflichtbewußt machte sich Luithlen an die Arbeit, und das trotz größter Komplikationen. So war der Berg einmal an vier aufeinanderfolgenden Tagen ohne Strom. Das erschwerte nicht nur jede Tätigkeit, auch die Wege wurden dadurch empfindlich verlängert. Luithlen und die übrige Bergungsmannschaft mußte nach rund vier Kilometer Anmarsch auf der Straße auch noch die „Fahrten" neben dem funktionsunfähigen Aufzug hinaufsteigen, um ihre Einsatzstellen zu erreichen; das entsprach etwa der Höhe des Stephansturms.

Trotzdem lagen am 27. Feber 1945 dank dem Eifer des „Kanzleiführers" eine Übersicht über die Eigentümer und eine über die Standorte der Güter vor.[63] Ihnen zufolge umfaßte die Bergung Bad Ischl – Lauffen mit dem Stichtag 27. Feber folgende Objekte: 518 Kisten, 668 Gemälde und 171 Gobelinsäcke. Sie erstreckte sich überwiegend auf den II. Horizont des Bergwerkes (siehe Abbildung Seite 81) mit seinen verschiedenen Stollen, die Bilder waren im „Bahnhof" untergebracht, und nur einige Kisten des Kunstgewerbemuseums lagerten damals im Werk XII des I. Horizonts.

Luithlen leistete diese Arbeit, ohne zunächst zu wissen, daß er es sein würde, der die Bergung durch die kommenden kritischen Zeiten führen sollte.

Am Tag vor seiner Ankunft nämlich, am 15. Feber 1945, hatte die Reichsstatthalterei in Wien eine neue Bergungsordnung erlassen, basierend auf der zu Kriegsbeginn für die Bergung „Schloß" eingeführten (siehe Seite 18), aber zugeschnitten auf die Verhältnisse in Ischl.[64] Darin hieß es, auch in der neuen Bergung sei ein Bergungsleiter zu ernennen, und zwar vom Direktor des Kunsthistorischen Museums, der für alle Einlagerungen der staatlichen Sammlungen hauptverantwortlich blieb. Im Hinblick auf die „zeitbedingten Erschwerungen" behielt sich aber der Herausgeber des Erlasses, Kulturreferent Stuppäck von der Reichsstatthalterei, die Setzung eventuell notwendiger Maßnahmen, also die oberste Befehlsgewalt ausdrücklich vor. Zu seinen Beratern bestimmte er Direktor Dr. Michel und DDr. Seiberl. Der Bergungsleiter erhielt neben der regelmäßigen Kontrolle der Einlagerungen auch die Aufgabe, den Kontakt mit der Saline als dem Hausherrn aufrechtzuerhalten. Sie allein, also in letzter Instanz Direktor Pöchmüller konnte Maßnahmen veranlassen, die die technische Seite der Bergung betrafen. Die Museumsmannschaft hatte kein Weisungsrecht gegenüber den Bergleuten. Das war schon bisher sowohl in Aussee wie in Ischl so gehandhabt worden, erfuhr aber jetzt eine offizielle Bestätigung.

Allerdings bestand nun zwischen der Ausseer und der Ischler Bergung ein gravierender Unterschied: Hier ließ die Reichsstatthalterei in Wien keinen Zweifel darüber, daß sie als oberste Instanz in allen organisatorischen Fragen und bezüglich des Weisungsrechts fungiere, und sie wurde in dieser Kompetenz auch nie angefochten, während in Aussee die Zuständigkeit der staatlichen Stellen nicht so eindeutig festgelegt war. Das galt vor allem für jene Einlagerungen, die nicht vom Institut für Denkmalpflege vorgenommen wurden. Was sie betraf, waren es in Aussee immer die Bevollmächtigten des Führers oder Reichsleiter Rosenbergs und anderer prominenter Zentralstellen gewesen, die Befehle erteilt hatten. Mit ihrer Unerreichbarkeit in den letzten Kriegsmonaten ergab sich nun ein „Vakuum" in der rechtlichen Zuständigkeit ebenso wie bezüglich der Verwaltung, also eine andere Situation als in der Ischler Bergung. Das sollte weitreichende Folgen haben, aber davon hatte zu diesem Zeitpunkt noch niemand eine Ahnung. Zum Leiter der Ischler Bergung im Sinn der neuen Ordnung wurde Anfang März dann Dr. Luithlen bestellt.

Und immer wieder trafen Transporte ein. Immer noch einmal gelang es, sie unversehrt durchzubringen, einen aus der Kartause Gaming am 27. Feber, jenem Tag also, an dem Luithlen seine Inventurarbeiten abgeschlossen hatte, und einen aus Wien am 8. März. Anderswo gingen in jenen Tagen ganze Städte und ihre Menschen zugrunde und mit ihnen unschätzbare Kunstwerke. So brachte in Dresden die Nacht vom 13. auf den 14. Feber jenen schrecklichen Luftangriff, der als eine der großen Katastrophen des Zweiten Weltkrieges in die Geschichte einging. Das schlimmste, was im Vergleich dazu Sendungen nach Ischl widerfuhr, waren ein paar Kratzer.

Dabei war der Transport vom 27. Feber, der vor allem die Gemälde der Liechtenstein-Galerie enthielt – Werke vom

Salzburger Antependium, Stickerei mit Szenen aus dem Leben Jesu (Detail, Kreuzabnahme), 14. Jh.; Museum für angewandte Kunst, Wien

Frühmittelalter bis ins 19. Jahrhundert, darunter zahlreiche Bilder von Spitzweg – schon in Gaming von Ochsenkarren zum Bahnhof gebracht worden. Dann hatte sich der Anschluß an die Hauptstrecke als unmöglich erwiesen, die Westbahn war nach einem Bombenangriff unterbrochen. Trotzdem kam die Ladung heil in Ischl an, ebenso jene vom 8. März, deren kostbarster Bestand fünfzig Kisten mit Werken der Albertina waren – endlich und allen Widerständen und anderen Plänen zum Trotz. Daß die Kisten dann in Ischl von Ochsen zum Berg transportiert werden mußten, war sicher weniger Risiko, als sie in Koffern auf entlegene Almen zu schleppen, wie Schirach bis zuletzt gefordert hatte.

Gustav Klimt, Bildnis Fritza Riedler; Österreichische Galerie

Auch aus dem Kunstgewerbemuseum waren inzwischen weitere Schätze eingelangt, neben Gläsern und Keramik auch mittelalterliche Stickereien (siehe Seite 108) und als besondere Kostbarkeit alte orientalische Seidenteppiche, mit ihrer unwahrscheinlich feinen Knüpfarbeit echte Raritäten. Da sie nicht schnell genug in den Berg geschafft werden konnten, mußten sie eine Nacht am Ischler Bahnhof im Waggon gelassen werden. Wenn das Direktor Ernst erfahren hätte . . .

In den Beständen aus der Österreichischen Galerie waren inzwischen Klimt und Kokoschka vertreten, Klimt mit seinem Porträt der Fritza Riedler. Aber die Bergung schloß auch andere Bereiche ein. So trachteten die Industriebetriebe des Salzkammergutes, ihre Werte im Ischler Salzberg in Sicherheit zu bringen, wie vorher schon die Firma Schoeller-Bleckmann (siehe Seite 75). Nachdem das Haus Hatschek über Intervention von Direktor Pöchmüller wertvollen Besitz hierher geschickt hatte, baten die Solvay-Werke Ebensee um die Möglichkeit zur Bergung. Worum es dabei ging, waren nicht weniger als tausend Kilogramm Gold[65]. Natürlich sollte die Aktion geheim bleiben. Als sie dann durch eine Ungeschicklichkeit von Betriebsangestellten publik wurde, mußte die ganze Sache rückgängig gemacht werden. Immerhin lagerte ein Teil des Schatzes über eine Woche lang im Berg.

Aber nicht nur solche Situationen waren zu fürchten. Auch in anderer Weise waren die Dinge bedroht, die schließlich hier landeten. So schildert Luithlen in einem Bericht an seine vorgesetzte Stelle die „entsetzliche Brandgefahr", die dadurch entstehe, daß bisher nur im sogenannten „Bahnhof", also in dem verschließbaren Bilderdepot elektrisches Licht eingeleitet sei. Überall sonst müsse in den engen Stollen mit offenem Licht, mit Grubenlampen also gearbeitet werden, und das bei Mengen von Holzwolle und anderem Verpackungsmaterial, das überall in den Gängen vorhanden war. Luithlen bat, man möge in Wien Akkumulatoren beschaffen, die an Ort und Stelle aufgeladen werden könnten. Damit wäre nicht nur die eminente Feuergefahr gebannt, man wäre auch von der Stromversorgung unabhängig.

Die Beseitigung dieses Mißstandes, dessen Schilderung ein Schlaglicht darauf wirft, unter welchen Verhältnissen gearbeitet werden mußte, war allerdings nicht mehr möglich. Die Lage in Wien hatte sich Mitte März so zugespitzt, daß überhaupt nichts mehr „beschafft" werden konnte, worum immer es sich handelte und wie dringend auch immer der Bedarf sein mochte. Die Ischler Bergung mußte also weiterhin – anders als jene von Aussee, die noch mit mehr Mitteln ausgestattet worden war – im flackernden Schein der Karbidlampen betreut werden. All das behinderte und störte, unterbrach aber nicht die Tätigkeit, die im Salzberg Bad Ischl – Lauffen herrschte, denn hier waren die Dinge erst jetzt in vollem Gange.

Anders in Aussee. Dort kehrte in diesen letzten Kriegsmonaten relative Ruhe ein. Um diese Zeit waren die meisten Aktivitäten schon beendet, viele Fäden zu Verantwortlichen waren

Der „Bahnhof" im Ischler Salzberg mit seinen Bildern im Schein der elektrischen Beleuchtung

– wie bereits erwähnt – abgerissen. So war Dr. Reimer, der Beauftragte für die Führerbergung, am 13. Feber zum letzten Mal aus Dresden dagewesen. Er hatte bei seiner Abreise Restaurator Sieber mit seiner Vertretung betraut – wenn Siebers Angaben stimmen.[66] Jedenfalls war er der einzige von den Anwesenden, der direkt zum „Bergungsdepot des Reiches" gehörte. Alle anderen, die für die Führersammlung oder andere Auftraggeber gearbeitet hatten, kamen nur gelegentlich vorbei oder hatten sich überhaupt in ihre Dienststellen zurückgezogen.

Nur mehr selten trafen auch Transporte ein, so einer aus

München, aus dem Führerbau, auf den Weg geschickt von dem dortigen Bevollmächtigten, Hans Reger, und jener bekannte Transport vom 16. Feber, den Seiberl auf Bitten von Reimer durchführte und in dessen Verlauf die Bilder aus dem Kunsthistorischen Museum auftauchten (siehe Seite 98 ff.). Allerdings sahen auch die Verantwortlichen, daß die Ausseer Bergung nicht in dieser Weise „allein gelassen" und ohne die nötigen schriftlichen Unterlagen bleiben konnte. Am 27. März noch schrieb deshalb Reimer an den Leiter der Sächsischen Staatskanzlei Dresden[67], „auf Wunsch Reichsleiter Bormanns" würden „demnächst sämtliche noch in Dresden und am Bergungsort Schloß Weesenstein liegenden Bestände des Führer-Sonderauftrages Linz mit allen Akten und zugehörigen Unterlagen" nach Aussee abtransportiert und „die mit diesen Beständen belegten Teile des Kellerraumes unter dem Gebäude der Staatlichen Gemäldegalerie im Zwinger und im Bunker des Schlosses Weesenstein" würden dann für andere Zwecke frei. Aber dazu kam es nicht mehr. Unterlagen wie Restbestände blieben in Dresden und damit in jenem Teil Deutschlands, der später von den Russen besetzt wurde.

Aber es gelang nicht einmal mehr, aus der näheren Umgebung alle Kunstschätze nach Aussee zu transportieren. So blieben in Kremsmünster, Kogl und Ebenzweier Zwischendepots erhalten, auch beim „Agathawirt" am Fuß des Pötschenpasses waren Gemälde eingelagert, und es stand, als das Ende nahte, nirgends genau verzeichnet, was nun wirklich im Altausseer Salzberg vorhanden war.

Trotzdem wußten die bei der Bergung Beschäftigten ungefähr Bescheid, an sie mußte man sich halten – und ihre Angaben sorgten später für eine Sensation. Karl Sieber erhielt nach Kriegsende den Auftrag, für die US-Besatzungsmacht ein Summar herzustellen. Was er angab, war sicher schon Wochen vorher im Berg und gibt den ungefähren Endstand der Einlagerung wieder. Dieses Summar umfaßt zweiunddreißig Nummern in römischen Ziffern und enthält Zahlen und Angaben, die alles Vorstellbare übertreffen.[68]

Die Nummern I bis IV betreffen Dinge, die zur „Sammlung des Führers für das Museum Linz" gehörten, „Führereinkäufe moderner Kunst" eingeschlossen. Da finden sich Tausende von Gemälden: aus den Sammlungen Bondy und Lanckoronski

Werke von Hitlers Lieblingsmalern Hans Thoma, Anselm Feuerbach, Böcklin und Lenbach, oder die Gemäldesammlung der Wiener Rothschilds mit Werken etwa von Frans Hals, Lukas Cranach, van Dyck, Watteau und einem Bild von Rembrandt.[69] Sie waren schon zu einem so frühen Zeitpunkt in die Führersammlung „integriert" worden, daß sie in Siebers Aufstellung nicht mehr als separate Posten angeführt werden. Das gleiche gilt für das „Münzkabinett Linz" mit dreißig Kisten Münzen verschiedenster Herkunft, das gleiche auch für die „Waffensammlung für das Museum Linz". Sie stammte hauptsächlich aus den Beständen des tschechischen Schlosses Konopiste, einer Sammlung, geschaffen von dem österreichischen Thronfolger Erzherzog Franz Ferdinand d'Este, dessen Tod in Sarajevo den Ersten Weltkrieg ausgelöst hatte. Er war seinerzeit Eigentümer des Schlosses gewesen. Für 1846 von den Ge-

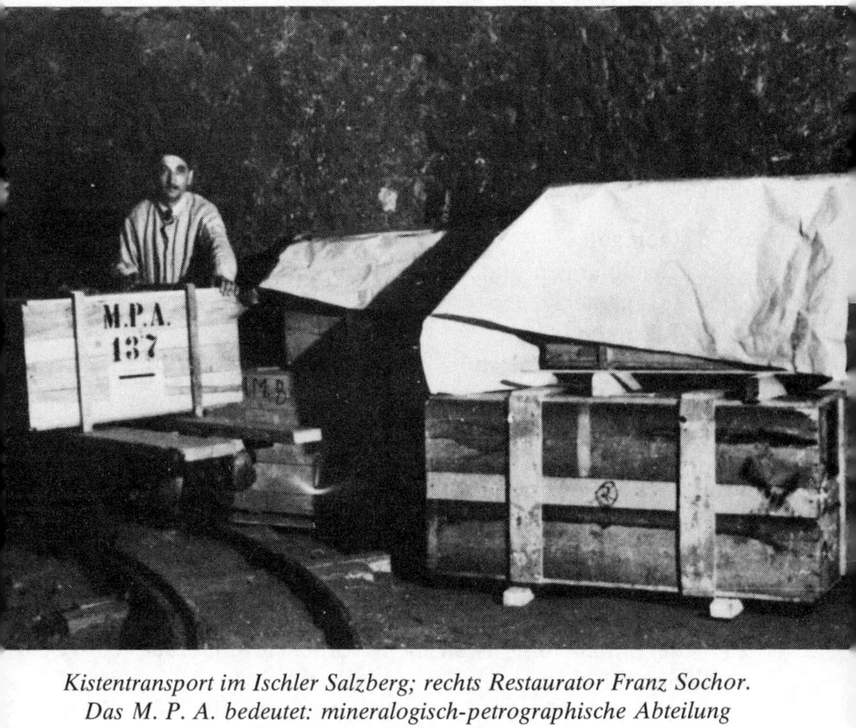

Kistentransport im Ischler Salzberg; rechts Restaurator Franz Sochor. Das M. P. A. bedeutet: mineralogisch-petrographische Abteilung (des Naturhistorischen Museums)

mälden ist als Standort sogar das Springerwerk angegeben, das ursprünglich den Einlagerungen des Instituts für Denkmalpflege vorbehalten bleiben sollte. Es war also doch nicht gelungen, die beiden Bergungen streng zu trennen . . .

In anderen Werkern lagerten Zeichnungen, Aquarelle, Kupferstiche, antike Stücke, „Goldschmuck", Mappen, Kartons, Rahmen, ein Intarsientisch des berühmten Meisters Röntgen. Dazu kamen noch viele weitere Posten sowie aus der „Verwaltung Obersalzberg" Gobelins, Teppiche, Plastiken und Stickerei.

Aber auch auf anderen Gebieten hatten sich die mit den Einlagerungen Betrauten umgesehen. Da ist die berühmte Theatersammlung Gordon Craig, unter anderem mit „1 Lastwagen voll Zeitschriften", drei Mappen und einer Anzahl Kisten, da ist „Nachrichtengerät" aus den Parteikanzleien von München und Berlin mit Thermostaten, Frequenzmaschinen, Motoren und Apparaten. Es finden sich in der Bergung aber auch das „Privateigentum des Poglavnik von Kroatien", die Privatbibliothek des Führers sowie die Bibliothek des Archäologischen Instituts in Rom in „1000 bis 1500 Kisten" und, last not least, „Einlagerungen des Sonderstabes Rosenberg, Bilder, Möbel, Kunstgewerbe etc., Anzahl unbekannt".

Aber allein das, was „bekannt" ist, genügt:

6577 Gemälde
230 Zeichnungen und Aquarelle
954 Graphiken
137 Plastiken
128 Nummern Waffen
79 Körbe verschiedenen Inhalts
122 Tapisserien
181 Bücherkisten und Pakete
1200 – 1700 Bücherkisten und Pakete
283 Verschiedenes.

Und Sieber vergißt nicht hinzuzufügen: „In dieser Aufstellung ist eine sehr große Anzahl von Kunstgütern, von denen zur Zeit die Einlagerungslisten nicht vorliegen, unberücksichtigt geblieben."

So sieht die „Bestandsaufnahme" von Aussee, dem „Bergungsdepot des Reiches" aus. Wahrlich, die Aktion „Dora" hatte sich gelohnt, wenn sie über den Sturm des Kriegsschlusses erhalten blieb – zwar nicht für den „Führer“ und seine Getreuen, aber für die europäische Kunstwelt. Und was sollte im Berg, hunderte Meter unter der Erde, den Kunstschätzen schon widerfahren? Wie in Ischl glaubte man, alles Menschenmögliche getan zu haben, um die Dinge vor Zerstörung zu bewahren. Wem sie später gehören würden, war allerdings eine andere Frage. Und auch darin unterschieden sich die beiden Bergungen voneinander, die nun des so offenbar nahenden Kriegsendes harrten.

Am Ischler Salzberg war in der zweiten Märzhälfte nach den vielen Einlagerungen schließlich auch Ruhe eingetreten. Die Bergungsmannschaft trug und führte das Gut an besser geeignete Orte, und alles, was „draußen“ passierte, schien unendlich weit entfernt (siehe Abbildung Seite 113).

Aber gerade dieses Geschehen „draußen“ nahm immer bedrohlichere Formen an. Das Leben wurde zusehends schwieriger, immer knapper die Zeit zwischen den Alarmen, immer größer die Verluste. Auch die Fronten rückten näher und näher. Waren sie zu Ende des Jahres 1944 noch an den Grenzen Deutschlands und noch weiter entfernt gestanden, so stießen die Heere aus Ost, West und Süd nun immer zielbewußter und unaufhaltsamer vor. Während sich die US-Streitkräfte in Italien nach Norden durchkämpften, ihre Luftwaffe die Verbindungswege der deutschen Truppen unpassierbar machte, schob sich die Westfront unter General Eisenhower immer weiter über den Rhein und auf deutsches Gebiet hinein. Dazu kam die Welle, die von Osten auf die noch heilen Gebiete Deutschlands zubrandete. Buchstäblich „mit Mann und Roß und Wagen“ waren Tausende unterwegs, teils freiwillig auf der Flucht vor dem gefürchteten Feind, teils ausgewiesen mit kürzesten Packfristen. Es war die Zeit des Flüchtlingselends, der verstopften Straßen und der überfüllten Quartiere. Die Russen aber waren im Vormarsch. Nichts schien sie aufhalten zu können. Eine Zeitlang sah es so aus, als sollte ihnen ganz Österreich in die Hände fallen, so rasch rückten sie vor.

Nur ein Wort geisterte „hüben“ und „drüben“ von Mund zu Mund, etwas, wovon niemand eine konkrete Vorstellung hatte, was die einen fürchteten, dessen Existenz die anderen erhofften: die „Alpenfestung“. Sie war das Stichwort, auf das alle horchten, ähnlich wie einige Monate früher auf das Gerücht um die „Wunderwaffe", die Hitler bald zur Verfügung stehen würde. Diesmal lauteten die Überlegungen so: Gelang es einer entsprechend großen Zahl deutscher Soldaten unter einer überlegenen Führung, sich im Raum Tirol – Salzburg – Salzkammergut zu verschanzen, so konnte der Krieg noch viele Monate dauern. Das meinten sogar Clark und Eisenhower. Kriegsgefangene berichteten von einer Verlagerung ganzer Fabrikseinheiten in diesen Raum;[70] und die US-Generäle hielten es für möglich, sich im unwegsamen Alpengebiet plötzlich einem uneinnehmbaren, wohlausgebauten Stellungssystem gegenüberzusehen. Daß alles nur ein Gerücht war, das Propagandaminister Goebbels aufgegriffen hatte und dem jede reale Grundlage fehlte[71], hielt kaum jemand für möglich. Und manche versuchten tatsächlich jetzt noch, diese Vision Wirklichkeit werden zu lassen. Zwei Gauleiter waren bereit, die Alpenfestung für den Führer zu schaffen und zu verteidigen, die Stellung zu halten, so lange es ging: Gauleiter Hofer in Tirol vor allem, aber auch Gauleiter Eigruber in Oberdonau. Immer wieder wandte sich Eigruber mit Durchhalte-Appellen an die Bevölkerung, immer energischer ließ er gegen „Drückeberger" und „Fahnenflüchtige" vorgehen, die entweder ihren Truppenteil verlassen hatten oder sich Volkssturm und Arbeitseinsatz zu entziehen suchten. Man sah ganz deutlich: Hier wird nicht nachgegeben – und man hörte es auch oft genug.[72]

Welche Gerüchte damals im Umlauf waren, von wem sie lanciert wurden – man weiß es nicht. Jedenfalls verursachten sowohl die Gerüchte wie die Befehle Unruhe in der Bevölkerung. Und sie brachten auch seltsame Resultate, was die Kunstgüterbergung anlangte. So übergab Seiberl in der Nacht vom 28. zum 29. März dem diensthabenden Wachmann der Ischler Bergung in unverpacktem Zustand 21 Bilder und 8 Plastiken, damit er sie im Erbstollen aufbewahre. Es handelte sich dabei um 12 Tafeln des Schottenmeisters, 6 Tafeln aus Pulkau und, neben weiteren Tafelbildern, um acht Holzplastiken aus der Pulkauer Pfarrkirche.[73] Wie schon bei der Einlagerung im Dezember 1944 wollte Seiberl offenbar auch mit dieser Aktion den österreichischen Kunstbesitz nun weg von der Führerbergung bringen, zu der die Ausseer Einlagerung immer mehr geworden war. Seltsame Überlegung, denn er selbst hatte ja maßgeblich dazu beigetragen, daß es dazu kam. Aber es war damals nichts mehr verwunderlich, nichts ausgeschlossen – außer einem „normalen“ Leben. Hitler hatte einmal gesagt: „Wir leben in einer großen Zeit“, und er hatte damit Glanz und Größe des Reiches gemeint. Nun war die Zeit wirklich „groß“, aber in ganz anderer Hinsicht. Groß bis ins nie Gedachte waren die Umwälzungen, die sich vollzogen, groß das Leid, groß die Enttäuschung – und groß auch die Gefahr. Nun ging es bei jedem Einzelnen in diesem Rest-Deutschland um Leben oder Tod. Jeder Fehler, den man machte, konnte ungeahnte Konsequenzen haben. Aber was war „richtig“, was „falsch“ in jenen Tagen? Meist konnte man das erst im nachhinein beurteilen, und dann konnte es zu spät sein.

Am 27. März fuhr Luithlen noch einmal nach Wien. Auf Post, Telegraphen und Telefon konnte man sich nicht mehr verlassen. Am 28. März spät abends erreichte er die Stadt, am 29. März betraten die ersten sowjetischen Soldaten österreichischen Boden. Wien und Niederösterreich waren damit Etappengebiet. Niemand wußte, was nun kommen würde, selbst jenen wurde es bange, die für das NS-Regime nichts übrig gehabt hatten. Die Straßen waren voll von Militärfahrzeugen und Flüchtlingen, die nach Westen strebten, an den Zügen hingen die Menschen in Trauben auf Trittbrettern und Puffern, saßen auf Waggondächern, stießen und schoben einander in ihrer Angst und ihrem Selbsterhaltungstrieb. Ein Menschenleben hatte wenig Wert in jenen Tagen – zu Tausenden starben die Leute, durch „Zufälle“ oft und Mißverständnisse.

Als Luithlen am 30. März auf den Westbahnhof kam, um nochmals einen Transport nach Ischl zu führen, staute sich die Menge vor der Durchgangssperre zu den Gleisen. Ein Militärpolizist hielt sie in Schach, sorgte für Ordnung. Nur wer einen Passierschein hatte, durfte durch, erreichte den Zug nach dem Westen, der – vielleicht – der letzte sein würde. Und Luithlen kam und kam nicht an die Reihe. Innerhalb der Sperre wartete ein Mitglied der Begleitmannschaft, sah Luithlens verzweifelte Bemühungen, konnte nicht helfen. Gelang Luithlen nicht bald der „Durchbruch“, würde der Zug ohne ihn abfahren. Da lenkte jemand – oder etwas – die Aufmerksamkeit des Polizisten ab. „Laufen S’, Herr Doktor!“ schrie der Mann von der Bergung. Und Luithlen rannte los, hinter sich das wütende Geschrei des Wachmanns. Ein Bahnbeamter griff helfend ein, beruhigte den Polizisten – und los ging die Reise.[74] Auch Michel hatte es auf irgendeine Weise geschafft, diesen Transport begleiten zu dürfen. Er würde seine Wendigkeit und Lebenskunst bald weiter unter Beweis stellen. Nun aber fuhr der Zug wirklich Richtung Westen, auf einer von Bomben bedrohten Strekke, durch ein von Alarmen fast lahmgelegtes Land. 36 Stunden dauerte die Fahrt nach Ischl – aber es ging weg von der vorrükkenden Front, weg von Wien, das einer ungewissen Zukunft entgegensah.

Damit waren die Transporte zu Ende, nun war nichts mehr zu erwarten. 730 Kisten, voll mit Kunstschätzen, und über 1000 Gemälde aus den staatlichen Sammlungen harrten neben den Einlagerungen anderer Stellen des Kriegsendes.

Am 5. April kam als letzter Bote aus Wien noch Oberaufseher Wanderer mit einem Vorschuß von 10.000 Reichsmark für künftige Ausgaben,[75] dann riß der Kontakt ab. Die Bergung war sich selbst und den kommenden Ereignissen überlassen – und dem Verantwortungsbewußtsein jener wenigen Menschen, denen die Last aufgebürdet war, diese „Majestäten" abendländischer Kunst zu bewahren und zu hüten. Mit angehaltenem Atem und angespannten Nerven wartete man von nun an wie vor einem Gewitter nur mehr auf das, was die folgenden Wochen bringen mußten und bringen würden.

IV.

Ende eines Traums – Ende eines Alptraums

1. Zapfenstreich

Am 5. April 1945 riß nicht nur der Kontakt der Ischler Bergungsmannschaft mit Wien ab, es begann auch der Kampf um die Stadt selbst, der bis 13. April dauern sollte und die gespannte Aufmerksamkeit aller Österreicher nach dem Osten und auf den Vormarsch der Russen lenkte, während der Westen zunächst nur in Form von verstärkten Luftangriffen das nahe Ende des Krieges zu spüren bekam. Alles, was auf militärischem Gebiet von jetzt an geschah, war von eminenter Bedeutung auch für die Kunstgüterbergung. Es ging nicht nur darum, wer die Depots besetzen würde, es ging auch darum, ob es davor zu Kampfhandlungen kommen würde oder nicht und wie die Besatzer mit dem Kunstgut verfahren würden, wenn sie einmal um sein Vorhandensein wußten. Jede Bergung war dabei auf sich selbst gestellt, ohne Verbindung mit einer Zentrale, manche nur in Obhut der Hausbesitzer und ohne jedes Bergungspersonal. Es wurden schwere, entscheidende Wochen, die nun begannen.

Die russischen Truppen stießen, nachdem sie am 29. März im Burgenland österreichischen Boden betreten hatten, bis in den Westen von Wiener Neustadt vor, das sie umgingen, und wendeten sich dann, aus dem Südwesten kommend, Wien zu. Sie folgten damit einem Befehl des sowjetischen Oberkommandos, der Stavka, vom 1. April, demzufolge die 3. Ukrainische Front Marschall Tolbuchins mit ihrem rechten Flügel Wien einnehmen und bis zum 12./15. April zur Linie Tulln – St. Pölten – Lilienfeld vorstoßen sollte, während der linke Flügel den Auftrag erhielt, bis zum 10. oder 13. April den Raum Gloggnitz – Bruck – Graz – Marburg zu besetzen.[76] Dieser zweite Teil des Befehls wurde später abgeändert, als man sah, daß die Engländer im Süden ohnehin nur langsam weiterkamen und man ihre „Konkurrenz" in Form großer Erfolge bei der Besetzung Österreichs nicht zu fürchten brauchte. So „alliiert" man sich nämlich gegenüber der schwindenden Macht Hitlers gab, so tief lagen die Temperaturen besonders im Osten, wenn es um die künftige Teilung seiner Verlassenschaft ging. Schon damals, in dieser Endphase des „heißen" Kampfes gegen Hitlerdeutschland, zeichneten sich die Vorboten des späteren „kalten Krieges" ab. Vor allem auch dann, wenn die Erringung eines Prestigeerfolges auf dem Spiel stand, wurde das Rivalitätsdenken merkbar. So waren die Russen besonders stolz darauf, daß sie es allein waren, die Wien, dieses Zentrum westlicher Kultur, die Stadt von Mozart, Beethoven und Strauß erobern sollten. Und sie setzten alles daran, dieses Ziel möglichst rasch zu erreichen. Zu diesem Zweck zogen sie sogar Einheiten aus anderen Einsatzbereichen ab.

Wien war für eine Verteidigung nicht vorbereitet worden. Es hatte zwar zeitweise Pläne in dieser Richtung gegeben, man hatte sie aber dann fallengelassen, um nicht den Eindruck von Pessimismus zu erwecken. Als die Gefahr akut, die Katastrophe sichtbar wurde, war es für wirksame Maßnahmen zu spät. Auch die militärischen Führer zeigten keinen allzu großen Ehrgeiz, in diesem Stadium des Krieges die ehrwürdige Stadt noch weiterer Zerstörung in Straßenkämpfen preiszugeben. Wien war am 2. April zwar zum Verteidigungsbereich erklärt worden, Frauen und Kinder wurden auf Plakaten aufgefordert, die Stadt zu verlassen,[77] aber der Zangenangriff der Russen ging so planmäßig vor sich, daß ein „Witzbold" mit Galgenhumor auf eines der Plakate mit Bleistift die Frage „Wohin?" schrieb. Über Baden, Heiligenkreuz und Alland, dort, wo heute die Verbindung zwischen West- und Südautobahn besteht, stießen die russischen Truppen vor. Sie nahmen dabei und in der Folge eine erste Reihe jener Orte ein, in die Kunstgüter und andere Werte verlagert worden waren, und ihre Reaktion auf die Funde war unterschiedlich, je nach Verständnis der Mannschaften und Offiziere, aber echte Katastrophen blieben aus.

Dann rückten die Besetzer weiter vor bis zum Donautal und näherten sich Wien nun auch vom Westen. Am 6. April, jenem Tag, an dem Hitler in Berlin noch die letzten Bilder für „seine Sammlung" erwarb, erreichten überdies die Truppen Marschall Malinovskijs ihr „Plansoll" und setzten, von Bruck an der

Leitha kommend, auf das nördliche Donauufer über. Da sie im Marchfeld fast keinen Widerstand fanden, war bald zu erkennen, daß auch die Umklammerung von Osten aus nur mehr eine Frage von Tagen sein würde. Am 9. April verließ der Reichsverteidigungskommissar Baldur von Schirach über Floridsdorf und Korneuburg seinen Herrschaftsbereich und setzte sich nach dem Westen ab, ein für die folgende Entwicklung wichtiger Entschluß. Die Russen aber drangen nach der Eroberung der südlichen Außenbezirke am 10. April in die Innenstadt vor. Nun kamen für die Wiener staatlichen Sammlungen bange Stunden der Entscheidung – und gingen relativ glimpflich vorüber. Als auch der letzte Widerstand mit der Besetzung der – unzerstörten – Reichsbrücke in der Nacht vom 12. auf den 13. April zerbrach und das II. SS-Panzer-Korps in Gewaltmärschen die Stadt auf den noch freien Straßen über Korneuburg verließ, schwenkten russische Truppen vom Westen her auch nach Norden um die Stadt ein. Der Ring war damit geschlossen, die Schlacht geschlagen, Wien eingenommen, nicht ohne schwere Verluste an Menschen, Kulturgut und anderen Werten, wie wir heute wissen.

Da sich während dieser „Schlacht um Wien“ die Aufmerksamkeit der Russen auf diesen Abschnitt konzentriert hatte, kamen in der Steiermark die Truppen nur langsam vorwärts, auch im Marchfeld, besonders um die Ölfelder von Zistersdorf, wurde längere Zeit gekämpft. Dafür aber gelang es einem Teil jener Truppen, die Wien im Westen umgangen hatten, nun noch weiter westlich vorzustoßen und, dem Stavka-Befehl folgend, das Gebiet zwischen Wienerwald und Traisen zu besetzen. Am 15. April fiel – wie befohlen – St. Pölten den Russen in die Hand. Aber dann kam an der Pielach, westlich von St. Pölten, die Kampftätigkeit plötzlich und für alle unerwartet zum Erliegen, von kleineren Störaktionen abgesehen. Niemand wußte sich damals einen Reim darauf zu machen, Tatsache war aber, daß sich daraus eine etwa drei Wochen dauernde Zeitspanne ergab, in der Wien und Ostösterreich „befreit“ oder „besetzt“ war, je nachdem, wie man die Sache sehen wollte, daß Dr. Karl Renner sogar von den Russen mit der Bildung einer Regierung betraut wurde, während das übrige Österreich noch „ein Teil des Deutschen Reiches“ war, um mit Hitlers denkwürdigen Worten aus dem Jahr 1938 zu sprechen.

Diese drei Wochen waren in vieler Hinsicht bedeutsam: für die Flüchtlinge, die damit Zeit gewannen, sich ebenso wie zahlreiche Soldaten in Richtung Westen abzusetzen, aber auch für die Kunstgüterbergung, die noch „Momente letzter Spannung" erlebte. Nicht einmal eine halbe Stunde würden die Russen brauchen, um vom Pielachfluß aus das Erlauftal, in dem der Bergungsort „Schloß" lag, zu erreichen. Die Spannung, das Warten war schier unerträglich. Aber die Russen kamen nicht, sie setzten nach dem Fall Wiens nicht, wie man erwartete, ihren Vormarsch nach dem Westen fort sondern wendeten sich gegen die Tschechoslowakei mit Angriffsziel Brünn, also nach Norden. Was war es, das sie zur Änderung ihrer Pläne veranlaßte, fragte man sich damals. Heute weiß man, es lag an dem, was die Streitkräfte der Westmächte in diesen Apriltagen erreicht hatten. Ihre Erfolge bildeten den Grund für die Zieländerung.

Die Armeen Eisenhowers waren, nachdem sie den Widerstand im Ruhrgebiet mit einer Kesselschlacht gebrochen hatten, in raschem Vorstoß bis fast an die Elbe gelangt, Mitteldeutschland war in ihrer Hand. Kommandant der Aktion war General Bradley, drei Armeegruppen standen unter seinem Befehl: Simpson mit der neunten Armeegruppe im Norden, Hodges mit der ersten in der Mitte und Patton mit der dritten im Süden, insgesamt achtundvierzig Divisionen. Ihr Vorstoß erfolgte in breiter Front und so rasch, daß die dritte Armee am 13./14. April Chemnitz erreichte, die erste Armee Dessau, und all das in nicht mehr als zwei Wochen. Die Kommandanten besuchten einander gegenseitig, um zu feiern. Und in diese Triumphstimmung schlug die Nachricht vom Tod Präsident Roosevelts am 12. April wie eine Bombe ein. Niemand, Eisenhower eingeschlossen, hatte eine Ahnung, wie sich dieser Tod auf die weitere Strategie der USA auswirken würde, niemand von den Militärs wußte, welche Vereinbarungen Roosevelt auf den verschiedenen Konferenzen mit den anderen Alliierten getroffen hatte, und den US-Generälen waren die Verhältnisse, die Traditionen und alten Spannungen in der europäischen Politik so unbekannt, daß sie der Situation mit völliger Ahnungslosigkeit gegenüberstanden. Nun, da ein politischer Führungswechsel dazukam, waren sie tief verunsichert und gingen nach langen Gesprächen und Diskussionen „traurig und niedergeschlagen" auseinander.[78] Trotzdem ging der Kampf, ging der

Vormarsch weiter. Die ersten Brückenköpfe am östlichen Elbufer wurden errichtet, die neunte Armee ging in Richtung Schleswig-Holstein und Dänemark vor. Aber das war für die Entwicklung in unserem Raum nur von zweitrangiger Bedeutung. Wichtig waren die Operationen der dritten Armee unter General Patton. Sie war mit der Eroberung Mitteldeutschlands dort praktisch am Ziel angelangt.

Das aber war genau der Zeitpunkt, zu dem die Russen plötzlich ihre Aufmerksamkeit vom Vormarsch nach Westen auf den nach Norden in Richtung Tschechoslowakei wendeten. Aus russischer Sicht bestand ja die akute Gefahr, daß der amerikanische Vorstoß sich auf dieses Land und damit auf ein Gebiet alter russischer Interessen richten könne, und das sollte auf jeden Fall verhindert werden. Eisenhower in seiner Unbefangenheit dachte allerdings gar nicht an diese Möglichkeit. Er stellte nur fest, daß die Russen im Süden der Tschechoslowakei „in eiligem Vormarsch" waren, glaubte aber, sie wollten ihm zu Hilfe kommen. Die Russen hingegen wußten sehr wohl, warum sie sich beeilten, lag doch Prag wie eine reife Frucht auf dem Weg der Amerikaner. Selbst wenn eine Vereinbarung auf politischer Ebene den Russen die Tschechoslowakei als Einflußgebiet garantiert hätte, es wäre eine andere Situation gewesen, das Land aus den Händen der USA übernehmen zu müssen. Doch schließlich begannen sich Konturen abzuzeichnen. Um den 14. April wurde eine Vereinbarung getroffen, in der sich zunächst die Generäle aus Ost und West bezüglich der Besetzung in diesem Gebiet auf die Linie Pilsen – Karlsbad einigten. Von dort sollte die Grenze die alte Eisenbahnlinie Budweis – Linz entlang und weiter die Enns aufwärts verlaufen.[79] Nun wußte jeder, woran er war, Spannung und Eile begannen nachzulassen. Für die großen Bergungen im Salzkammergut bedeutete das, daß sie von den US-Truppen besetzt werden würden, aber das wußte damals von allen Betroffenen niemand. Die Russen hatten es nun weder in der Tschechei noch in Niederösterreich mehr notwendig, sich weiter anzustrengen. Sie brauchten nur zu warten, bis die US-Truppen, in diesem Fall die dritte Armee Pattons, ihre „Aufgabe" erfüllt, die ihnen noch zukommende Zone in Besitz genommen hatten.

Der Vorstoß der Amerikaner aus Mitteldeutschland nach Südosten zu den vereinbarten Demarkationslinien begann am

22. April, Ziel war das Donautal mit Linz. Aber auch sie ließen sich Zeit. Dieser Frontabschnitt hatte Gefahr und Bedeutung verloren, seit die Vereinbarung mit den Russen getroffen worden war. Was die deutschen Truppen in diesem Raum anlangte, so hatten sie nur das Bestreben, von der Ostfront weg und in den Einsatzbereich der Amerikaner zu kommen, sie stellten also überhaupt kein Problem, keinen Risikofaktor mehr dar. Die Abmachung bezüglich der Besatzungslinien wurde am 26. April auf höchster Ebene, und zwar von Eisenhower und Stalin bestätigt, die US-Militärs konnten sich also einem Unternehmen voll widmen, das sie seit Wochen schon als vorrangig betrachteten.

Damals glaubten sie ja noch, daß ihnen die große Aufgabe bevorstehe, die Alpenfestung erstürmen zu müssen. Eisenhower hatte sich von dieser Vorstellung so beeindrucken lassen, daß er im März 1945 sogar den Gedanken aufgegeben hatte, am Kampf um Berlin teilzunehmen. Er überließ die Eroberung der Hauptstadt den Russen und hielt eine ganze Armeegruppe, die siebente, für den Kampf um den „Redoubt“ bereit. Churchill protestierte vergeblich gegen diese Vorgangsweise, in der er eine Gefahr sah, ebenso wie dagegen, daß Eisenhower seine Truppen 120 Kilometer vor Berlin halt machen ließ, obwohl nach dem raschen Vorrücken in Mitteldeutschland genug Militär zur Beteiligung am Kampf vorhanden gewesen wäre. Aber Eisenhower war fest davon überzeugt, daß von den Russen nichts, von der Alpenfestung hingegen alles zu fürchten sei.

Das US-Aufgebot, das sich in Richtung auf den „Redoubt“ in Bewegung setzte, bestand aus der ersten Armee der Franzosen und der siebenten US-Armee. Die Franzosen rückten von Süddeutschland in Richtung Vorarlberg vor, die Amerikaner in Richtung Tirol. Was ausblieb, war ein Zangenangriff von General Clarks Armeen aus dem Süden. Sie waren nicht rasch genug vorwärts gekommen und hatten gerade erst den oberitalienischen Raum erreicht. Umso mehr Hoffnung schöpften jene Phantasten unter den Deutschen, die noch an die Möglichkeit einer Verteidigung glaubten oder auf sie hofften, jene, die den Kampf immer noch nicht aufgeben wollten. In Tirol saß, wie bekannt, mit Gauleiter Hofer ein echter Verfechter dieser Idee. Schon lange hatte er die Berge Tirols als Zufluchtsort angeboten. Jetzt, da die Katastrophe immer deutlicher ihrem Höhe-

Ein deutscher Offizier 1945

punkt zustrebte, Deutschland mit jedem Tag kleiner wurde, klangen seine Appelle an den Führer in Berlin immer dringender. Aber er hatte damit keinen Erfolg. Hitler blieb in seinem „Führerbunker", auch als die Schlacht um Berlin längst in vollem Gang war, jeder Straßenzug, jedes Haus verzweifelt verteidigt werden mußte.

Verzweifelt wurde auch in zunehmendem Maß die Situation Restdeutschlands in jenen letzten Apriltagen. Der große Zapfenstreich hatte begonnen, das Ende war in Sicht – für die einen das Ende eines Traums, für die anderen, die Tausende von Verfolgten, das Ende eines Alptraums. Aber obwohl Berlin in Flammen stand, am 25. April einander Russen und Amerikaner bei Torgau die Hände reichten, funktionierte das System immer noch in gewissen Abschnitten und zeitweise sogar darüber hinaus. Befehle kamen an die Partei-, Militär- und

Verwaltungsstellen auch in den Donau- und Alpengauen, noch immer gab es Durchhalteappelle, wurden Menschen erschossen, weil sie weiteres Kämpfen für sinnlos hielten. Natürlich erlangten mit dem Zerfall der zentralen Gewalt die Entscheidungen der lokalen Machthaber immer mehr Bedeutung, aber aus dieser Zeit, vom 28. April 1945, sind auch noch zwei Befehle Hitlers an Stellen in der Ostmark bekannt. Der eine befahl die Errichtung einer „Kernfestung Alpen", der zweite betraf die Führersammlung.

Was die Alpenfestung anlangte, so erübrigte es sich, über die Möglichkeit ihres Ausbaues zu diesem Zeitpunkt auch nur nachzudenken. Es fehlte an allem: an Material, an Zeit und bis auf einige wenige Desperados auch an Menschen, die die Festung zu errichten und zu halten imstande gewesen wären. Aber sie wurde bald darauf auch nicht mehr gebraucht: Am 1. Mai erschütterte die Nachricht die Welt, Hitler sei nicht mehr am Leben. Für jene, die noch zu „Großdeutschland" gehörten, lautete die Meldung, von Radio Hamburg gesendet und von den Klängen der Schicksalssymphonie begleitet, der Führer sei im Kampf um Berlin „gefallen", für die übrige Welt war die Art seines Todes schon damals bekannt.

Bald erkannten auch die Alliierten, daß die Alpenfestung nur ein Hirngespinst gewesen war, auch sie „Traum" für die einen, „Alptraum" für die anderen. Wohl stießen die vorrückenden US-Truppen bei Scharnitz in Tirol auf Gegenwehr, mußten aber bald erbost erkennen, daß es sich vorwiegend um Hitlerjungen handelte, die ihnen die Verluste zugefügt und Widerstand geleistet hatten.[80] Sonst gab es keine nennenswerten Kämpfe. Am 3. Mai konnte Innsbruck „übernommen" werden, das die Widerstandskämpfer in der Hand hatten. Allerdings bestand die US-Kommandantur auf einer militärischen Kapitulation, die dann am 4. Mai vollzogen wurde.

Überall gerieten nun die Dinge in Fluß, machten sich Zeichen der Auflösung bemerkbar. Die US-Kräfte kamen in allen Abschnitten fast mühelos voran. Tausende von Kriegsgefangenen wurden gemacht. Die Zahl der Verkehrstoten lag bei der siebenten Armee bald höher als die der Gefallenen, so wenige Kampfhandlungen gab es mehr, und die Amerikaner konnten sich vielfach darauf beschränken, die kampfmüden deutschen Soldaten auf den Weg zum nächsten Gefangenenlager zu schikken, ohne ihnen auch nur eine Bewachung mitzugeben.[81] Was sich damals in den noch unbesetzten Teilen Österreichs zusammendrängte, ist kaum vorstellbar. Die von West und Ost zurückflutenden Reste der deutschen Armeen trafen bei ihrem Rückzug schließlich aufeinander und behinderten sich gegenseitig. So kam es auch im Salzkammergut zu gewaltigen Stauungen und einer Massierung von Truppen. Die einen wollten sich vor den Amerikanern in Richtung Steiermark zurückziehen, während von dort herauf jene Truppen drängten, die auf dem Rückzug aus dem Südosten Europas waren, aus jenen Gebieten, die im Angriffsbereich der Engländer und Jugoslawen lagen.

Immer enger wurde der Abstand zwischen den Fronten. Die amerikanische siebente Armee war nun das Inntal herunter und im Raum Passau im Vormarsch, die dritte im Mühlviertel, während die Ostfront nach wie vor und den Vereinbarungen entsprechend auf niederösterreichischem Gebiet an der Pielach, weiter südlich in der Steiermark verlief. Was von Österreich zur Zeit um den 1. Mai noch zum Deutschen Reich gehörte, das waren ein Teil von Tirol, Teile Salzburgs und der Steiermark, ganz Kärnten und ein schmaler Streifen von Ober- und Niederösterreich, den Reichsverteidigungskommissar Eigruber verwaltete. Aber in diesem Gebiet spürte man selbst jetzt noch deutlich die Macht des Regimes. In dem kaum mehr vorhandenen Rest des Reiches gab es Telefonverbindungen, Aufrufe, die zum Teil sogar befolgt wurden, Zeitungen und Rundfunkmeldungen. Die Organisation war so straff, das Kriegsrecht so gefürchtet, daß bis in die letzten Stunden Zucht und Ordnung zu finden waren. Natürlich bedurfte es so kaltblütiger Männer, wie Eigruber einer war, um diese Ordnung aufrecht zu erhalten. Immer wieder hämmerten Funksprüche der Bevölkerung ein, daß gegen alle, die die Disziplin gefährdeten, rücksichtslos vorgegangen würde, besonders gegen all jene Personen, die sich vom Ort ihres Einsatzes entfernten,[82] und deren gab es immer mehr, selbst in maßgeblichen Kreisen.

Auch hier ist ein Zug in Richtung Alpen zu bemerken, die Tendenzen gingen aber nicht mehr nur in Richtung Tirol – Salzburg. Immer mehr Prominenz fand sich im Raum Aussee, jenseits des Pötschenpasses ein, und dagegen konnte – oder wollte – auch ein Eigruber nichts unternehmen. Was diese

Männer hier suchten, war allerdings nicht mehr eine Fortsetzung des Kampfes nach der ursprünglichen Idee der Alpenfestung, sondern einfach eine Möglichkeit des Überlebens, eine Zufluchtstätte und – im günstigsten Fall – die Möglichkeit zum Untertauchen, zum Wechseln der Identität. Während Baldur von Schirach mit seinem Stab in Gmunden eintraf, tauchten in Aussee u. a. der Chef der deutschen Sicherheitspolizei, Ernst Kaltenbrunner, sowie Adolf Eichmann auf, berüchtigte und gefürchtete Männer, von denen manchem tatsächlich das „Untertauchen" glückte, während Eichmann erst Jahrzehnte später in Israel vor Gericht gestellt und abgeurteilt werden konnte.

Dieses Zusammentreffen der Wahl Aussees als „letzten Zufluchtsort" mit der dort konzentrierten Kunstgüterbergung kam sicher nicht von ungefähr und führte zu aufregenden Entwicklungen. Es gab und gibt dem Gebiet immer noch einen Hauch von Heimlichkeit, Sagenhaftem und Ungeklärtem. Man denke nur an die Gerüchte um den Toplitzsee. Träume und Alpträume sind hier noch nicht ganz verweht. Es herrscht jene Atmosphäre, aus der zu allen Zeiten die großen Sagen entstanden sind. Wie von verborgenen Schätzen leuchtet es aus dem Dunkel der Wälder, der Seen und Bergwerke, aber auch aus der Erinnerung der Menschen in diesem Land.

2. Dramatisches Tagebuch

Während im Lauf des Aprils 1945 Deutschland immer kleiner wurde, die Gefahr immer größer, während das Ende sichtbar, der Klang des Zapfenstreichs immer deutlicher hörbar wurde, trieb auch die Kunstgüterbergung ihrer dramatischsten Zeit entgegen, fielen auch hier Entscheidungen von bleibender Bedeutung.

Zunächst, nach dem Abreißen der Verbindung mit Wien und den zentralen Stellen ab 5. April, ging der Bergungsalltag in Bad Ischl – Lauffen in gewohnter Weise vor sich. Die Mannschaft war damit beschäftigt, den letzten Transport vom 30. März aufzuarbeiten, zu verstauen, was möglich war, alles in den provisorischen Lagerräumen zu sichern und die Bergungsräume auszubauen. Im Salzkammergut waren die Wege und

Straßen verstopft, die Orte überfüllt, alles war kompliziert, gefährlich. Die Männer von der Kunstgüterbergung vermieden es in diesen letzten Wochen, auf öffentliche Plätze zu gehen, um nicht Streifen in die Hände zu fallen, die sie zu Einsätzen außerhalb ihres Aufgabenbereiches abkommandieren, zum Volkssturm stecken oder zum Militärdienst einziehen könnten.[83] Nur in den Berg gingen sie mit unverrückbarer Regelmäßigkeit und trotz aller Schwierigkeiten. Sie maßen Temperatur und Luftfeuchtigkeit, schauten nach, ob alles in Ordnung war. Daß der Strom immer öfter ausfiel, erschwerte zwar die Arbeit, bedeutete aber keine Gefahr, denn die „Bewetterung", die Belüftung der Räume, funktionierte ja auf natürlichem Wege und nicht, wie bei vielen anderen Bergungen, auf mechanische Art und durch strombetriebene Ventilatoren, die dann in den entscheidenden Tagen stillstanden. Hier im Berg schien es, als sei die Welt noch heil. Die „schweigenden Majestäten", die Kunstschätze, blieben von allem Geschehen an der Oberfläche unbehelligt, sie merkten nichts von den Tausenden von Flüchtlingen und Soldaten, die die Straßen unpassierbar machten. Kein Unbefugter drang jemals zu ihnen vor, niemand legte Hand an sie, nichts störte ihre aus dem Zeitgeschehen herausgelöste Ruhe – und so, hoffte man, würde es bleiben, bis „alles vorüber" war. Ähnliches galt für Aussee.

Da erschien am Freitag, dem 13. April 1945, bei Direktor Pöchmüller in der Generaldirektion der Salinen Ministerialrat Dr. Helmuth von Hummel, persönlicher Referent von Reichsleiter Bormann, gemeinsam mit Seiberl von der Ausseer Bergung, Sieber, der Reimer seit dessen Abreise im Februar als Beauftragter für die Führersammlung vertrat, und Ruprecht, dem Direktor der Waffensammlung am Kunsthistorischen Museum in Wien. Pöchmüller berichtet davon in seinem Buch „Weltkunstschätze in Gefahr"[84], Berichte im Dokumentationszentrum des Österreichischen Widerstandes bestätigen es. Die Herren wollten angesichts der näherrückenden Fronten Maßnahmen für den Fall einer Feindbesetzung erörtern. Sie fragten den Salinendirektor, ob es möglich sei, die Zugänge zum Ausseer Salzberg zu sprengen, und als er dies für kompliziert erklärte, gaben sie den Grund ihrer Frage an: In anderem Zusammenhang, aber in ähnlicher Situation hatte der Führer entschieden, daß bei „Feindannäherung" der Zugang zu dem

Bergungsgut unmöglich gemacht werden solle, die Kunstwerke selbst aber auf alle Fälle zu erhalten seien. Nun wollte man für Aussee das gleiche erreichen, und zwar durch Sprengung und Verschüttung der Stollen an bestimmten Stellen.

Im Verlauf des Gesprächs gab jedoch Dr. von Hummel ein Geheimnis preis, das alle Anwesenden zutiefst erschreckte: Angesichts der ausweglosen Situation habe sich Gauleiter Eigruber entschlossen, nicht nur die Zugänge zu blockieren sondern die Kunstschätze selbst zu vernichten, „um sie nicht in die Hände des kapitalistischen Weltjudentums" fallen zu lassen. Zu diesem Zweck seien schon am 10. April Kisten mit der Aufschrift: „Vorsicht! Marmor, nicht stürzen!" in den Berg gebracht worden. In jeder der Kisten sei eine Bombe mit 500 Kilogramm, insgesamt also genug Sprengstoff, um nicht nur die Kunstschätze, sondern das ganze Bergwerk zu zerstören. Sieber, der die Sendung entgegennahm, hatte man erklärt, es handle sich um persönliches Eigentum des Gauleiters.

Um so einen Befehl auch nur annähernd zu begreifen, muß man sich vergegenwärtigen, daß Eigruber ein Fanatiker war, mit allen Konsequenzen. Von der Machtergreifung der Nationalsozialisten aus kleinen Verhältnissen emporgetragen, verdankte er seine ganze Existenz dieser Partei, die seiner Meinung nach Europa und die Welt für immer von all jenen säubern sollte, die auf Kosten anderer in Reichtum und Luxus lebten, Menschen ausbeuteten und zum Teil schon aufgrund ihrer Abstammung zu nichts Gutem fähig waren. Und als er sah, daß das nicht gelang, daß „das Reich", in dem er mit anderen Herrenmenschen seiner Art hatte leben wollen, nicht realisierbar war, wollte er den Siegern wenigstens nichts zurücklassen, was sie zur Fortsetzung ihres Lebens befähigt hätte. Nichts sollte ihnen von dem bleiben, was sie und ihre Vorfahren zusammengetragen hatten – und wenn man es vernichten mußte. Hier war keine Kapitulation möglich, keine Übergabe, kein Kompromiß, sondern nur der Kampf bis zum letzten, und wenn auch das nichts half, der Untergang, die Zerstörung, das Ende von allem.

Schon 1944 hatte Eigruber anläßlich einer Besprechung zu Direktor Pöchmüller geäußert, er werde, „wenn wir den Krieg verlieren", notfalls „selbst Handgranaten in die belegten Räume werfen", nun wollte er seine Drohung nicht nur wahrmachen, sondern noch gewaltsamere Mittel anwenden, um nichts zurückzulassen, was anderen etwas bedeutete. Wenn seine Welt zugrunde ging, dann war nichts mehr erhaltenswert – für wen auch?

Daß er mit dieser Einstellung nicht allein war, wissen wir aus der Geschichte. Nicht nur Eigruber faßte den Entschluß, alles „in Scherben fallen“ zu lassen, sondern viele Parteifunktionäre jener Tage handelten ähnlich. Rücksichtslos wurden Bauten, Brücken, Anlagen aller Art zerstört, nicht nur dem Führerbefehl vom 19. März 1945 folgend, der die Vernichtung „aller ... Anlagen sowie Sachwerte innerhalb des Reichsgebietes“ befahl, „die sich der Feind ... irgendwie nutzbar machen“ könnte, sondern wirklich aus einer „Weltuntergangsstimmung“ heraus. So berichtet Ruth Seydewitz,[85] daß auch in der Dresdener Bergung Pockau – Lengenfeld der dortige SS-Führer vor seiner Flucht dem Sprengermeister befohlen hatte, die Eingänge zu verminen und, „wenn der Russe kommt“, alles zu sprengen. In Dresden selbst aber, dort, wo sich in einem Bunker ein Panzerschrank mit Plänen der Bergungsorte und mit Unterlagen zur Führersammlung befand, waren – neben Kunstschätzen – auch sechs Kisten mit Sprengstoff verwahrt. Die Zündkabel liefen an der Decke entlang aus dem Bunker heraus, und ein Knopfdruck hätte genügt, um alles in Schutt und Staub sinken zu lassen. Auch hier also nicht nur Verschüttung der Eingänge, um die Kunstschätze vor Gewaltanwendung zu bewahren, sondern erbarmungslose und sinnlose Zerstörung, in diesem Fall aus Trotz gegen die „Bolschewiken“, die Kommunisten – Rivalen aus dem ursprünglichen Kampf um die Macht, gehaßt und gefürchtet wie Kapitalismus und „Weltjudentum“.

Daß Männer solcher Denkungsart gefährlich waren, daß man ihnen alles zutrauen konnte, war außer Zweifel. Und so begann an jenem Freitag, dem 13. April 1945, für die Bergung im Salzkammergut eine Zeitspanne, in der sich die Geister schieden: die wenigen, die alles mit sich in den Abgrund reißen wollten, Eigruber und Hummel vor allem, auf der einen Seite, jene, die das zu verhindern trachteten, auf der anderen. Auch sie waren zunächst wenige, da alles streng geheim und unbemerkt vor sich gehen sollte. Aber die Last der Verantwortung war zu groß, die Zeit drängte, und so wurden immer mehr

Leute ins Vertrauen gezogen. Als wäre ein Stein in ruhendes Wasser geworfen worden, so wirkte die Nachricht von der Einlagerung der Bomben im Salzberg Aussee. Sie zog immer weitere Kreise, berührte immer neue Punkte und weckte die verschiedensten Reaktionen. Von der Salinendirektion aus wurden erste Kontakte geknüpft, andere liefen später verschiedenen Angaben zufolge über Michel, Eder und Bergarbeiter zur Widerstandsbewegung. Äußerste Vorsicht war geboten, wollte man sich nicht verdächtig machen. Aber trotzdem fand sich bald eine überwältigende Mehrheit zusammen, die geschlossen eine Meinung vertrat: „Das“ darf nicht geschehen!

Bangten die Kunstexperten und mit ihnen die Salinenbeamten um Unwiederbringliches, so bangten die Bergleute um ihre Existenz. Der Bogen spannte sich also vom exponierten Parteigenossen über den Sympathisanten und den Mitläufer bis hin zum aktiven Widerstandskämpfer. Und daß nachher, als wirklich das Schlimmste verhindert war, jeder von ihnen den entscheidenden Schritt getan, die beste Idee gehabt haben wollte, ist selbstverständlich. In Wirklichkeit ist vor allem großartig, wie einmütig und rasch die grundsätzliche Entscheidung getroffen wurde.

Und damit beginnt das Tagebuch jener dramatischen Zeit, die erfüllt ist von geheimer und offener Geschäftigkeit, in der die einzelnen Gruppen manchmal unabhängig voneinander agieren, manchmal gemeinsam, in der es aber vor allem darauf ankommt, daß alle das gleiche Ziel haben. Denn weder Kunstgüterbergung noch Salinendirektion können etwas unternehmen, ohne daß die Bergleute es erfahren, es können aber auch umgekehrt die Bergleute keine Aktion beginnen, ohne daß ihre Vorgesetzten es merken und – zumindest schweigend – gutheißen. Völlig undenkbar scheint es, daß Widerstandskämpfer von außerhalb zur Kunstgüterbergung vordringen und dort eingreifen konnten, ohne dabei entdeckt zu werden.

Mehrere Berichte aus jenen Tagen liegen vor, deren Verfasser nicht miteinander in Kontakt standen und die zu verschiedenen Zeiten niedergeschrieben wurden, und doch gleichen sie einander weitgehend, oft bis hin zu Datum und Tageszeit. Man darf also mit Sicherheit annehmen, daß daraus die historische Wahrheit gelesen werden kann. Die folgende Darstellung beruht auf diesen Berichten, und zwar auf folgenden:

a) Pöchmüllers Buch „Weltkunstschätze in Gefahr“, erschienen 1948;
b) Luithlens „Abschließender Bericht“ von 1947 und seine „Zusammenfassung“ über die „Bedrohung der Bergungsgüter von Bad Ischl – Lauffen“ vom Juli 1947;
c) Sochors Bericht vom 27. Mai 1945, mitunterzeichnet von Luithlen und Hajsinek, erhalten in den Akten der Galerie des Kunsthistorischen Museums;
d) Siebers Bericht vom Jänner 1946 mit Ergänzungen von Seiberl, erhalten im Archiv des Kunsthistorischen Museums, Handmappe Waldum;
e) Berichte aus dem Dokumentationsarchiv des Österreichischen Widerstandes (DÖW):
Nr. 34 75 (Erhebungsprotokolle des Gendarmeriepostens Altaussee vom 26. 2. 1947),
Nr. 10 6 10 (Bericht von Ing. Max Eder vom Mai 1945, mitunterzeichnet von Oberbergmeister Danner und dem Angestellten Markus Preßl),
und aus dem Nachlaß Michel unter den Nummern 83 78 und 32 96 a sowohl eigene Darstellungen (darunter ein Tagebuch über die Ereignisse in Ischl und Aussee) wie auch von ihm gesammelte oder kopierte Unterlagen, z. B. ein weiterer Bericht Siebers.
f) Theodor Brückler hat die unter e) angeführten und weitere Darstellungen, insgesamt ungefähr vierzig, kritisch ausgewertet und aus seinen Forschungsergebnissen eine Dokumentationsschau des Bundesdenkmalamtes am Salzberg von Altaussee gestaltet, die seit Juni 1985 allgemein zugänglich ist. Auch diese Erkenntnisse wurden bei der Bearbeitung herangezogen.

Während Luithlen und Sochor die Ereignisse in Ischl schildern, befassen sich der von Sieber geschriebene Bericht sowie die Akten im Dokumentationsarchiv des Österreichischen Widerstandes (DÖW) mit den Vorgängen in Aussee. Direktor Pöchmüller und Hofrat Michel schildern in Tagebuchform die Vorgänge in beiden Bergungen und geben – trotz verschiedenster politischer Einstellung – neben exakten Zeitangaben auch viele andere Einzelheiten in überraschender Übereinstimmung wieder.

Und das sind die Geschehnisse in ihrer Abfolge, wie sie sich nach kritischer Prüfung präsentieren:

Freitag, 13. April

Nachdem von Hummel den Herren die Mitteilung von der Einlagerung der Bomben gemacht und erklärt hat, daß die Vernichtung der Kunstwerke beschlossene Sache sei, sind – außer Hummel selbst – alle in gleicher Weise entsetzt. Schließlich faßt sich Direktor Pöchmüller und erklärt, daß eine Sprengung nur Angelegenheit der Bergleute und Sachverständigen sein könne. Er erwirkt die Bewilligung, Eigruber mitzuteilen, er habe von der Einlagerung der Marmorkisten erfahren und halte die Sache für zu gefährlich. Man solle doch die Sprengung der Salinenverwaltung übertragen.
(Pöchmüller, Sieber, DÖW Nr. 10 6 10.)

Aber nicht nur für die Ausseer Bergung besteht Gefahr. Es ist anzunehmen, daß Eigruber ähnliche Absichten hegt, was die Ischler Bergung anlangt. Deshalb bittet Pöchmüller noch am selben Abend Luithlen zu einer Unterredung. Der ist erschüttert über diese „wahrhaft schrecklichen Ideen“ und sagt unverhohlen, ihre Verwirklichung müsse mit allen Mitteln verhindert werden. Schließlich wird um 22 Uhr noch Michel vom Naturhistorischen Museum dem Gespräch beigezogen. Die ersten Ringe bilden sich um den ins Wasser geworfenen Stein, immer mehr Menschen erfahren von der geplanten Aktion. Michel rät, Pöchmüller solle seinen Standpunkt ändern, angeben, daß vor allem die Sprengung der Zugänge wichtig und auch möglich sei und daß er sie durchführen wolle. Damit sei Eigruber die Sache wenigstens teilweise aus der Hand genommen. (Luithlen, Pöchmüller, Michel.)

Was in Ischl geschehen soll, ist zunächst von sekundärer Bedeutung, denn als die Delegation nach Aussee zurückkehrt, erfährt Sieber, daß im Auftrag Eigrubers inzwischen weitere vier Kisten angeliefert und in den Berg gebracht wurden. Aber schon setzen erste Gegenaktionen ein. Irgend jemand wendet sich über alle Partei- und Verwaltungsstellen hinweg per Funk direkt an Hitler in Berlin und informiert ihn über Eigrubers Absichten. Pöchmüller sagt, Hummel und Ruprecht, die gemeinsam nach Berchtesgaden fuhren, seien es gewesen, Sieber glaubt, der inzwischen ebenfalls alarmierte Hans Reger in

München habe den Funkspruch veranlaßt. Jedenfalls läßt die Antwort zunächst auf sich warten.

Samstag, 14. April

Direktor Pöchmüller fährt mit Benzin aus den Beständen der Bergungsaktion (seine eigene Ration von lächerlichen zehn Litern pro Monat ist bereits aufgebraucht) nach Linz zu Gauleiter Eigruber, trifft aber nur dessen Adjutanten an. Dieser verspricht, mit Eigruber über die Sprengungspläne zu reden und Pöchmüller dann anzurufen.

Aber auch an ganz anderer Stelle setzt Bewegung ein – oder zumindest nach dem lähmenden Schreck über das Nahen der Front eine Bemühung, etwas zu tun. In der Bergung „Schloß", in Gaming, entschließt man sich dazu, die wertvollen Bestände des Naturhistorischen Museums, die in der Umgebung gelagert sind, in die Kartause zu holen, wo sie besser bewacht werden können. Aber kein Traktor ist aufzutreiben, auch kein anderes Gefährt. Alle Aktivität ist unterbunden.[86]

Sonntag, 15. April

Im Salzkammergut herrscht Feiertagsruhe. In Gaming sucht man noch immer einen Traktor. St. Pölten wird von den Russen besetzt.

Montag, 16. April

Aus Linz kommt das bange erwartete Telefongespräch in der Salinendirektion an, aber Gauleiter Eigruber läßt kurz und bündig sagen, daß es bei der Vernichtung der Kunstschätze bleibe. Michel und Luithlen, die besorgt vorsprechen, werden davon in Kenntnis gesetzt.

Nun erfährt auch der Restaurator Franz Sochor von den Plänen, während auf Salinenseite Oberbergrat Dipl.-Ing. Eberhard Mayerhoffer zugezogen wird, der sich ebenfalls vehement für Aktionen zur Erhaltung der Kunstschätze ausspricht. Seine und Pöchmüllers Überlegungen gipfeln in dem Entschluß, man müsse Gauleiter Eigruber klarmachen, daß eine Sprengung im Ausseer Salzberg mit den vorbereiteten Bomben nur dann Erfolg habe, wenn vorher die Eingänge zu den Stollen verdämmt, also zugesprengt worden seien. (Pöchmüller, DÖW Nr. 32 96 a.)

In Gaming geht die Suche nach einem Traktor weiter. Die Russen bleiben fünfzig Kilometer vom Bergungsort an der Pielach stehen (siehe Seite 121) und werden da drei Wochen anhalten – aber das kann damals niemand ahnen.

Dienstag, 17. April

Pöchmüller fährt neuerlich nach Linz, von Tieffliegerangriffen bedroht, und dringt tatsächlich bis zu Eigruber vor. Fünf Minuten werden ihm für die Besprechung eingeräumt. Alle Zimmer sind voll mit Offizieren, Beratungen und Befehle überstürzen sich. Vor Pöchmüller wartet Dipl.-Ing. Scharmüller von den „Kraftwerken Oberdonau", der heutigen OKA, auf eine „Audienz", denn auch er hat Befehl, entgegen den Weisungen aus Berlin, die nur von einer vorübergehenden Lähmung sprechen, alle Anlagen durch Sprengung vollständig zu vernichten. Als er von der Unterredung mit Eigruber wiederkehrt, teilt er dem wartenden Pöchmüller mit, der Reichsverteidigungskommissar gehe von seiner Weisung nicht ab. Nun ist Pöchmüller an der Reihe. In fünf Minuten kann man höchstens ein paar Sätze anbringen, die Zeit drängt. Er erklärt dem auf der Ecke seines Schreibtisches sitzenden Eigruber, dem in Ischl gefaßten Plan folgend, daß eine Sprengung wirkungsvoll nur dann durchgeführt werden könne, wenn auch die Zugänge zu den Stollen verschüttet oder, da es dafür an Zeit fehlt, zugesprengt werden. „Eigruber schaut mich schräg von unten an: ‚Bei den Mengen, die ich verwenden will?' – ‚Jawohl, auch bei diesen Mengen.' . . . Eigruber rutscht von seinem Sitz. ‚Na schön, machen Sie das, wenn Sie es für unbedingt notwendig halten. Hauptsache, es bleibt bei der Vernichtung. Wir bleiben stur wie die Böcke!'" Pöchmüller ist entlassen, das Gespräch beendet. Aber immerhin hat Pöchmüller die Erlaubnis, seinerseits etwas zu unternehmen. Luithlen und Michel, der inzwischen, wie er später angibt, Bergmeister Danner eingeweiht hat, kommen noch am selben Abend, um sich zu informieren und sind erleichtert, daß Pöchmüller die Sache in die Hand bekommen hat. Von der Ischler Bergung ist an diesem Tag nicht die Rede. In Gaming läuft die Suche nach einem Traktor für die Herbarien des Naturhistorischen Museums nun schon den dritten Tag.

In Lauffen kommt Frau Felsenstein an, die Schwägerin des

Reichskulturreferenten Stuppäck. Sie ist Restauratorin am Kunsthistorischen Museum, hat sich aber von der Bergungsstelle Gaming, der sie zugeteilt ist, „entfernt“ und sucht nun hier Schutz. (Luithlen, laut DÖW Nr. 32 96 a Ankunft am 18. 4.)

Baldur von Schirach, Reichsverteidigungskommissar des inzwischen seit Tagen von den Russen besetzten Gaues Großwien, schreibt mit Briefkopf „Reichsstatthalter in Wien“ und dem Datum „Wien, den 17. April 1945“ eine Vollmacht für seinen Generalkulturreferenten Hermann Stuppäck, die „alle Dienststellen der Partei, der Wehrmacht und des Staates“ ersucht, den Kulturreferenten bei der Aufgabe zu unterstützen, „die wertvollsten Objekte aus den geborgenen Beständen des Kunsthistorischen Museums und anderen Wiener Musealbesitzes zur Sicherung vor Feindeinwirkung nach Tirol zu verbringen. Die Bergungsleiter haben seinen Anordnungen unbedingt Folge zu leisten.“ (Anhang zum Bericht Sochor.) Anders als Eigruber will also Schirach die Kunstschätze, für die er zuständig ist, retten, statt sie zu vernichten, der Zweck wird nicht angegeben. Auch wer diesen Befehl in Empfang nehmen soll, ist zunächst nicht klar, denn Schirach ist ja inzwischen ein „Herrscher ohne Land“.

Mittwoch, 18. April

An diesem Tag tritt in der Generaldirektion der Salinen in Bad Ischl ein „Krisenstab“ zusammen, um jene Maßnahmen zu besprechen, die nötig scheinen, um der Ischler Bergung die Einlagerung eines „Kuckuckseies“ Eigruberscher Herkunft zu ersparen, wie Pöchmüller es nennt. Dieser Sitzung wohnen neben Generaldirektor Pöchmüller noch die Verantwortlichen für den Ischler Salzberg und die Ischler Saline, nämlich die Oberbergräte Lepez, Krieger und Mayerhoffer, von der musealen Seite Michel und Luithlen bei. (Pöchmüller, Sochor, DÖW Nr. 32 96 a.)

Die Bergung soll nach diesem Plan vollkommen unzugänglich gemacht werden, die Situierung der belegten Stollen und Werker schafft dafür ideale Voraussetzungen. Jener Platz, der zur Entladung des Aufzuges dient, das sogenannte „Füllort“ vor dem Zugang zu den Stollen (siehe Abbildung Seite 81) soll vollkommen mit Gestein zugeschüttet, „verstürzt“ werden.

Den Aufzug will man bis zur Decke des Leopold-Horizontes, also bis zu seinem obersten Endpunkt hinaufziehen und dort stillegen. Die Treppen, die neben dem Aufzug hinaufführen, die sogenannten „Fahrten“, sollen unter- und oberhalb des I. und II. Horizontes herausgerissen und die Verschüttung des Schurfes zwischen dem I. und II. Tiefbau verstärkt werden. (Luithlen, Sochor, Pöchmüller, DÖW Nr. 32 96 a.) In dem Bericht von Sochor heißt es noch, daß im I. Tiefbau sogar die Lüftungsrohre gekrümmt und ihre Austrittsstellen getarnt werden sollen, damit niemand dort etwas hineinwerfen könne.

Natürlich sind all diese Maßnahmen nur möglich, wenn die Bergleute selbst in die Aktion einbezogen, zu Mitwissern gemacht werden. Man sagt ihnen nicht nur, gegen wen sich die Vorkehrungen richten, mit denen unverzüglich begonnen werden muß, es werden vor allem mit Bergmeister Mathias Krenn sogar Details der Vorgangsweise für den Fall besprochen, daß ein Sprengkommando erscheine, bevor die Arbeiten abgeschlossen seien. In diesem Fall müsse der Strom abgeschaltet und damit der Aufzug lahmgelegt werden, und es müsse der Eindruck entstehen, der Schaden sei nicht reparabel. Nur so wäre der Transport der Bomben in den Berg zu verhindern. Diese Aktionen würden unter den herrschenden Verhältnissen höchsten persönlichen Einsatz fordern und bedeuten, daß im Moment, in dem jemand das Verhalten durchschaute, größte Gefahr für das Leben jedes Beteiligten bestünde. (Luithlen, Sochor.)

Nun zeigt sich aber auch ein wesentlicher Unterschied zwischen der Ischler und der Ausseer Bergung, der in der Folge schwerwiegende Konsequenzen haben wird: Während in Aussee die Bomben schon im Berg sind und Pöchmüller bei seiner Unterredung mit Eigruber argumentierte, daß die Eingänge gelähmt werden müßten, um den Erfolg der Sprengung zu garantieren, ist in Ischl ja noch nichts geschehen, was Folgemaßnahmen rechtfertigen würde. Wenn hier der Berg unzugänglich gemacht wird, so eindeutig deshalb, weil man Maßnahmen ähnlich denen in Aussee verhindern will. Für Aussee allein gilt Eigrubers Antwort: „Tun Sie, was Sie für richtig halten“, nicht für Ischl.

Trotzdem beginnen mit diesem 18. April in beiden Bergwerken die Vorarbeiten zur Lähmung der Zugänge an geeigneten Stellen (für Aussee siehe Abbildung Seite 46 f., Pfeile). In Aussee erhält den Auftrag zur Vorbereitung dieser Aktion Ing. Högler, allerdings ohne zunächst in die Zusammenhänge eingeweiht zu werden. (Pöchmüller, DÖW Nr. 32 96 a.) Man atmet auf, glaubt, alles Menschenmögliche getan zu haben, um die Kunstschätze zu retten. Da schalten sich Kräfte ein, mit denen niemand gerechnet hat. Sie geben den Dingen eine Wendung, die beide Bergungen in den nächsten Wochen zum Teil verschiedene Wege gehen läßt. Aber der Stein, der die Lawine auslösen wird, kommt an einer Stelle ins Rollen, die weder von Ischl noch von Aussee bemerkbar ist:

Am Abend des 18. April um 21.10 Uhr trifft in der Bergung „Schloß", der Kartause Gaming, Reichskulturreferent Dr. Stuppäck mit drei Mann und – geradezu unvorstellbar in jener Zeit allgemeiner Auflösung – einem intakten Lastwagen ein.[87] Er hat, wie wir wissen, jene Vollmacht des Reichsverteidigungskommissars mit, der allen Bergungsleitern befiehlt, ihm bei der Verbringung der Kunstschätze nach Tirol „unbedingt Folge zu leisten" (siehe Seite 137). Zunächst allerdings will Stuppäck nichts als eine ruhige Nacht in Gaming verbringen. Nun hat der Befehl aber doch noch jemanden erreicht, der ihm gehorchen muß.

Donnerstag, 19. April

In Aussee laufen die Arbeiten zur Lähmung der Stollenzugänge unter der Leitung von Bergrat Högler, in Ischl ebenfalls, aber heimlicher, unauffälliger. In Gaming aber fährt um 14.30 Uhr Stuppäck mit seinem Lastwagen und den drei Männern ab. Sie führen wertvollste Bilder des Kunsthistorischen Museums mit sich, darunter zwei Werke von Raffael und eines der Donauschule, „um sie nach Ischl zu transportieren", wie es in den Tagesprotokollen der Bergung „Schloß" heißt. Und damit springt der Funke über, wird die Verbindung hergestellt zwischen zwei Aktionsebenen, die bisher scheinbar gar nichts miteinander zu tun gehabt hatten. Daß es ein Hasardspiel ist, unter den gegebenen Verhältnissen Kunstwerke zu befördern, ist allen klar – aber der Befehl ist eindeutig.

Freitag, 20. April

Führers Geburtstag, früher mit Feiern und Kundgebungen

begangen – heuer weiß man, es wird sein letzter sein, wie immer das Ende auch aussehen mag.

In Aussee beraten die maßgeblichen Herren gemeinsam mit Högler, der nun in die Pläne eingeweiht wird, und Seiberl, wie sie Eigrubers Bomben im Berg unschädlich machen und die Führersammlung vor der Vernichtung bewahren könnten. Die verrücktesten Pläne werden ausgeheckt und wieder verworfen. Auf jeden Fall aber wird Högler Seiberl helfen, für die wertvollsten Werke ein Versteck zu finden, das so weit wie möglich vom Gefahrenbereich entfernt ist. (DÖW Nr. 34 75, DÖW Nr. 10 6 10, Sieber, Pöchmüller.)

Im Ischler Berg werden alle besonders wertvollen Sachen aus dem Werk XII im Tiefbau I entfernt und in den als sicherer geltenden II. Tiefbau gebracht, darunter auch der wertvolle seidene Jagdteppich aus dem Kunstgewerbemuseum[88], der zu diesem Zweck vorübergehend aus seiner Kiste genommen werden muß.

Samstag, 21. April

In Attnang sterben bei einem amerikanischen Bombenangriff zahlreiche Menschen. Die Bomben, deren Detonationen bis Gmunden die Fenster zum Klirren bringen,[89] zerstören nicht nur das Bahnhofsgelände, sondern dazu noch den halben Ort. Eine Bahnverbindung von Ischl über Attnang hinaus, etwa nach Linz, wird damit für einige Tage unmöglich.

Mitten in die Vorbereitungen zur Lähmung der Ischler Stollen platzt die Nachricht von der Ankunft Stuppäcks. Die Ischler Bergungsmannschaft hat ihn ebenso wie Schirach selbst im besetzten Wien geglaubt. Sie wußte weder etwas von dem Verlagerungsbefehl Schirachs noch von den bisherigen Aktivitäten Stuppäcks. Nun taucht er auf und teilt den Ischler Musealbeamten mit, Schirach halte sich mit seinem ganzen Stab und der „Kampfgruppe Fabian“ in Gmunden auf. Er habe von den Vernichtungsplänen Eigrubers erfahren – durch wen wohl? – und wolle diese verhindern, was die Wiener Sammlungen betreffe. Die Bestürzung ist groß, handelt es sich doch bei Stuppäck um den „legalen Vorgesetzten“ der Bergungsmannschaft, den bisherigen Chef über alle Kulturanstalten Wiens und überdies um einen engen Vertrauten Schirachs. (Luithlen, Sochor.)

Der Bahnhof von Attnang-Puchheim nach dem großen Luftangriff

Sonntag, 22. April

Stuppäck lädt den Leiter der Ischler Bergung, Luithlen, und seinen Vertreter, Hajsinek, zu einer Unterredung in die Unterkunft seiner Schwägerin, Frau Felsenstein, nach Lauffen. Dort eröffnet er den beiden Herren, daß er von Schirach den bindenden Auftrag habe, mit Rücksicht auf Eigrubers Pläne das Bergungsgut aus Ischl – Lauffen möglichst restlos abzutransportieren, und das sofort – eine Wahnsinnsidee, denn er kann nicht einmal angeben, wohin er die Kunstwerke schaffen will. „Bauernhöfe in Tirol" sind vorgesehen wie im Jänner. Als die beiden Herren dringend verlangen, das Gut dürfe nur ungeteilt, unter ihrer Aufsicht und an einen vorher bestimmten Ort gebracht werden, bietet Stuppäck ihnen die – damals schon völlig unerreichbare – Insel Reichenau im Bodensee als Zuflucht an. Die Musealbeamten nennen als Gegenvorschlag das Salzbergwerk Hallein, denn sie wissen um den Vorteil der Bergwerke, aber das lehnt Stuppäck ab. Immerhin läßt er sich soweit beeinflussen, daß er bereit ist, die Sache nochmals mit Schirach zu besprechen, die Beamten sollten inzwischen alles für die Räumung des Berges vorbereiten.

Nun ist guter Rat teuer. Vorbei ist es mit allem, was so gut geplant und abgesprochen war. Weder können die Eingänge verstürzt, noch kann der Aufzug stillgelegt werden, wenn die Räumung des gesamten Berges befohlen ist. Auch sind es nun nicht mehr die Bergleute, denen die Hauptlast der Verantwortung zufällt, sondern es sind die Musealbeamten, die versuchen müssen, mit einer vollkommen neuen Situation fertig zu werden – und sie sind sich dessen voll bewußt, daß hier von jetzt ab die Uhren anders gehen als in Aussee.

So beginnt an diesem 22. April ein Spiel, das sich über viele Tage, über mehr als eine Woche hinzieht, bis zum 3. Mai. Gemeinsam und „in großer Erregung" wird das weitere Verhalten festgelegt. Es gilt, die ganze Aktion zu verzögern, wo es geht, zu verhindern, was sich verhindern läßt, Schwierigkeiten zu machen, Pannen vorzutäuschen – und damit Zeit zu gewinnen, Zeit und nochmals Zeit – wenn möglich, bis die Amerikaner kommen und die befohlene Auslagerung der Kunstgüter stoppen. Die unmittelbar Betroffenen sind sich einig – fraglich ist nur, wie weit sich die „Marschroute" auch verfolgen läßt, ob der „passive Widerstand" – und um „Widerstand" handelt es sich hier eindeutig – lange genug aufrecht erhalten werden kann. (DÖW Nr. 32 96 a, Sochor, Luithlen.)

Montag, 23. April

Wie wenig die für den Bergbau Verantwortlichen von nun an am Geschehen im Ischler Salzberg beteiligt sind, geht allein schon aus der Tatsache hervor, daß Direktor Pöchmüller an diesem Tag noch nicht einmal weiß, was sich ereignet hat. Er ist mit Büroarbeit beschäftigt, denn auch jetzt noch muß getrachtet werden, die Bevölkerung mit dem lebensnotwendigen Salz zu versorgen. Daß das nicht leicht ist, zeigen die hohen Verluste. Am Linzer Bahnhof sollen nach dem letzten Bombenangriff die Rettungsmannschaften knietief im Salz gewatet sein. Jetzt kommen Transporte auf notdürftig instandgesetzten Gleisanlagen von Attnang aus nicht mehr weiter als bis Wels, denn auch der dortige Bahnhof ist völlig zerstört, andere hoffnungslos verstopft. Dabei wären die Lager voll, die Sudwerke noch in Betrieb ...

Die beiden Bergungen sind an diesem Tag sich selbst überlassen – und das ist auch weiter nicht schlimm, denn die wichtigsten Entscheidungen sind gefallen, die Positionen und die weitere Vorgangsweise festgelegt. Jeder muß auf seine Weise versuchen, der Bedrohung entgegenzutreten. Im Angriff sind eindeutig jene, die die politische Macht haben, die „Befehlsempfänger" sind in der Verteidigung – aber darin entwickeln sie sich in der nächsten Zeit zu wahren Meistern.

Es gilt, dauernd auf der Hut zu sein vor eventuellen Überraschungen, den Gegner dauernd im Auge zu behalten, auf jeden Zug zu reagieren. Aber es gilt auch, die „Neutralen" in diesem Kampf zu prüfen, die Uneingeweihten, herauszufinden, auf welche Seite sie sich wohl schlagen würden, käme es zu einer Entscheidung. Jedes Wort muß auf die Waagschale gelegt, jede Handlung interpretiert werden, bis Vertrauen erwächst – oder die Gewißheit, daß von diesem Gefährten Verrat drohen würde.

In Aussee beginnen Sieber und Seiberl, deren Gedanken immer wieder die Kisten mit den Bomben umkreisen (siehe Abbildung Seite 144), gemeinsam mit einer Sekretärin, Bilder in ein abgelegenes Werk zu schleppen, das ihnen Bergrat Högler gezeigt hat. Sie sind zum Äußersten entschlossen. Für den Fall, daß ihnen jemand entgegentreten und sie entdecken sollte, „trugen alle Eingeweihten bis zur endgültigen Bereinigung der Angelegenheit stets eine Schußwaffe bei sich", berichtet Sieber später. Zunächst werden der Czerninsche Vermeer und fünfzehn Bilder der Rothschild-Sammlung aus Paris „vertragen". Das Mittis-Werk, das sie aufnimmt, liegt 200 Stufen tiefer und über einen Kilometer Luftlinie vom bisherigen Standort im Kammergrafenwerk entfernt. Um von Arbeitern nicht gesehen zu werden, wählen die drei von der Kunstgüterbergung außerdem noch Umwege und verlaufen sich mehrmals im Berg ... (Sieber, DÖW Nr. 32 96 a, Pöchmüller.)

Die Ischler Bergung ruht – vorderhand noch, denn Stupäck ist zu neuen Gesprächen mit Schirach in Gmunden. Erstaunlich, daß weder bisher noch später Gauleiter Eigruber von dem Amtsgefährten Notiz nimmt, der sich da als „Drückeber-

DDr. Seiberl inspiziert die Bombenkisten im Salzberg von Altaussee

ger" vom Feind abgesetzt und in seinem Herrschaftsbereich niedergelassen hat. Eigruber ist sich wahrscheinlich bewußt, daß er einen Kollegen – noch dazu, wenn der unter dem Schutz einer treu ergebenen SS-Einheit steht – nicht einfach verhaften lassen kann. Oder weiß er wirklich nichts von Schirachs Anwesenheit? Hat er etwa nichts dagegen einzuwenden, daß die im Ischler Salzberg gelagerten Kunstschätze nun nach dem Westen verbracht werden, auf die Gefahr hin, unterwegs in die Hände von Vertretern des „kapitalistischen Weltjudentums" zu fallen? Oder spielt es eine Rolle, daß für das Bergungsdepot des Reiches in Aussee außer dem Gauleiter von Oberdonau nun niemand mehr politisch zuständig ist, während die Ischler Bergung ihren bisherigen Chef gleichsam vor der Haustüre sitzen hat? Was Eigruber bewog, in Ischl nicht und niemals einzugreifen, wird wohl kaum mehr festzustellen sein – die Tatsache allein ist allerdings verblüffend, wenn man einmal angefangen hat darüber nachzudenken, denn Eigruber ist ansonsten nicht eben zimperlich bei der Beachtung von Rechten und Kompetenzen.

Aber auch am dritten Schauplatz des Geschehens tut sich etwas. Die Bergung „Schloß" ist ja noch immer unbesetzt, die Russen stehen nach wie vor an der Pielach. So kommt um 14.00 Uhr dorthin ein Lastwagen mit einem Leutnant und dem Auftrag der Heeresgruppe Süd, Bilder des Kunsthistorischen Museums zum Transport nach Ischl herauszugeben. Nie vorher hat sich jemand von irgendeiner Wehrmachtsstelle in die Kunstgüterbergung eingeschaltet, außer in den „besetzten Gebieten", aber Bergungsleiter Dr. Pollhammer stellt einen Passierschein aus, und 17 Bilder, darunter ein Rubens, treten die gefährlich Reise nach Ischl an, denn niemand ist erreichbar, den er fragen könnte, ob die Order auch stimmt. „14.55 Uhr Anruf nach Ischl – Leitung gestört. 15.00 Uhr Anruf nach Linz, Transportabteilung 979 nicht zu erreichen," meldet das Tagesprotokoll resigniert.

Dienstag, 24. April

In Aussee wird Eder ins Vertrauen gezogen und hilft, fast alle Tafeln des Genter Altars, die Tafeln aus Hohenfurth und andere Gemälde ebenfalls in das Mittiswerk zu verlagern. „Es war vorauszusehen", berichtet Karl Sieber später darüber, „daß wir mit unseren geringen Kräften auf diesem weiten und beschwerlichen Wege nicht allzu viele Bilder in Sicherheit bringen konnten, auch stießen wir, obwohl wir unsere Arbeit in die Zeiten der Freischicht verlegt hatten, des öfteren auf Wässerer und Gendarmen und mußten häufig mit unseren Paketen wieder umkehren, um uns nicht zu verraten". Die Leute von der Kunstgüterbergung wollen entgegen Eders „hartnäckig verfochtenen Gedanken" die Bergleute noch nicht von der Gefahr in Kenntnis setzen und ihre Hilfe beanspruchen. „Wir fürchteten, daß das Geheimnis, das viele Leute kennen, nicht lange ein Geheimnis bleiben würde und daß, sobald der Gauleiter von unseren Machenschaften Kenntnis erhielt, wir jede Hoffnung auf Erhaltung des Bergwerkes und der Kunstschätze begraben müßten." So erfährt außer Bergrat Högler zumindest offiziell noch niemand im Bergwerk von der drohenden Gefahr, die vier von der Kunstgüterbergung tragen allein die Last der Verantwortung – und die Bilder. (DÖW Nr. 34 75, Nr. 10 6 10 und Nr. 32 96 a, Sieber, Pöchmüller.)

In Ischl erfährt Pöchmüller an diesem Tag von Stuppäcks Aktionen. Luithlen informiert ihn davon, daß Schirach in Gmunden sitzt und sich „ausgerechnet um die Bilder kümmert". Er hätte nach Pöchmüllers Ansicht, von dem die Formulierung stammt, offenbar genug damit zu tun, seinen Kopf zu retten. Tatsächlich ist es verblüffend zu sehen, wie sehr sich Schirach bemüht, hier Schlimmstes zu verhindern in einer Zeit, da es bei ihm selbst längst um Sein oder Nichtsein geht. Ob eine bestimmte Absicht dahintersteckt, ob die Bilder ins Ausland gebracht werden sollten, wird sich kaum jemals mehr feststellen lassen. Am Abend trifft der Wagen mit den 18 Bildern ein, die am Vortag in Gaming abgeholt wurden.

In der Bergung „Schloß" erscheint als dritter Bote ein Meldefahrer des Gauleiters mit dem am 21. April ausgestellten Befehl, das gesamte Bergungsgut samt einer Begleitperson nach Ischl zu verbringen. Zu diesem Zweck treffen fünf Lastwagen ein – Transportmittel, die anderswo nicht einmal dafür zur Verfügung stehen, Schwerverletzte, Flüchtlinge und Kranke zu befördern. „Wetterlage trüb, zeitweise Regen mit Schneefall. Temperatur in Celsius + 5 am Morgen, + 8 zu Mittag", meldet das Tagesprotokoll.[90] Tausende Obdachlose sind bei diesen Temperaturen auf den Straßen unterwegs. Pollhammer nimmt sich nicht einmal die Mühe, dem Tagesprotokoll einen Passierschein für die ausgesuchten Bilder beizufügen.

Mittwoch, 25. April

Knapp vor 7.00 Uhr früh verlassen die fünf Laster mit den Kunstschätzen Gaming. Nun sind die wesentlichsten Werte aus dieser Bergung entfernt, insgesamt noch 928 Bilder. Daß sie überhaupt nicht verpackt sind und die schwerbewaffneten Soldaten beim Verladen auf den Gemälden herumstiegen, spielt den Verantwortlichen fast keine Rolle. Nur den Russen sollen sie nicht in die Hände fallen. Erst die Musealbeamten in Ischl werden über die „barbarische Verladung" die Hände ringen.

In Ischl selbst setzt am Mittag des gleichen Tages Schirach zu einem neuen Vorstoß an. Stuppäck erscheint mit dem Auftrag, sämtliche Bilder von Rembrandt nach Gmunden in die

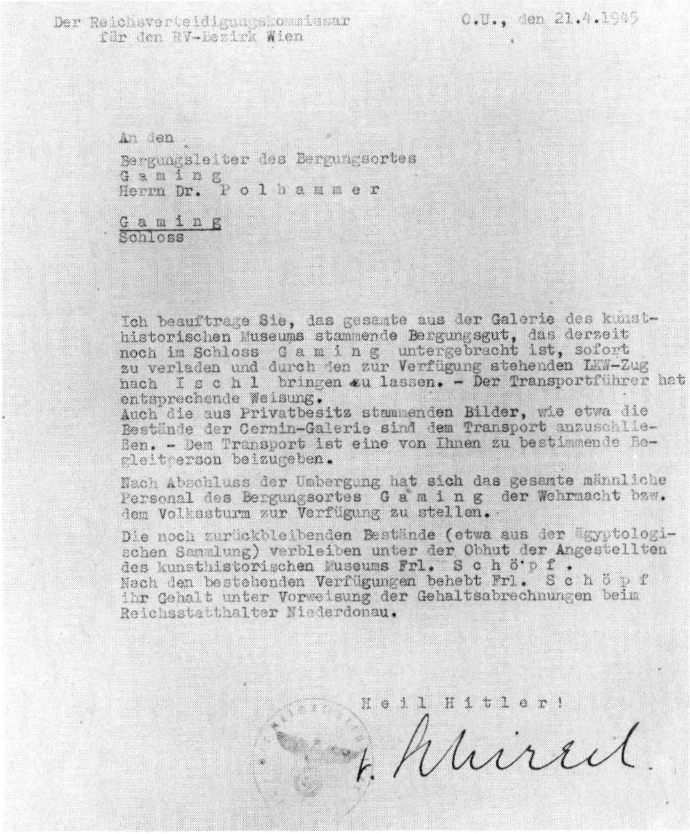

Der Reichsverteidigungskommissar für den RV-Bezirk Wien

O.U., den 21.4.1945

An den
Bergungsleiter des Bergungsortes
G a m i n g
Herrn Dr. P o l h a m m e r

G a m i n g
Schloss

Ich beauftrage Sie, das gesamte aus der Galerie des kunsthistorischen Museums stammende Bergungsgut, das derzeit noch im Schloss G a m i n g untergebracht ist, sofort zu verladen und durch den zur Verfügung stehenden LKW-Zug nach I s c h l bringen zu lassen. - Der Transportführer hat entsprechende Weisung.
Auch die aus Privatbesitz stammenden Bilder, wie etwa die Bestände der Cernin-Galerie sind dem Transport anzuschließen. - Dem Transport ist eine von Ihnen zu bestimmende Begleitperson beizugeben.

Nach Abschluss der Umbergung hat sich das gesamte männliche Personal des Bergungsortes G a m i n g der Wehrmacht bzw. dem Volkssturm zur Verfügung zu stellen.

Die noch zurückbleibenden Bestände (etwa aus der ägyptologischen Sammlung) verbleiben unter der Obhut der Angestellten des kunsthistorischen Museums Frl. S c h ö p f .
Nach den bestehenden Verfügungen behebt Frl. S c h ö p f ihr Gehalt unter Vorweisung der Gehaltsabrechnungen beim Reichsstatthalter Niederdonau.

H e i l H i t l e r !

v. Schirach

Befehl des Reichsleiters Schirach vom 21. April 1945

Obhut der SS-Kampfgruppe Fabian zu bringen. Die Leute von der Bergung, von Stuppäcks Schwägerin unterstützt, müssen wieder einmal alle Beredsamkeit aufwenden, um den Abgesandten von seinem Vorhaben abzubringen. Tatsächlich gelingt es ihnen ein weiteres Mal, einen Kompromiß herbeizuführen: Stuppäck wird nur das berühmte kleine Selbstporträt Rembrandts, Brueghels „Kleines Blumenstück“ und zwei weitere Gemälde nach Gmunden mitnehmen – das aber sofort. Vergeblich sucht man ihm klarzumachen, wie schwierig es sei, unter der Fülle von Bergungsgut das Gewünschte herauszusuchen. Schließlich besteht er darauf, selbst in die Bergung ge-

Rembrandt, Kleines Selbstbildnis; KHM, Wien

bracht zu werden, um beim Suchen dabei zu sein. Schweren Herzens beugen sich Luithlen und seine Leute, fahren mit Stuppäck in den Berg, versäumen dabei aber nicht, ihm an den verschiedensten Beispielen zu demonstrieren, wie kompliziert es ist, hier etwas Bestimmtes zu finden, noch komplizierter aber, eine größere Menge von Gütern rasch auszulagern, wie der Befehl lautet. Schließlich fährt Stuppäck mit seiner „Beute" nach Gmunden. (DÖW Nr. 32 96 a, Michel, Sochor, Luithlen.)

Am Abend und in der Nacht dieses 25. April treffen zu dem schon vorhandenen Laster noch die fünf weiteren mit den restlichen Beständen aus Gaming ein. Sie sind tatsächlich unbeschädigt durch das vom Krieg verwüstete Land, durch die auf der Flucht befindlichen Menschenmassen gelangt. Luithlen zieht Bilanz über das insgesamt Vorhandene: 730 Kisten, 1.617 Gemälde, 171 Gobelins, 278 Mappenkisten und 8 Figuren. – Es soll nicht lange so bleiben.

Donnerstag, 26. April

Stuppäck ruft an und teilt der Bergungsmannschaft mit, die in Lauffen stehenden Laster seien sofort zu entladen und mit den wertvollsten Schätzen aus dem Berg transportfertig zu machen. Die Bergungsmannschaft rührt allerdings keinen Finger.

Direktor Pöchmüller stellt in Aussee bei einer Kontrolle fest, daß die Bohrarbeiten zur Lähmung der Stolleneingänge viel zu langsam vor sich gehen. Er veranlaßt deshalb, daß in Doppelschichten gearbeitet wird; ein Teil der Häuer ist übrigens zum Schanzen auf den Pötschenpaß abgezogen worden.

Die Bohrarbeiten im Berg haben die Bergleute beunruhigt, Gerüchte verbreiten sich. Dazu kommt, daß Seiberl damit beginnt, Kunstschätze aus dem Berg auszufahren. Sie werden teils im Ankleideraum des Steinberghauses, teils durch Eder in der Pfarrkirche von Aussee untergebracht, vor allem Werke aus der ursprünglichen Bergung des Instituts für Denkmalpflege und die Gemälde der Schackgalerie, München. Die restlichen drei Tafeln des Genter Altars werden in einem Schurf nahe dem Mundloch des Berges gelagert, andere Gemälde unter der eingebrochenen Decke eines nahen Werkes versteckt. (Pöchmüller, DÖW Nr. 10 6 10 und Nr. 32 96 a, Sieber.)

Spätestens zu diesem Zeitpunkt müssen die Bergleute angefangen haben, sich Gedanken darüber zu machen, was hier vorging, wenn sie es nicht schon längst wußten (Michel). Darüber, wann sie „offiziell" von den Vorgängen Kenntnis erhielten, gehen die Berichte auseinander. Pöchmüller spricht davon, daß er am 30. April Auftrag zur Information der Belegschaft erteilt habe, Sieber nennt gar erst den 3. Mai, beides aber scheint zu spät angesetzt. Die Grubenbahn, mit der die Bilder ausgefahren werden, kann nur im Beisein der Bergleute und mit ihrer Hilfe betrieben werden, und die Leute sind genaue Beobachter. Trotz aller Vorsicht und aller Bemühungen um Geheimhaltung ziehen sie meist die richtigen Schlüsse aus dem, was sie sehen und hören, nur folgen vorderhand noch keine praktischen Konsequenzen daraus.

Freitag, 27. April

Pöchmüller fährt – wieder einmal mit Benzin aus der Bergungsaktion – nach Hallein, um dort die Unterbringungsmöglichkeiten für Bilder zu prüfen. Das Ergebnis ist günstig. Wenn schon vorhandenes Bergungsgut platzsparend gelagert wird, können ein paar Wagenladungen aus Ischl immer noch untergebracht werden. Die Rückfahrt aber wird fast zur Geländefahrt, so sehr ist die Straße schon von Bombentrichtern zerwühlt.

Ischl selbst gleicht einem Wespennest. Befehle und Gegenbefehle überschlagen sich, erste Spuren der Auflösung werden sichtbar. Trotzdem wird alles, was noch halbwegs laufen kann, zum Volkssturm eingezogen und komplett ausgerüstet – komplett bis auf das Wichtigste, nämlich Waffen. Die sind nicht mehr vorhanden.

Aus Aussee langt bei Pöchmüller die Nachricht ein, Dr. Ruprecht sei vom Obersalzberg eingetroffen. Er bittet für den nächsten Tag, 10.00 Uhr zu einer wichtigen Besprechung. (DÖW Nr. 32 96 a, Pöchmüller.)

Was noch aus Aussee kommt, das sind zwei Lastwagen, voll beladen mit ausgelagertem Kunstgut. Seiberl hat es auf den Weg geschickt, ohne den Transport in Ischl auch nur anzukündigen. Da ist das Bild des Schottenmeisters, „Die Flucht nach Ägypten“ mit der Stadtansicht von Wien als Hintergrund, da sind Kisten mit Handschriften und Bildern aus berühmten Klöstern, Kisten mit wertvollen gotischen Fenstern aus Wels, fünf Apostelfiguren Lorenz Luchspergers aus dem Wiener Neustädter Dom – die Fracht kann zunächst nicht einmal gesichtet werden, so umfangreich ist sie. Eigentlich sollten die Wagen sofort zum Ischler Salzberg fahren, also hinter Lauffen die Hauptstraße verlassen, aber aus irgendeinem Grund fährt der erste Wagen, den eine Sekretärin begleitet, in Lauffen durch. So muß auch der zweite Wagen mit einem Beamten namens Hückel, der später auch die Aufzeichnungen über diesen Transport führt[91], folgen, damit der Konvoi nicht abreißt. Schließlich trifft die Sendung im Gasthof Engljähringer in der Grazer Straße in Ischl ein zu einem Zeitpunkt, in dem die Ischler Mannschaft

Schottenmeister, Flucht nach Ägypten; Schottenkloster, Wien

vollauf damit zu tun hat, Schirach und seine Untergebenen von der Räumung des Berges abzuhalten. Es wäre also unmöglich und hätte auch keinen Sinn, in dieser Situation wertvolle Bestände dorthin zu liefern. So muß alles in den Abstellräumen des Gasthofes verstaut werden – völlig unzureichend und provisorisch, bis Ruhe für eine bessere Lösung eintritt – glaubt man.

Samstag, 28. April

Pöchmüller kommt zu der Besprechung mit Ruprecht nach Aussee und erfährt dort, daß seit dem 22. April am Obersalzberg ein Funkbefehl Hitlers auf Übermittlung wartet, demzufolge eine Vernichtung der Kunstschätze verboten wird – ein wahrhaft erstaunlicher Befehl, einer der letzten Führerbefehle, die überhaupt in der Ostmark eintreffen – wenn der Funkspruch nicht fingiert war. (DÖW Nr. 32 96 a, Pöchmüller, Sieber.)

Nun ist die Situation eindeutig, glaubt Ruprecht, die Gefahr für Aussee gebannt, Pöchmüller erhält die Generalvollmacht, „geeignete Maßnahmen" zur Rettung der Kunstwerke zu treffen. Sofort gibt er – auch schriftlich – den Befehl an Bergrat Högler, die Marmorkisten auslagern zu lassen. (Pöchmüller, DÖW Nr. 32 96 a, laut Dokumentation Brückler bestätigt von Högler, Oberbergmeister Jud, techn. Inspektor Kain.)

Sonntag, 29. April, bis Dienstag, 1. Mai

Die Arbeit in den Bergwerken ruht, immer noch bringen Feiertage willkommenen Zeitgewinn. Denn die US-Truppen marschieren weiter, sonntags und auch am Feiertag.

In Aussee spitzt sich allerdings die Lage trotz der Arbeitspause nun dramatisch zu. Am Montag, 30. April, (laut DÖW Nr. 10 6 10 Sonntag, 29. April), erscheint ein Beauftragter Eigrubers, Gauinspektor Glinz. Er betritt Bergrat Höglers Büro genau in dem Augenblick, in dem Högler mit Ischl wegen der Auslagerung der Bomben telefoniert. Glinz erfaßt sofort, um welche „Kisten" es sich hier handelt, greift ein, verlangt zuerst von Högler und dann telefonisch von Pöchmüller, die Kisten müßten unbedingt im Berg bleiben, droht Högler mit dem „Umlegen". Als sich Pöchmüller auf den Funkspruch des Führers beruft, nach Aussee fährt, um Glinz zu überzeugen, ist der schon wieder abgereist, nachdem er noch Anordnung getroffen hat, vier der Bombenkisten in ein Werk zu schaffen, in dem sie trotz der Lähmung der Stollenzugänge noch wirkungsvoll gesprengt werden können. (Etwas divergierende Angaben DÖW Nr. 10 6 10, Nr. 34 75 und Nr. 32 96 a, Sieber mit Richtigstellung eines Details durch Seiberl.) Pöchmüller und Glinz treffen schließlich in Ischl aufeinander. Pöchmüller sieht Glinz zum ersten Mal: er ist „mittelgroß, Ledermantel, zerstrubeltes Blondhaar, verkniffene Augen". In seiner Begleitung befindet sich ein Sprengsachverständiger. Pöchmüller versucht, wie zuerst die Männer in Aussee einschließlich Ruprecht und Seiberl,

Glinz darauf aufmerksam zu machen, daß ein Führerbefehl die Sprengung verbiete. „Der Führer ist in Berlin eingeschlossen, wird mir geantwortet, er kann heute oder morgen fallen, und dann gilt nur mehr der Machtspruch des Gauleiters. Die beiden verabschieden sich mit ‚Heil Hitler!'" berichtet Pöchmüller. Von Glinz selbst ist von diesem Zeitpunkt an nicht mehr die Rede, aber in seinem Auftrag zieht auf dem Ausseer Salzberg eine Militärwache zusätzlich zur Gendarmerie auf. Sie besteht aus sechs Panzersoldaten und soll darauf achten, daß niemand die Befehle des Gauleiters vereitelt. Auch die Sprengköpfe für die Bomben können jeden Tag eintreffen. Die Lage scheint wieder aussichtslos.

„Es wurde von uns oft erwogen, die Bomben kurzerhand aus den Kisten zu entfernen", berichtet Sieber, „wir nahmen aber immer wieder davon Abstand, weil wir täglich eine Kontrolle der Kisten zu gewärtigen hatten und das Fehlen der Bomben die Katastrophe wahrscheinlich unaufhaltsam gemacht hätte". Auch der Plan, das Sprengkommando abzufangen, scheint zu gefährlich.

Ähnlich deprimierend ist die Lage in Ischl, am Abend des 1. Mai hat sie sich noch verschärft. Aus Gmunden erscheinen Männer der Kampfgruppe Fabian unter einem Hauptmann Reinhardt und Leutnant Kahles, der sich besonders energisch gibt, und verlangen unter Gewaltandrohung den sofortigen Beginn der Verladearbeiten. Die Männer von der Bergung können sie so weit beruhigen, daß sie zunächst für die Nacht Quartier beziehen.

Mittwoch, 2. Mai

Am Morgen des 2. Mai gibt es in Ischl kein Aufschieben mehr. (DÖW Nr. 32 96 a, Pöchmüller, Sochor, Luithlen.) Man kann nun endgültig nicht mehr verhindern, daß ausgelagert wird, man kann den Vorgang höchstens verzögern. Die Grubenbahn fährt im Schneckentempo, die Bergleute und vor allem Oberbergrat Lepez sind längst eingeweiht und tun ihr Möglichstes, damit die Dinge nicht funktionieren. Aber die Offiziere sind unerbittlich geworden. Als der Aufzug „wegen Stromausfalls" stillsteht, treiben sie die Musealbeamten mit vorgehaltener Pistole die Fahrten hinauf und reden davon, alle „an die Wand zu stellen", wenn nicht zügig gearbeitet werde. Für kurze Zeit bricht im Berg Unruhe aus, die Lage wird unübersichtlich. Alle möglichen Leute gehen in der Bergung aus und ein auf der Suche nach den wertvollsten Bildern, die Musealbeamten sind dem Verzweifeln nahe. Da kommt aus Gmunden ein nicht überprüfbarer Anruf von einer angeblichen Mitarbeiterin Stuppäcks: Die Auslagerung sei einzustellen, es sei „für alles zu spät". Daraufhin weigern sich die Bergleute wie die Bergungsmannschaft, die Arbeit fortzusetzen. Oberbergrat Lepez ist nicht bereit, die Förderschale und die Grubenlok ohne schriftlichen Befehl weiterhin zur Verfügung zu stellen.[92] Also fährt Leutnant Kahles wütend nach Gmunden um den schriftlichen Befehl. So vergeht der Rest dieses 2. Mai, ohne daß weiteres Kunstgut ausgeladen wird. Pöchmüller ist an diesem Tag in Aussee.

Donnerstag, 3. Mai

Dieser Tag und die darauffolgende Nacht bringen schließlich die Entscheidung für Altaussee ebenso wie für Ischl – Lauffen.

In Aussee gibt Högler bei Schichtbeginn der Mannschaft offiziell die Einlagerung der Bomben und das bevorstehende Eintreffen des Sprengkommandos bekannt, wobei in diesem letzten Punkt die Berichte wieder etwas voneinander abweichen. Er weist auf die drohende Vernichtung nicht nur der Kunstwerke sondern auch der Existenzgrundlage für die Arbeiter hin und ruft zum Widerstand auf. Auf die Frage, wer sich freiwillig zur Bewachung der Bomben und zu ihrer eventuellen Beseitigung bereit erkläre, meldet sich „die ganze Belegschaft". (DÖW Nr. 32 96 a, Pöchmüller, Sieber.) Oberbergmeister Jud teilt die Leute – ihre Namen sind überliefert – für die 20-Uhr-Schicht ein, dann soll gehandelt werden. Auch Kontakte zu Widerstandsgruppen scheinen zu bestehen. (Sieber, DÖW Nr. 10 6 10, Nr. 32 96 a und Nr. 34 75, Dokumentationsschau Dr. Brückler.) Nachrichten werden übermittelt, Verbindungen geknüpft, Mitglieder der Wachmannschaft, die Eigruber hergeschickt hat, überzeugt Sieber von der Sinnlosigkeit ihres Tuns. Immer dünner wird die Linie derer, die unbeirrt auf ihrem Posten stehen.

Trotzdem will man es noch einmal mit dem Reden versuchen. Einer der Bergleute, Raudaschl, kennt den Adjudanten Kaltenbrunners, in besseren Zeiten Himmlers Stellvertreter, jetzt in Aussee, wo er sich über das Kriegsende hinwegzuretten hofft. Raudaschl wendet sich an ihn, informiert ihn über Eigrubers Pläne. Wieder gibt es in den Berichten darüber Abweichungen in Details, aber alle mit Aussee befaßten Darstellungen erwähnen und schildern das Faktum selbst. Tatsächlich gelingt es, von Kaltenbrunner den Befehl zur Entfernung der Bomben zu erhalten. Die Auslagerung beginnt um 20.00 Uhr und dauert bis nach Mitternacht. Aber inzwischen hat Eigruber von der Aktion erfahren, befiehlt die Rückführung der Bomben auf ihren Platz. Wieder, mitten in der Nacht, wenden sich die Bergleute an Kaltenbrunner. Der greift zum Telefon, versucht, Eigruber zur Aufgabe seines Planes zu bewegen – umsonst. Die beiden geraten hart aneinander, brüllen sich gegenseitig am Telefon an, drohen einander mit Verhaftung. Schließlich gibt Eigruber nach, aber die Bomben sollen nicht, wie geplant, in den See versenkt sondern neben der Straße zum Salzberg im Wald gelagert werden, und das tun die Bergleute in der Frühschicht des 4. Mai auch, bevor noch die Zünder eingetroffen sind (wieder mehrere Divergenzen in den Berichten bei gleichem Resultat). Damit ist hier ein Alptraum zu Ende, die Kunstschätze sind gerettet. Am 5. Mai werden über Weisung Pöchmüllers die vorbereiteten Sprengungen durchgeführt, die Lähmung der Stollen entzieht die Bergung jedem weiteren Zugriff.

Anders, ganz anders laufen die Dinge in Ischl. Dort kommt am 3. Mai morgens Stuppäck und legt eine Liste von Werken vor, die laut Schirach unbedingt bei jenen sein müßten, die auf die Lastwagen verladen werden. Diese „Wunschliste" umfaßt so ziemlich alles, was im Kunsthistorischen Museum, in der Österreichischen Galerie und in der Akademischen Gemäldegalerie Wien Wert und Popularität besitzt: Brueghels „Bauernhochzeit" (siehe Seite 156) und „Bauerntanz", Rembrandts Selbstbildnisse, Raffaels „Madonna im Grünen", Dürers „Allerheiligenbild" und sein „Porträt Kaiser Maximilians I.", Altdorfers „Heilige Nacht", Tizians „Kirschenmadonna" und seine „Zigeunermadonna", dazu Werke von Velázquez und Correggio, Kisten aus der Plastiksammlung des Kunsthistorischen Museums und Gobelins. Schirach zeigt sich ein letztes Mal als Kenner nicht nur der Kunst im allgemeinen sondern auch genau bewandert darin, was aus dem Ischler Berg holens-

Pieter Brueghel der Ältere, Bauernhochzeit; KHM, Wien

wert ist. Die beiden Plastik-Kisten, die schließlich verladen werden, gehören übrigens nicht zu jenen, die Ende Dezember aus Klosterneuburg nach Ischl kamen und von denen einige Werke der Schatzkammer enthielten, sondern sie stammen von einem Transport, der aus den Kellern der Neuen Burg in Wien nach Ischl kam, aber sie haben immer noch unschätzbaren Wert.

„Leichenblaß“, wie Pöchmüller schreibt, verrichten die Männer von der Kunstgüterbergung ihr trauriges Werk. Bis zum Abend sind – trotz aller Zurückhaltung – 184 Gemälde, 49 Säcke Gobelins und die 2 Kisten mit Gegenständen aus der Plastiksammlung auf zwei der bereitstehenden sechs Laster verladen. Laut Befehl Schirachs sind die Restauratoren Sochor und Hajsinek dazu ausersehen, den Transport zu begleiten. Es ist eine Fahrt ins vollkommen Ungewisse, und der Abschied von dem allein als Sachverständiger zurückbleibenden Luithlen ist entsprechend bitter. Die Männer versprechen einander, so bald wie möglich den Kontakt mit den vorrückenden Amerikanern zu suchen, um Schlimmstes zu verhindern.

Freitag, 4. Mai

Um 4.30 Uhr früh fährt der Konvoi mit seiner unschätzbaren Fracht von Lauffen ab.

Damit hat das Schicksal dieser Bergung eine tragische Wende erfahren, denn um einen wesentlichen Teil des Bestandes muß man jetzt ernstlich bangen. Hier, wo nach dem Willen aller die Schätze bewahrt werden sollten, befinden sich die kostbarsten Stücke in dieser gefahrvollen Zeit auf der Fahrt, einem unbekannten Ziel im Westen zu. Der „Zug in Richtung Tirol", der bei Schirachs Überlegungen von Anfang an eine Rolle spielte, feiert nun einen traurigen Triumph. Damit sind aber auch hier die Tage der Spannung vorüber, die Entscheidung ist gefallen, das „dramatische Tagebuch" kann geschlossen werden.

3. Zusammenbruch

Diese letzten Tage des Dritten Reiches, dort, wo es noch besteht, sind gekennzeichnet von einem Warten mit angespannten Nerven, einem gebannten Hinschauen auf etwas, das unausweichlich näher kommt, wenn es auch noch nicht endgültig Gestalt annimmt, nicht präzise faßbar ist. Daß das Ende unmittelbar bevorsteht, bezweifelt niemand mehr, die Frage ist nur, wie es aussehen wird. Wie ist das, wenn „der Feind" kommt, wenn man „befreit" wird, wenn jede staatliche Ordnung aufhört? Eines ist sicher: Jeder wird auf sich selbst und auf seine nächste Umgebung angewiesen sein, jeder wird „sein" ganz persönliches Kriegsende erleben. Der Gesichtskreis wird enger und enger, alles Denken und Tun der Menschen ist darauf ausgerichtet, sich selbst und alles, was ihnen lieb und wert ist, über diesen Zusammenbruch hinwegzuretten, zu überleben. Später einmal wird man in den Geschichtsbüchern lesen, wann und wo die großen Entscheidungen gefallen sind – und man hat nichts davon gewußt, erst viel später davon erfahren, und man wird manches nicht als „erlebt" empfinden, weil zu diesem Zeitpunkt gerade etwas anderes geschehen ist, was für das eigene Dasein viel wichtiger war.

So oder ähnlich ging es auch all jenen, die mit der Kunstgüterbergung befaßt waren. Auch ihr Horizont wurde immer enger, ihre Verbindungen spärlicher, ihre Möglichkeiten geringer. Es galt zu warten und bereit zu sein für den entscheidenden Moment des Herrschaftswechsels, der „Machtübernahme" durch neue Kräfte. Dann erst würde es nötig sein, Entscheidungen zu treffen, zu handeln, zu ver-handeln. Jede der beiden Bergungen, Ischl und Aussee, arbeitete unabhängig von der anderen an ihren besonderen Problemen und augenblicklichen Aufgaben, zwei kleine Grüppchen von Menschen ohne Rückhalt von irgendeiner Seite – und beladen mit einer riesigen Ver-

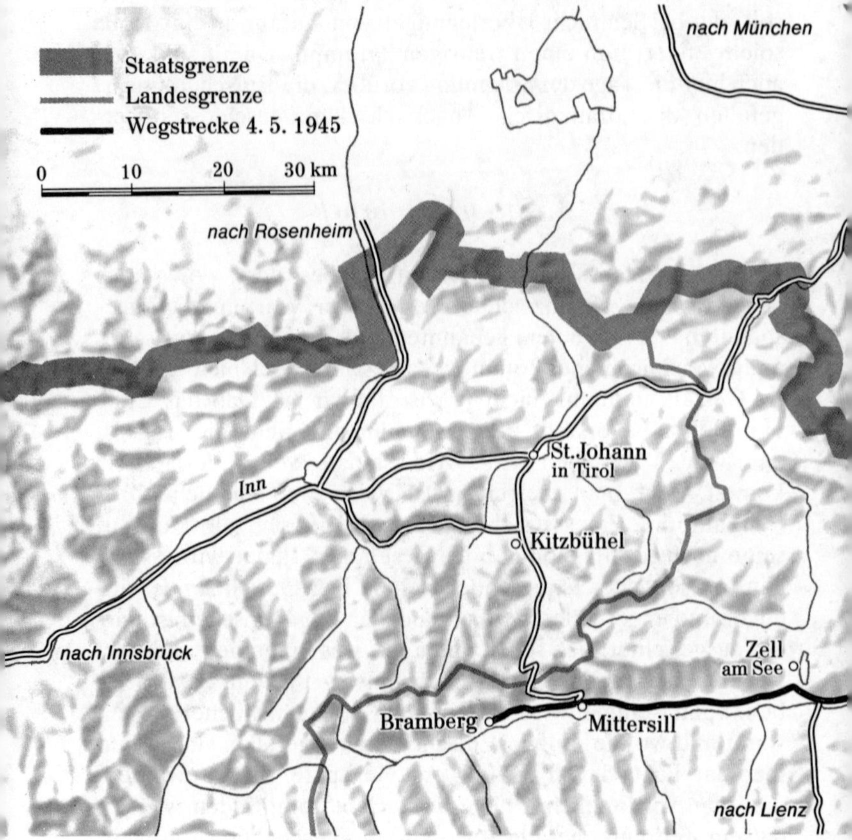

Stationen der

antwortung. Nachher würde es leicht sein zu urteilen, auf Fehler hinzuweisen, die begangen wurden – in der Wirklichkeit hing alles von ein wenig Wendigkeit und Geschick im rechten Augenblick und vor allem vom Glück ab.

Noch schlimmer als die Betreuer der Bergungen von Ischl und Aussee waren die beiden Restauratoren daran, die die Bilder in Schirachs Auftrag ins Ungewisse begleiten mußten. Sie waren bis zuletzt in hektische Betriebsamkeit einbezogen, auf die sie keinerlei Einfluß nehmen konnten. Sehr bald nach dem Ende der Aktion verfaßten Sochor und Hajsinek ein Gedächtnisprotokoll und unterzeichneten es auch gemeinsam. Es ist das

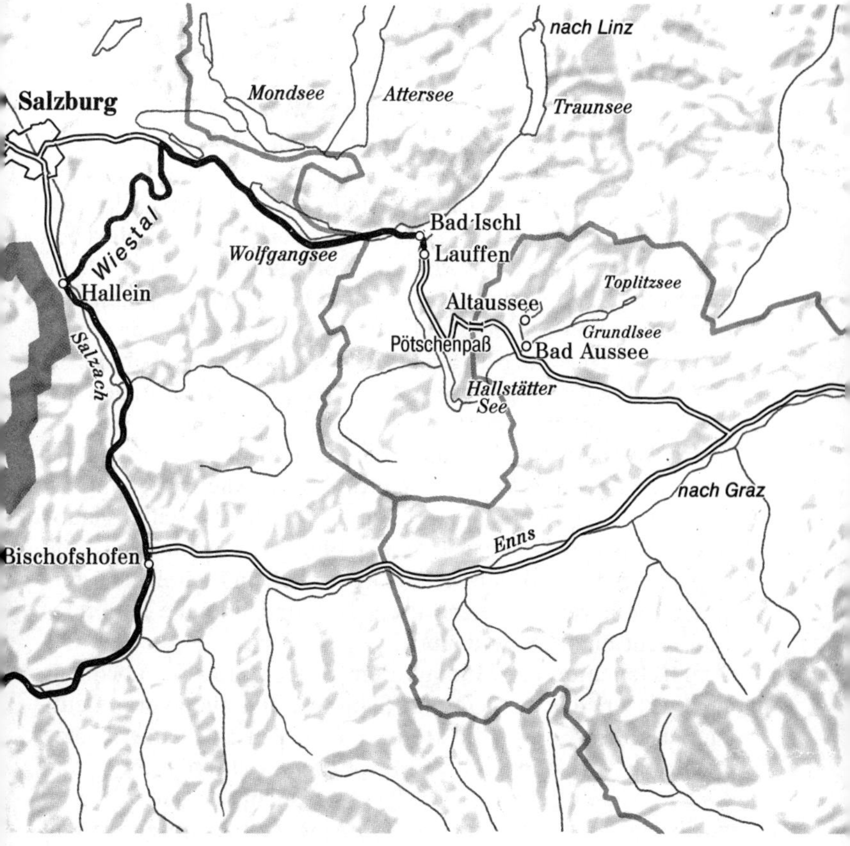

verschleppten Bilder

einzige erhaltene Dokument darüber.[93] Der Weg des Konvois nach seiner Abfahrt aus Lauffen ging über das Wiestal und Hallein, das noch am selben Tag von den US-Truppen besetzt wurde, über Bischofshofen und Zell am See bis Bramberg im Pinzgau, wo die beiden Laster nach fünfzehnstündiger Fahrt eintrafen. Sie waren vorübergehend so nahe an die Front herangekommen, daß sie unter Beschuß gerieten. In Bramberg erwartete Generalkulturreferent Stuppäck die übermüdete Mannschaft. Er verleibte dem Transport jene vier Bilder ein, die er in Lauffen für Schirach übernommen hatte und beauftragte die Kunstexperten, einen geeigneten Aufbewahrungsort für alle Gemälde ausfindig zu machen. Dafür war es aber an diesem ereignisreichen 4. Mai schon zu spät, die ganze Fracht wurde über Nacht in den beiden Wagen belassen.

Am nächsten Tag dann machten sich Sochor und Hajsinek auf die Suche um Quartier. Ihr erster Weg führt sie zum Ortspfarrer, der wohl seine „Schäfchen" bezüglich Einstellung und Verläßlichkeit am besten kennen würde. Er empfahl einen Gutshof in Weyer, gleich außerhalb von Bramberg, der der Familie Meilinger gehörte. Der Besitzer erklärte sich sofort bereit, einen geeigneten Raum zur Verfügung zu stellen, als er den Sachverhalt erfuhr. Auch punkto Gesinnung konnten sich die Herren von der Kunstgüterbergung auf ihren neuen Quartiergeber verlassen, sein Schwager war in der Zwischenkriegszeit Staatssekretär gewesen. Aber bis alle Vorkehrungen getroffen waren, verging wieder ein Tag und eine Nacht, und die ganze kostbare Fracht stand immer noch in den Lastern im Freien. Erst am 6. Mai in der Früh begann die Entladung, zu Mittag war alles verstaut – endgültig, wie die Begleiter glaubten. Denn inzwischen war die siebente US-Armee auf dem Vormarsch von Norden her und hatte auch hier schon die österreichische Grenze überschritten. Bis zur Übergabe konnte es nun nicht mehr lange dauern.

Da tauchten am Montag, dem 7. Mai, plötzlich nochmals die Offiziere aus dem Gefolge Schirachs auf, allen voran Leutnant Kahles. Es war die Rede davon, daß alle Kunstschätze neuerlich verladen und abtransportiert werden sollten, und zwar „an einen geheimen Ort", um sie „nicht den Amerikanern zu überlassen". Vergeblich wandten die Restauratoren ein, daß es unmöglich sei, weltbekanntes Kunstgut für längere Zeit geheim zu halten, es wurde ihnen vielmehr bedeutet, daß auch sie den Transport nicht weiter begleiten dürften, jede Mitwisserschaft könne für sie lebensgefährlich sein. Kahles und ein zweiter Offizier ließen schließlich das gesamte Kunstgut von Soldaten neuerlich verladen, „mit größter Hast und Eile und bei offen liegender Pistole", wie das Gedächtnisprotokoll berichtet. Dann wurden die Wagen als Lebensmitteltransport getarnt und fahrbereit gemacht. Noch einmal versuchten die beiden Restauratoren, die Ereignisse in den Griff zu bekommen. Sie schickten einen Mann nach Mittersill, der schauen sollte, ob der Transport dort die Straße nach Norden, nach Kitzbühel oder nach Osten in Richtung Zell am See wählte. Aber in der einbrechenden Dunkelheit verlor sich die Spur. Dafür tauchte Stuppäck nochmals auf, zeigte sich bestürzt und empört über den Abtransport der Bilder, von dem er gar nichts gewußt hatte und der angeblich im alleinigen Auftrag der SS-Truppe Fabian erfolgt war, aber auch er konnte auf die Ereignisse keinen Einfluß mehr nehmen, die Laster blieben verschwunden und mit ihnen beste Stücke aus dem Kunsthistorischen Museum: Brueghels „Heimkehr der Herde", „Der Turmbau zu Babel", die „Bauernhochzeit", der „Bauerntanz", von Velázquez die Bilder der Infantin Margarita Teresa, des Balthasar Carlos und des Infanten Philip Prosper, von Rembrandt der „Lesende Jüngling", das „Selbstporträt mit Goldkette", das „Kleine Selbstporträt", etliche Bilder von Tizian – fast die gleiche Kollektion von Kostbarkeiten, die seinerzeit, im Feber, das Abenteuer als im Eisenbahnwaggon vergessene Sendung mitgemacht hatte.

Immer wieder bemühten sich nun Sochor und Hajsinek, zu einem amerikanischen Kommando vorzudringen, aber auch nach der Besetzung, die übrigens vollkommen klaglos vor sich ging, blieben ihnen die Türen verschlossen. Die Bewachung ließ keine Zivilpersonen durch – und sie bestand seltsamerweise aus deutschen Offizieren, ein Umstand, den sich die Restauratoren nicht erklären konnten und der, als er viel später bekannt wurde, wirklich grotesk genug war:[94] In den USA hatte man damit gerechnet, daß die in Italien vorrückenden Truppen General Mark Clarks als erste Österreich erreichen würden. Hier setzte man deshalb Leute ein, die über das ganze Land Bescheid wußten. Hier warteten auch die Kunstexperten, um verschleppte Kunstgüter aufzuspüren, Hilfsmaßnahmen zu veranlassen und Schäden wieder gutzumachen. Hier gab es ein Handbuch für die Truppe, das vorschrieb, die Österreicher freundlich zu behandeln und sie in jeder Hinsicht bei ihren Unternehmungen zu unterstützen. Tatsächlich besetzt wurde Österreich aber nun nicht von der Armee General Clarks. Der stand zum Zeitpunkt des Einmarsches der Eisenhower-Truppen erst in Oberitalien und war auch in der Folgezeit noch mit den Ereignissen im Süden beschäftigt. Der Weg in Richtung Alpenfestung war für seine Truppen noch lange nicht aktuell, als die siebente und die dritte Armee Eisenhowers schon in Innsbruck, vor Salzburg und im Mühlviertel standen.

Eisenhowers Truppen aber hatten den Auftrag gehabt, Süddeutschland zu erobern. Darauf waren sie geschult. Nun glaubten sie, statt in Innsbruck oder Salzburg in Stuttgart zu sein. Sie hatten ein Handbuch zur Verfügung, das ihnen vorschrieb, die Bevölkerung in den „besetzten" Gebieten streng zu behandeln. In der von Eisenhower selbst unterzeichneten ersten Proklamation in Innsbruck wurde ein rauher Ton angeschlagen. Man beschuldigte die Österreicher, „gegen die Vereinigten Nationen Krieg geführt zu haben", und es wurde betont, die US-Truppen „rückten in Österreich als Sieger ein". Man wisse zwar um die Moskauer Deklaration, nach der Österreich als selbständiger Staat wiederhergestellt werden solle, wie weit das geschehen werde, hänge aber davon ab, was Österreich selbst zu seiner Befreiung beitrage. Die Soldaten bekamen Filme zu sehen, in denen ihnen eingeprägt wurde: „Ihr werdet nicht freundlich sein. Ihr werdet Abstand halten." Und das befolgten die Amerikaner bei ihrem Einmarsch.

Dieses Vorgehen zeitigte Folgen auf allen Lebensgebieten in den ersten Besatzungstagen, und hier liegt auch der Grund dafür, daß die beiden Restauratoren in ihrer Angst um die Kunstschätze allein blieben. Bei all ihren Versuchen, sich Gehör zu verschaffen, stießen sie auf kühle Reserve. Ähnliches spielte sich damals an allen Abschnitten ab, die von den Amerikanern besetzt wurden, und daraus erwuchsen Mißtrauen und Ablehnung, die erst durch kluges Taktieren in späterer Zeit überwunden werden konnten. Für die Auffindung der Bilder geschah jedenfalls in den nächsten Tagen und Wochen nichts, den beiden Restauratoren blieb nur verzweifelte Resignation.

Die Streitkräfte Eisenhowers kamen jetzt mühelos voran. Tirol und Salzburg waren fast zur Gänze besetzt, aus dem Nordwesten rückten die Truppen der dritten Armee in Richtung Linz vor, die deutschen Soldaten vor sich her nach Süden drängend.

Die Besetzungen erfolgten damals schon so sehr ohne Störung der bestehenden Verhältnisse, daß manche abgelegene Ortschaften und Höfe überhaupt nichts vom Einmarsch der Truppen zu spüren bekamen und sogar die Telefonleitungen intakt blieben. Man konnte auf diese Weise aus schon besetzten Orten Anrufe in das noch unbesetzte Gebiet tätigen. In Ischl erfuhr die Salinendirektion zum Beispiel schon am 4. Mai, daß die in Hallein im Berg verwahrten Schätze den Einmarsch der Amerikaner unversehrt überstanden hatten.

Aber auch in Oberösterreich hörte nun die Kampftätigkeit auf. Am 4. Mai begannen in Linz die Übergabeverhandlungen. Und auch hier wollten die US-Offiziere nicht mit dem Bürgermeister und nicht mit dem Gauleiter sondern einzig und allein mit der militärischen Führung verhandeln. Eigruber setzte sich, wie wir wissen, damals aus Linz ab, und zwar wählte er den Weg durch das Kremstal in Richtung Pyhrnpaß. In Klaus ließ er noch einen jungen Offizier erschießen, weil dieser, einem Befehl aus der ersten Aprilhälfte folgend, den Wagen des Gauleiters darauf kontrolliert hatte, ob sich nicht „Drückeberger“ oder „Deserteure“ darin befänden. Nun hätte er aber, Eigrubers Ansicht und einem anderen seiner Befehle folgend, „für flüssigen Verkehr“ sorgen sollen.

Das aber war in jenen Tagen wahrlich schwer. Es schien, als ginge „der Zweite Weltkrieg in Oberösterreich zu Ende“.[95] Es war Etappe für die Ostfront, gleichzeitig Westfront und Durchgangsland für versprengte Truppenteile und ganze Stäbe.

Gegen Ende der ersten Maiwoche wurde es jedoch auf den Straßen allmählich stiller, das Gedränge weniger dicht, der Strom von Truppen setzte allmählich aus. Wer sein Ziel noch nicht erreicht hatte, gab die Hoffnung auf, es noch vor Kriegsende zu erreichen (siehe Abbildung Seite 165).

Viele Männer trugen schon Zivilkleidung und hatten so für sich persönlich den Krieg beendet. Man wußte, es konnte nur mehr wenige Tage dauern, bis die Besetzung erfolgte. Sie wurde vor allem von der Zivilbevölkerung und auch von den

Bergungsmannschaften in Ischl und Aussee dringend erwartet.

In Aussee waren am Tag nach der Auslagerung der Bomben, also am 5. Mai, die Zugänge zu den Stollen gesprengt worden, mit jenen wohldosierten Mengen Munition und an den Stellen, die von der Salinenverwaltung vorbereitet worden waren, um Eigrubers Bomben „wirksamer" zu machen, wie es bei Pöchmüllers Vorsprache gelautet hatte. Sieber und Seiberl hatten gerade noch Zeit gehabt, Teile der zuletzt verlagerten Werke, wie z. B. Tafeln des Genter Altars, an ihre ursprünglichen Plätze zurückzuschaffen. Damit war Eigrubers Absicht endgültig vereitelt, ein Rücktransport der Bomben in den Berg unmöglich gemacht. Diese Sprengung war, neben dem Abtransport der Bomben durch die Freiwilligen, wohl der riskanteste Teil der Rettungsaktion gewesen, und hier scheint das große Verdienst der Männer von der Salinenverwaltung mit Pöchmüller an der Spitze zu liegen. Hätten sie nicht veranlaßt, daß in mühsamer Arbeit die Eingänge zur Sprengung vorbereitet, die Munition in richtiger Menge verteilt wurde, so hätten nun, im letzten Augenblick, diese Maßnahmen nicht so rasch und präzise durchgeführt werden können. Die Aktion der Bergleute, der nichts von ihrer Bedeutung genommen werden soll, wäre womöglich umsonst gewesen, rückgängig gemacht worden. So aber genügten ein paar Knopfdrücke, und die Ausseer Bergung war gesichert.[96]

In Ischl hatten die Zurückgebliebenen nach der Abfahrt des Schirach-Kommandos in den durchwühlten Bergungsräumen notdürftig Ordnung gemacht. Viel Zeit nahm man sich dazu nicht, denn jeder wußte, es wäre am besten, die ganze Bergung so rasch wie möglich für weitere Aktionen unzugänglich zu machen. Pläne, wie das zu bewerkstelligen sei, lagen ja schon seit Mitte April vor. Nun wurden sie binnen zwei Tagen verwirklicht. Der Platz vor dem sogenannten „Bahnhof" im II. Horizont wurde „verstürzt", also mit Geröll aus dem I. Horizont gefüllt. Nur die Lüftung, die mittels Rohren aus dem „Bahnhof" herausführte, wurde freigelassen. Anschließend an diesen Materialtransport wurde dann der Aufzug bis zu seiner oberen Drehstelle, also bis zur Decke des Leopold-Horizontes hinaufgezogen (vergleiche Abbildung Seite 79) und dort mit Bohlen so abgesichert, daß er nur nach längeren Vorarbeiten wieder betriebsfertig gemacht werden konnte. Schließlich wurden die Fahrten, also die neben dem Aufzug den Schacht hinauffüh-

renden Treppen, vom Niveau des Erbstollens aufwärts und vom II. Horizont auf- und abwärts, je ein Stück herausgerissen, sodaß nach der Befahrung nun auch die Begehung unmöglich gemacht wurde. An all diesen Arbeiten war die Bergungsmannschaft unbeteiligt, sie waren Sache der Saline und wurden über Auftrag von Oberbergrat Dipl.-Ing. Lepez in zwei Schichten, also bis zum Samstag, 5. Mai fertiggestellt.[97] Allerdings fehlte bei den Arbeiten jene Genugtuung, die die Sicherung des ganzen Bestandes gebracht hätte.

Was die am 27. April bei Engljähringer eingelagerten Bestände aus der Obhut des Instituts für Denkmalpflege anlangte, so ergab sich keine Möglichkeit mehr, sie in den Berg zu transportieren. Für diese Kunstwerke ebenso wie für die in der Kaiservilla gelagerten Bilder war eine weitere Sicherung unmöglich. Umso dringender wartete man bei der Bergungsmannschaft auf die Besetzung, da auch die mittlerweile neu gebildete Stadtverwaltung für Sicherheit nicht garantieren konnte.

Die US-Truppen der dritten Armee rückten nun sehr rasch von Westen her vor, über Vöcklabruck und Lambach bis zur Enns, gleichzeitig aber mit einem Keil auch nach Süden, nach Gmunden und Ischl vorstoßend. Am 6. Mai morgens fuhr ein einzelner Panzerspähwagen auf den leer gewordenen Straßen durch den Ort. Vom Gasthof Engljähringer wehte eine rotweiß-rote Fahne, denn man glaubte, nun sei alles überstanden. Da brauste auf einem Motorrad ein SS-Mann vorbei und feuerte eine Salve auf das „Hochverrat" bedeutende Tuch. Die „Besetzung" war also noch nicht vollzogen, das Ende noch nicht da. Zu Mittag traf noch ein stärkeres Kontingent amerikanischer Truppen in Bad Ischl ein, ohne daß es zu weiteren Zusammenstößen gekommen wäre. Vor dem Pötschenpaß machte der Stoßtrupp aber kehrt, Aussee blieb zunächst unbesetzt. Und in dieser Situation fielen die letzten Bomben: Am 7. Mai vormittags wurden sie von US-Kampfflugzeugen auf die verstopfte Straße zum Pötschen abgeworfen, mitten hinein in das Gewirr aus liegengebliebenen Fahrzeugen, Ausrüstungsgegenständen und in Auflösung begriffenen Mannschaften. Auch der Stadel, der zum „Agathawirt" am Beginn des Paßüberganges gehörte, wurde getroffen. Darin aber lagerten großformatige Bilder und Skulpturen, die noch nicht über die Höhe nach Aussee hinübergeführt worden waren. Sie fielen diesem Akt der Zerstörung zum Opfer.

Bis zum 8. Mai dauerte der Kriegszustand noch, aber es wurde kaum mehr irgendwo gekämpft. Manche Heerführer trafen noch letzte Entscheidungen, andere wurden von den Soldaten selbst getroffen. So gingen jene Truppen, die in dem schmalen, noch unbesetzten Streifen zwischen Enns und Pielach standen, in der Nacht zum 8. Mai, dem Tag der deutschen Kapitulation, in Richtung Westen zurück. 600.000 Mann gelangten so noch im letzten Moment in amerikanische Kriegsgefangenschaft. Dann schlugen am Waffenstillstandstag die Russen eine Brücke über die Pielach, rückten bis zur oberösterreichischen Enns, im Süden bis Liezen vor und trafen sich schließlich an dieser Linie mit den Amerikanern. Deutschland hatte auch hier zu bestehen aufgehört, der Krieg war aus.

V.

Von der Besetzung zur Besatzung

1. Major Pearson aus Ohio

Am Dienstag, dem 8. Mai 1945, um 10.00 Uhr erhielt Major Ralph E. Pearson vom 2. Bataillon des 318. Regiments der dritten Armee unter General Patton in Schwanenstadt den Befehl, mit seiner Einsatzgruppe nach Altaussee zu fahren, „die Stadt einzunehmen und die Kronjuwelen zu holen“.[98] Genauer Auftrag: Auffindung der ungarischen Kronjuwelen und von Gemälden Rembrandts. Major Pearson befragte seine Karte und fand Altaussee „ziemlich weit entfernt von allen Punkten, an denen irgendwelche von unseren Truppen standen. Sehr wenig war bekannt darüber, wie die Situation sein würde, . . . und man dachte zu jener Zeit, daß man bloß einen Offizier hinzuschicken brauchte, der die Beute holen und am selben Tag zurückbringen könnte. Aber es wurde beschlossen, doch Soldaten mitzuschicken.“ Die Kommandostelle wurde informiert, daß die Einsatzgruppe Pearson um 10.30 Uhr die Sammelstelle Schwanenstadt verlassen würde. Sie bestand aus: einem Maschinengewehr auf einem Jeep, einem Eineinhalb-Tonnen-Lastwagen mit Infanterie vom zweiten Bataillon, Major Pearson als Kommandanten und einem weiteren Offizier des zweiten Bataillons.

Auf dem Weg von Attnang über Gmunden, Ebensee, Bad Ischl („eine Stadt am Traunsee, Oberösterreich, mondäner Kurort mit Sole- und anderen Bädern, Zentrum des schönen See- und Berggebietes des Salzkammergutes, 51 Meilen südwestlich von Linz“), Goisern, „wo sich der Weg nach Osten wandte“, und über den Pötschenpaß nach Bad Aussee waren, wie Major Pearson sah, „viele deutsche Soldaten und Fahrzeuge“ unterwegs. Schließlich kam das Grüppchen in Altaussee an und wurde dort von Dr. Opalski, einem Direktor der Heller-Schokoladefabrik Wien, Prinz Chlodwig Hohenlohe-Schillingsfürst und einem Schauspieler, Hans Unterkircher, begrüßt. Das war eine Situation, wie sie sich in jenen ersten Tagen immer wieder ergab: Die Mitglieder der Besatzungsmacht mußten sich in Unkenntnis der lokalen Verhältnisse auf jene verlassen, die bereit waren, mit ihnen zusammenzuarbeiten und die vor allem ihre Sprachen sprachen. So kam es, daß Menschen plötzlich politisch eine Rolle spielten, die sich nie zuvor mit solchen Dingen befaßt hatten, und die dann, mit zunehmender Stabilisierung, wieder zu ihren gewohnten Tätigkeiten zurückkehrten. Man habe schon auf sie gewartet, wurde der US-Truppe mitgeteilt, denn es habe Sorge um die Kunstschätze bestanden. Jetzt erst wurde Major Pearson klar, daß er nicht bloß eine Krone und ein paar Bilder zu nehmen brauchte, um erfolgreich wieder zu seiner Truppe zurückzukehren. Hier war mehr zu tun. Zunächst ging es zum Haus des Gauleiter Eigruber, wo Pearson die Kapitulation der dort postierten SS-Männer entgegennahm. Er „steckte sie alle ins Ostgefängnis", Eigrubers Frau und fünf Kinder beließ er im Haus. Dann beriet sich Major Pearson mit seinen „neuen Freunden", die ihn empfangen hatten, setzte „Lin Ortner"[99] als neuen Bürgermeister ein und fuhr weiter zum Salzberg, wo er um 17.40 Uhr eintraf.

„Ich traf Dr. Hermann Wilhelm Michel, Direktor des Naturhistorischen Museums in Wien und Dr. Max Eder, Chemo-Ingenieur, die das Bergwerk über hatten. Ich ersetzte die deutschen Soldaten beim Bergwerk durch Wachen aus unserer eigenen Gruppe. Dann besichtigte ich die gesperrten Eingänge zu den Stollen, wo die Kunstschätze aufgehoben waren . . . Dr. Michel berichtete mir von den Kunstwerken, die er auf 500 Millionen Dollar schätzte, obwohl er sagte, manches davon sei unbezahlbar." Er informierte Pearson auch über den Bombenplan Eigrubers und die daraus entstandene Situation. Diese erste Unterredung endete damit, daß Pearson Michel die Leitung der Bergung übertrug und den Anwesenden mitteilte, daß ab sofort all seine Befehle, die sich auf die Kunstschätze bezogen, befolgt werden müßten. Michel stieg damit schlagartig zu einer Position auf, an die von österreichischer Seite nie gedacht gewesen war, und er hielt in der Folgezeit konsequent daran fest.

Pearson war beeindruckt von der Schilderung, die Michel vom Salzbergbau gab, vom Einsatz der Bergleute bei der Entfernung der Bomben aus dem Berg, der „ihr Leben bedeutete", und er entwickelte Sympathie für die Familien, die „während der letzten 500 Jahre" hier gearbeitet hatten „und bei denen Inzucht eine Art Salzberg-Clan hervorgebracht hatte, im allgemeinen kleiner als der Durchschnitt und mit einem ausgeprägten Dialekt, der typisch ist für diesen Stamm". Michel berichtete Major Pearson noch, daß der Berg unter anderem auch Hitlers Privatbibliothek vom Obersalzberg in Berchtesgaden enthalte mit Unmengen von Architekturskizzen zum Projekt Linz und daß es sich hier um den größten Bergungsort handle, kurz, er gab bereitwillig und ungefragt Informationen aller Art. Er berichtete weiter, daß es auch noch andere Bergungen gebe, unter ihnen auch solche im russisch besetzten Gebiet, und in der nächsten Nähe Lauffen mit österreichischen Kunstschätzen und „wahrscheinlich auch Juwelen". Und er bot sich an, Major Pearson dort hinzuführen. Für den Fall, daß Michel bei der Besetzung in Ischl nicht dabei sein werde, solle Kontakt aufgenommen werden mit Herrn Wanderer, Grazer Straße 39, einem Aufseher aus dem Naturhistorischen Museum und damit Vertrauensmann Michels. Von Luithlen und seiner Rolle war nicht die Rede.

Aber Pearson hatte im Moment Wichtigeres zu tun. Es galt, einen General gefangen zu nehmen. Im Ausseer Spital befand sich nämlich Generalmajor Fabiunke, der dienstälteste Offizier im Raum Aussee. Man brachte ihn zu Fabiunke, und Major Pearson nahm seine „Kapitulation" entgegen. Dann lief er zu seinem Funkgerät, um seinen Vorgesetzten zu melden, was er gefunden hatte, und um Nachschub zu erbitten. Der Funkspruch lautete: „Unschätzbare Kunstwerke Steinberg 505125, andere Kunstsammlung 414140 (Lauffen). 150 Naziführer und 1000 Mann SS . . . Einsatzgruppe, die 505125 bewacht, braucht Verstärkung, Verpflegung und Treibstoff für 60 Mann . . . Habe auch deutschen General bei mir . . . Hunderte von Soldaten und Fahrzeugen auf den Straßen." Die Nachricht ging um 20.30 Uhr dieses 8. Mai von Altaussee ab, um 00.01 Uhr des 9. Mai trat der Waffenstillstand in Kraft.

So fand die Einnahme der Ausseer Bergung statt, gesehen aus der Sicht des „Eroberers" und unter der Regie von Michel. Aber damit nicht genug. Pearson konnte auch noch die Wachmannschaft vor dem Haus Eigrubers gefangennehmen, einige Tage später wurde nach Hinweisen aus der Bevölkerung Kaltenbrunner von den inzwischen eingetroffenen Männern des CIC (Counter-Intelligence-Corps) gestellt. Nun war man also bei der „Prominenz", mitten in der Alpenfestung – nur daß sie nicht befestigt gewesen war. Auch von manchen „Prominenten" gab es nur mehr Spuren. Wer nicht gefunden wurde, das war vor allem Adolf Eichmann, der beim Einmarsch der US-Truppen Aussee in Richtung Blaa-Alm verlassen hatte, über die ein Weg nach Bad Ischl führt. Er war nach Aussage eines Augenzeugen[100] von Kaltenbrunner, seinem Chef, für die Flucht mit einer Kassette voll Gold ausgestattet worden.

Überall in Westösterreich tauchten damals, nach dem Waffenstillstand, die NS-Größen auf: Feldmarschall Göring im Schloß Fischhorn bei Bruck an der Glocknerstraße, von wo er nach Mittersill gebracht wurde, Baldur von Schirach in Schwaz, und in Saalfelden Feldmarschall Kesselring, Kommandant aller deutschen Truppen an der Westfront. Jeden Tag gab es neue Schlagzeilen für die Bevölkerung der USA. Auch die Nachricht von dem Schatzfund in Aussee fand Verbreitung in der Presse, und Major Pearson wurde ein gefeierter Mann. „Ohioan Grabs Nazi Cache"[101] meldete der „Cincinnati Enquirer" schon am 14. Mai, und das „Middletown (Ohio) Journal" berichtete am selben Tag: „Major Ralph E. Pearson findet Nazi-Kunstschätze um 500 Millionen Dollar". Sogar seine Frau daheim in Middletown, Ohio, wurde interviewt und nahm am Ruhm ihres Mannes teil. Auch Michel erlangte auf diese Weise Berühmtheit, allerdings mit Verspätung. Im Jänner 1946 brachte das „National Geographic Magazine", eine in den ganzen USA gelesene Zeitschrift, einen Bericht über Aussee[102] und das Bild von Michel, mit Besatzungssoldaten und Bergarbeitern vor einer Kiste auf den ausgelagerten Bomben sitzend.

Auch in den Tagen nach der Besetzung beschäftigte die Kunstgüterbergung sowohl Michel wie die Besatzungstruppen. Schon am 9. Mai fuhr Michel im Auftrag Pearsons und mit einem Offizier nach Grundlsee, um die Ordner und Listen zu Hitlers Bibliothek sicherzustellen, und ein US-General traf ein, um die Ausseer Bergungssituation zu inspizieren.

Michel wurde nun von Pearson beauftragt, Listen über die Kunstschätze zu erstellen, obwohl er, wie er selbst zugab, bis zum 8. Mai nie mit Einlagerungen befaßt gewesen war. Er hatte nur in Gesprächen viel über die eingelagerten Objekte und ihre

Eigrubers Bombenkisten mit der Aufschrift „Vorsicht, Marmor, nicht stürzen" nach der Besetzung von Altaussee durch US-Truppen. Vorne rechts sitzend Hofrat Direktor Dr. Hermann Michel, links sitzend Restaurator Karl Sieber

Herkunft erfahren.[103] Nun sollten die Besatzer über den Inhalt der Bergungen informiert werden. Die Unterlagen dafür, zumindest was die Führersammlung betraf, lagen aber bekanntlich in Dresden.

Michel verlangte deshalb von Herrn Sieber und Seiberl, der das Kriegsende in Bad Aussee bei seiner Familie verbracht hatte und nun zur Bergungsstelle zurückkehrte, die einschlägigen Akten, soweit sie vorhanden waren. Aus den darin enthaltenen Angaben, ergänzt durch das Wissen der beiden Männer, wurden „Summare" (siehe Seite 112 ff.) gefertigt, die jedoch keinen Anspruch auf Vollständigkeit erhoben, wegen der Kürze der Zeit ebenso wie aufgrund der Tatsache, daß auch Sieber und Seiberl nicht alle Einlagerungen im Detail bekannt waren.

Bei den mit dieser Aufgabe verbundenen Arbeiten machten die Beteiligten übrigens eine niederschmetternde Entdekkung: Während der überstürzten Rücklagerung schon ausgefahrener und vertragener Werke in den Berg nach Entfernung der Bomben Eigrubers waren einige wesentliche Stücke außerhalb des nun gelähmten und abgesicherten Bereiches vergessen worden.[104] Im Mittiswerk fand Sieber neben zwei Tafeln aus Hohenfurth das berühmte Gemälde von Vermeer, und im Vorraum des Valdi-Schurfes, nahe dem Bergwerkseingang lagen, teils verpackt, teils offen, auf den Bänken und auf dem Boden neun der Genter Altartafeln, vier Tafeln des Abendmahlsaltars von Dirk Bouts und fünfzehn wertvollste Bilder aus der Rothschildsammlung. Außerdem war festzustellen, daß sich jemand an den Bildern zu schaffen gemacht hatte, und als man die Werke in das wenigstens versperrbare Dynamitmagazin überführen wollte, stellte sich heraus, daß die Tafel mit Johannes dem Täufer vom Genter Altar zerbrochen war. Natürlich war die Bestürzung groß, Ermittlungen begannen, und Herrn Sieber wurde die heikle Aufgabe zuteil, die Tafel wieder einigermaßen instand zu setzen. Wer die ungebetenen Besucher bei den vergessenen Bildern gewesen waren und ob sie sich irgendetwas angeeignet hatten, ließ sich nicht feststellen, weitere Quellen zu der Frage fehlen derzeit.

Im Zug der Erstellung der Listen wurden übrigens auch die am 27. April bei Engljähringer eingelagerten Bestände des Bundesdenkmalamtes (siehe Seite 150 f.) nochmals erfaßt, denn Michel versäumte nicht, die Besatzungstruppen auch darüber zu informieren. Es war dies der erste Kontakt zwischen der Ischler und der Ausseer Bergung seit Kriegsende, er fand aber ohne Beisein der Amerikaner statt und betraf auch nicht die eigentliche Bergung Ischl-Lauffen, die immer noch niemand von den neuen Herren besucht hatte. Die Bemühungen um die Erfassung der bei Engljähringer gelagerten Güter führten schließlich dazu, daß drei verschiedene Listen vorlagen, eine von Michel selbst erstellte, eine von Eder und eine von Hückel, der die Verhältnisse am richtigsten wiedergab, da er es war, der die über den Transport verfaßten Aufzeichnungen mit den tatsächlich vorhandenen Beständen an Ort und Stelle verglich. Dabei zeigte sich, daß in Ischl insgesamt 92 Stücke aus der Bergung des Instituts für Denkmalpflege gelagert waren, von denen 21 in der Packliste nicht aufschienen, so sehr hatten auch hier Hast und Eile die Verlagerung beherrscht. Unter ihnen war wichtiges Kunstgut, etwa die fünf Luchsperger-Figuren. Sie wurden nun in die Liste aufgenommen, und Seiberl nahm diese Fassung in Verwahrung.[105] Die beiden anderen Listen wurden unabhängig voneinander den Besatzungstruppen ausgefolgt.

Schon am 10. Mai hatte Michel dem Major Pearson auch einen Bericht über die ihm bekannten 21 anderen Kunstgüterdepots vorgelegt.[106] Sieben von ihnen werden im Bereich von Aussee genannt, unter Punkt 8 und 9 sind der Gasthof Engljähringer und der Ischler Salzberg angeführt. Von diesem wird berichtet: „Der Lauffener Salzberg (414140), Lauffen, liegt 25 km von Aussee auf dem Weg nach Ischl. Einlagerungen von verschiedenen Wiener staatlichen Museen, dem Kunsthistorischen Museum, der Schatzkammer, dem Kunstgewerbemuseum, der Albertina; Handschriften aus der Österreichischen Nationalbibliothek, dem Naturhistorischen Museum, Völkerkundemuseum, Staatsarchiv und anderen österreichischen Stellen. Es war beabsichtigt, das Bergwerk abzusichern durch Sprengung der Eingänge. Ob das geschah oder nicht, ist unbekannt. Am 20., 24. und 25. April wurden schätzungsweise 1000 Gemälde des Kunsthistorischen Museums aus Gaming, Niederösterreich gebracht, als die Russen sich der Region näherten."

Bis zu diesem Zeitpunkt war der Salzberg Ischl-Lauffen gegenüber den US-Truppen als Bergungsstelle nirgends schriftlich genannt worden, er war ihnen offenbar auch nicht bekannt gewesen. Überall sonst hatte sich der in den letzten Kriegstagen immer enger werdende Horizont inzwischen wieder geweitet, waren neue Verbindungen geknüpft, neue Rechts- und Verwaltungsverhältnisse geschaffen worden – nicht in Ischl. Die neuen Ischler Gemeindevertreter waren von Luithlen, der möglichst rasch wieder eine kompetente Stelle über sich wissen wollte, zwar von der Situation informiert worden (siehe Seite 166), aber weder ihm selbst noch der Gemeinde war es gelungen, die Besatzungsmacht zur Übernahme der Bergung zu veranlassen.[107] Luithlen war bis Gmunden gefahren auf der Suche nach jemandem, der ihm die Verantwortung erleichtern und die Situation zur Kenntnis nehmen würde, hatte aber nur einen „siegestrunkenen" Offizier angetroffen, dem er sein Anliegen nicht klarmachen konnte. So war die Ischler Bergung bisher unbeachtet und unbesetzt geblieben.

Es dauerte allerdings nur wenige Tage, bis die Besatzungsmacht auf die Nachricht von den sagenhaften Schatzfunden in und um Aussee reagierte. Am 12.Mai traf einer ihrer besten Männer, Captain Posey, in Aussee ein. Er gehörte zur Gruppe der MFA&A-Offiziere im Hauptquartier der dritten Armee. Dabei handelte es sich um eine Spezialabteilung, die aus Kunstexperten bestand. Ihre Hauptaufgabe war es, bei der Sicherstellung und Behandlung von aufgefundenem Kunstgut als Sachverständige zu fungieren. Das MFA&A stand für „Monuments, Fine Arts and Archives" (Denkmäler, Kunst und Archive), deren sich die Einheit annahm, und ihre Bedeutung war gewachsen, je weiter sich die US-Truppen in Europa vorkämpften.

Posey hatte unter den Leuten der MFA&A-Division eine Sonderstellung inne. Ein Mann Mitte Dreißig, im Zivilberuf Architekt, hatte er sich damit einen Namen gemacht, daß er schon zu einer Zeit, als die vorrückenden US-Truppen dem Thema Kunstgüterbergung noch wenig Beachtung schenkten, wahre Wunder vollbrachte beim Auffinden und Absichern solcher Bergungen. Nun, da die amerikanische Presse sensationelle Berichte von verborgenen Millionenschätzen verbreitete, gewann Posey mit seiner Tüchtigkeit auch in den Augen des Hauptquartiers an Bedeutung, und als die Nachricht von dem Fund in Aussee eintraf, wies man ihm diese Bergung zur „weiteren Veranlassung" zu.

Bei der MFA&A-Division hatte man übrigens schon geraume Zeit gewußt, daß in Aussee eine Kunstgüterbergung bestand, man hatte nur geglaubt, eine andere Truppe würde das Gebiet besetzen, und sie war entsprechend instruiert worden – eine Situation, wie sie schon einmal im Verlauf dieser Ereignisse geschildert wurde. Der Grund dafür, daß man Aussee sozusagen schon durch Monate suchte, war verständlich: Auf ihrem Vorstoß durch die Länder Europas wurden die Alliierten immer wieder gebeten, auch über verschwundene Kunstwerke nachzuforschen, und sie taten das bereitwillig, um die europäischen Verbündeten ebenso wie die befreiten Länder freundlich zu stimmen. So waren die US-Truppen auch ersucht worden, nach dem Genter Altar Ausschau zu halten, als sich herausstellte, daß er aus Frankreich abtransportiert worden war. Wochenlang überprüften die Männer von der MFA&A-Division alle möglichen Hinweise über sein Schicksal, allerdings vergeblich. Die Tafeln blieben verschwunden. Bei einem Kunsthändler in Luxemburg war dann zum ersten Mal von einem „Salzbergwerk" die Rede, in das der Altar gebracht worden sein sollte. Wo es lag, wußte niemand, bis sich in Trier ein junger Kunsthistoriker meldete. Er gab an, was niemand für möglich hielt, nämlich, daß er das Vertrauen von Göring und anderen Parteigrößen genossen habe und wisse, wo die Schätze zu finden seien: in einem „entlegenen Bergdorf" namens Altaussee.[108]

Von da an begann die Suche nach diesem Bergungsort, in den Major Pearson schließlich so unvorbereitet und unvermutet hineinstolperte, seinerseits ausgeschickt, die ungarische Stefanskrone zu suchen, die nicht dort war. Einige Adelige hatten Pearsons Truppenteil falsch informiert. Tatsächlich befand sich die Stefanskrone in Mattsee, etwa 30 Kilometer von der bayrisch-salzburgischen Grenze entfernt. Sie war dort von ungarischen Flüchtlingen drei Wochen lang in einem Benzinkanister versteckt worden, bis sie den vorrückenden US-Truppen übergeben werden konnte. Die Amerikaner waren also vor Überraschungen aller Art nie sicher, Fehlinformationen und Mißverständnisse waren an der Tagesordnung.

Nun aber hatte die Suche nach dem sagenhaften Schatz ihr Ziel gefunden, und Captain Posey ordnete den sofortigen Beginn der Freilegungsarbeiten an. Alles war höchst aufgeregt und gespannt. Am 17. Mai waren die Vorbereitungen so weit fortgeschritten, daß es möglich war, über das restliche Geröll zu klettern und die Bergungsräume zu betreten. Die ersten, die hineingelangten, waren nach übereinstimmenden Berichten Posey, Mayerhoffer, ein weiterer Kunstexperte der US-Kräfte, Lincoln Kirstein[109] und Pöchmüller, aus Ischl geholt von Michel. Pöchmüller schreibt:

„Wir fanden die doppelten Sicherheitstüren durch den Luftdruck der Explosionen aufgesprengt, aber noch in den Angeln hängend. Ein wenig grauer Salzstaub lag, wie leicht hingeweht, einige Meter hinter diesen Türen. Und die Kabel waren an den Sprengungsstellen zerstört, so daß wir wieder, wie lange vorher, mit unseren Grubenlampen leuchten mußten. Das war alles, was an die vergangenen furchtbaren Tage erinnerte, an unser Hangen und Bangen um die Erhaltung der Schätze und ihre – Gottlob! – glücklich gelungene Rettung."[110] Die Sprengladungen waren also richtig dosiert gewesen, sie hatten die Zugänge blockiert, aber das Kunstgut nicht beschädigt.

Natürlich staunten die Amerikaner, als sie das Ausmaß der Bergung erkannten. Mit so viel hatten sie bei weitem nicht gerechnet. Bald konzentrierte sich alles auf Aussee. Hier war also Hitlers gesuchtes Beutelager mit der ganzen Atmosphäre des Heimlichen, Widerrechtlichen, die ihm anhaftete. Die Sensation war perfekt.

Die Amerikaner erkannten aber auch rasch, daß ihnen hier eine besondere Aufgabe erwuchs. All diese Dinge zu sichten und an die Eigentümer in ganz Europa zurückzustellen, würde lange Zeit dauern.

Die US-Truppen hatten sich auf ihrem Vormarsch quer durch den Kontinent eine gewisse Vorgangsweise für solche Fälle zurechtgelegt. Man brachte aufgefundenes Gut zunächst in eine der rasch geschaffenen Sammelstellen und versuchte dort, das Werk zu identifizieren und seinen Eigentümer herauszufinden, wenn er nicht, wie das für ganz bekannte Kunstwerke zutraf, zweifelsfrei feststand. Der nächstgelegene Sammelpunkt war München, allerdings war man dort eben erst dabei, die Voraussetzungen für das Eintreffen größerer Mengen von Kunstgütern zu schaffen. Die Tatsache, daß das Depot von Altaussee sich in Österreich und nicht im süddeutschen Raum befand, führte zwar zeitweilig dazu, daß auch Wien als Sammelstelle zur Diskussion gestellt wurde, aber mehrere Gründe sprachen dagegen: Um nach Wien zu gelangen, hätten die Güter durch ein unter fremder Herrschaft stehendes – das russisch besetzte – Gebiet transportiert werden müssen, Wien lag auch – mit wenigen Ausnahmen – außerhalb jener Routen, auf denen die Kunstwerke zurückgestellt werden mußten, und schließlich wußte man nicht, welche Gebäude in Wien für die Lagerung der Kunstgüter zur Verfügung stehen würden.

Posey jedenfalls dachte sofort und zunächst an München als Sammelpunkt für die im Raum Aussee aufgefundenen Schätze. Allerdings sollte das erst nach Durchführung entsprechender Vorarbeiten geschehen, im Moment war an einen Beginn der Aktion nicht zu denken.

Die Ausrichtung nach München, die Verbindung dorthin

ebenso wie die Tatsache, daß die Güter zum überwiegenden Teil nicht österreichischer Herkunft waren, führte übrigens in der Folgezeit dazu, daß die Stellung der beiden österreichischen Beamten in Aussee mehr oder weniger fraglich wurde. Das galt besonders von Michel, weniger von Eder, denn nach der Suspendierung des verdienstvollen Seiberl war Eder immerhin der einzige, der für die Bergung des Instituts für Denkmalpflege zuständig war.

Für die Amerikaner zu arbeiten, war natürlich damals äußerst erstrebenswert, bedeutete es doch Verpflegung und Unterkunft in einer Qualität, wie sie sonst in Österreich zu jener Zeit nirgends anzutreffen war. So bemühten sich Michel und Eder um die Wette, den US-Stellen an die Hand zu gehen. Sie verfaßten immer neue Listen und Berichte mit allen ihnen bekannten Einzelheiten, um nicht ausgeschaltet zu werden, und die US-Truppen konnten diese Hilfe zunächst auch gut gebrauchen.

Ischl trat neben all diesen Aktivitäten und Überlegungen eher in den Hintergrund, es war wesentlich weniger interessant, und es gab für die Amerikaner auch wesentlich weniger zu tun. Trotzdem nahm sich Posey sofort auch dieses Problems an.

Schon am Tag nach seinem Eintreffen in Aussee kamen seine Offiziere in Begleitung von Michel auch hierher. Luithlen war zu diesem Zeitpunkt gerade abwesend, aber Michel hinterließ die Nachricht, daß Captain Posey in Hinkunft für die Leitung der Bergungsorte im Salzkammergut zuständig sei. Außerdem nahm er in seinem Eifer alle Unterlagen der Ischler Bergung in Beschlag und führte sie mit sich nach Aussee, ohne eine Kontaktaufnahme mit Luithlen auch nur zu versuchen. Luithlen blieb nichts anderes übrig, als am folgenden Tag selbst hinüberzufahren,[111] und so vollzog sich die offizielle Übernahme der Ischler Bergung erst am 13. Mai, und dann nicht einmal in Ischl selbst.

Luithlen informierte Posey über die Situation und sah seine Hauptaufgabe vor allem darin, klarzustellen, daß es sich bei dieser Bergung um rein österreichisches Gut handle, nicht wie in Aussee um Gegenstände, die im Auftrag des Führers oder anderer NS-Prominenz gesammelt worden waren. Die Besatzungsoffiziere nahmen das auch zur Kenntnis, zumal es von Michel bestätigt wurde, der in dieser ersten Besatzungszeit

Zentralfigur im Geschehen um die Kunstgüterbergung war. Luithlen bekam überdies die Zusicherung, daß er aus vorhandenen oder anzufertigenden Kopien eine neue Zusammenstellung seiner beschlagnahmten Unterlagen erhalten werde und daß nach den von Schirachs SS entführten Kunstschätzen gesucht werden würde. Davon, ob die im Berg gelagerten Sachen auch dort bleiben könnten oder abtransportiert würden, war bei diesem ersten Kontakt noch nicht die Rede. Schließlich wurde Luithlen noch angewiesen, sich bei Schwierigkeiten an einen gewissen Captain Spring in Ischl selbst zu wenden.

Das erwies sich allerdings als undurchführbar. Schon am 16. Mai, also drei Tage nach Luithlens Vorsprache in Aussee, versuchten Angehörige der Besatzungsmacht, die Bergung zu besichtigen, und als Dr. Luithlen sich hilfesuchend an seinen Vertrauensmann wenden wollte, stellte sich heraus, daß die von Captain Posey eingesetzten und instruierten Wachen plötzlich ausgewechselt worden waren. Die neuen Leute hatten keine Ahnung von der Situation und gingen in ihrer „Pflichterfüllung“ so weit, Luithlen und seinen Untergebenen den Zutritt zu den Depots zu verweigern. Luithlen schrieb daraufhin an seinen neuen „Schutzherrn“, Michel, am 17. Mai einen Brief[112], der durch die Salinendirektion übermittelt wurde und die dringende Bitte enthielt, doch der Bergungsmannschaft die Möglichkeit zum Betreten der von ihr verwalteten Räume zu erwirken.

Diese Bitte wurde allerdings von neuen, tiefgreifenden Veränderungen überholt. Für das gesamte Gebiet wurde plötzlich ein Wechsel in der gesamten Besatzungsarmee durchgeführt. An die Stelle der dritten, die das Gebiet erobert hatte, trat nun, relativ kurz nach der Besetzung, die siebente Armee, die in Tirol und Salzburg einmarschiert war. Was die Österreicher anlangte, so wurde es nicht für notwendig befunden, ihnen auch nur mitzuteilen, warum sie so plötzlich mit neuen Leuten zu tun hatten, die sich wieder nirgends auskannten, sie konnten nur die Tatsache mit großem Bedauern registrieren.

Um die Verwirrung noch zu steigern, blieb überdies für die Bergung Aussee die MFA & A-Gruppe der dritten Armee, also Posey zuständig, sodaß Luithlen überhaupt nicht mehr wußte, an wen er sich mit seinen Problemen wenden konnte. Kurz entschlossen fuhr er deshalb mit seinem „neuen Kommandanten“,

Lieutenant Rorimer nach Aussee. Dort wurde schließlich vereinbart, daß nach wie vor Posey und damit die dritte Armee die Oberleitung auch über Lauffen behalten werde, eine Sonderregelung, die über mehrere Monate hindurch aufrecht blieb. Besonders wichtig war als Ergebnis der Vorsprache, daß Luithlen nun auch gegenüber den Verantwortlichen der siebenten Armee ausdrücklich die Aufsicht über die Lauffener Bergung und ihre Betreuung zuerkannt wurde. Es war Luithlens großes Verdienst, in kürzester Zeit diese klare Trennung von Aussee erreicht zu haben, denn zuvor war ja für die amerikanischen Besatzungstruppen Michel der einzige Vertreter Österreichs gewesen, mit dem sie auf dieser Ebene und für diesen Bereich über das Schicksal der Kunstschätze verhandelten, ohne Rücksicht auf ihre Herkunft.

Die neuen Besatzer erboten sich schließlich sogar, am Salzberg und im Haus Engljähringer Kundmachungen anzubringen, die Unbefugten das Betreten verbieten sollten. Daß sich die US-Offiziere anderer Einheiten an diese Vorschrift nicht hielten, konnte Luithlen in den nächsten Tagen zwar nicht verhindern,[113] aber ein Anfang in Richtung Sicherheit und Anerkennung der Gegebenheiten war gemacht.

Trotzdem wurde Luithlens Wunsch immer dringender, mit dem eigentlichen Besitzer der Schätze von Lauffen, nämlich dem neu erstandenen Staat Österreich und seinen Vertretern eine Verbindung zu bekommen. Das aber erwies sich als unmöglich, obwohl der Wunsch auf Gegenseitigkeit beruhte. Auch von Wien aus wurde eine Kontaktaufnahme mit Ischl angestrebt. Schließlich handelte es sich um die größte und wertvollste Bergung, und überdies wußte man, auch ohne Post- und Bahnverkehr, daß dort knapp vor Kriegsende noch „etwas passiert“ war. Ein Aufseher, Hermann Drescher, hatte in den letzten Apriltagen den Transport mit den fünf Lastern von Gaming nach Ischl gebracht und war noch vor der Besetzung durch die Russen wieder an seine Dienststelle zurückgekehrt. Er hatte miterlebt, wie die Ischler Mannschaft beim Entladen der von ihm und seinen Begleitern gelieferten Fracht und dem Wiederbeladen der Wagen mit den kostbaren Gemälden aus dem Berg um Zeitgewinn gekämpft hatte. Über den Ausgang der Aktion wußte er allerdings nicht Bescheid. Nun teilte er einem aus Wien kommenden ersten Boten, der sich über die Situation in

Gaming informieren sollte, am 17. Mai mit, was er beobachtet hatte. Der so informierte Beamte verfaßte sofort einen entsprechenden Bericht über die Mitteilung, ebenso Drescher selbst – aber die Verantwortlichen waren machtlos. Das Salzkammergut war in unerreichbare Ferne gerückt, man konnte nicht einmal nachfragen, wie sich die Sache weiter entwickelt hatte, schon gar nicht etwas unternehmen.[114] Die Fäden, die – wie so viele andere – in den letzten Kriegstagen zwischen dem Osten und dem Westen Österreichs abgerissen waren, konnten noch lange nicht wieder geknüpft werden. Zu viel hatte sich seit dem Einmarsch der Russen geändert. Wien lag in einem von einer anderen Macht besetzten Gebiet, gegen den Westen hermetisch abgeschlossen – und das, trotzdem schon seit Mitte April eine neue österreichische Regierung amtierte. Ein „Sprung" vom Salzkammergut in die Hauptstadt führt deshalb in eine andere Gesamtsituation, aber auch um vier Wochen zurück.

2. Fäden, die zerrissen waren

Als am 5. April in Ischl-Lauffen die letzte Nachricht aus Wien eintraf, hätte sich sicher niemand träumen lassen, daß es im Europa des 20. Jahrhunderts fast drei Monate dauern könne, bis die Verbindung über diese etwas mehr als 200 Kilometer wieder hergestellt sein würde. Aber die Zäsur war zu groß, der Schnitt zu tief, um rasch zu heilen. Allerorten rissen Fäden ab in jenen Tagen und Wochen, und es bedurfte unendlicher Mühe und Geduld, sie wieder zu knüpfen.

Dieses Wiederanfangen wie nach einer Flutwelle, das Aufgreifen vorher geübter Tätigkeiten, aber auch ein neues Beginnen unter neuen Bedingungen prägte die Entwicklung in dieser ersten Zeit nach dem Kriegsende. Und dieser Anfang ging noch dazu nicht überall gleichzeitig vor sich, er begann im Osten schon um die Mitte des Aprils 1945, im Westen mit dem Waffenstillstand nach dem 8. Mai. Es war deshalb auch der Osten, in dem die ersten Akzente gesetzt wurden. Nur eines stand von Anfang an fest: Es würde wieder ein Österreich geben, und Wien würde seine Hauptstadt sein. Früher oder später würden sich alle wieder auf die dortigen Zentralstellen auszurichten haben.

Zuerst mußten aber funktionierende Zentralstellen überhaupt vorhanden sein. Das zu bewerkstelligen, noch dazu rasch, war den Russen zugefallen, und sie hatten diese Aufgabe zielsicher und erfolgreich gelöst.

Schon während ihres Einmarsches in Österreich hatten sie auf Befehl Stalins Ausschau gehalten nach dem Staatskanzler der Ersten Republik, Dr. Karl Renner, und als er in Gloggnitz in Niederösterreich bei den einmarschierenden Truppen vorsprach, um Schonung für die Bevölkerung zu erbitten, wurde er sofort von einem Kommando zum anderen weitergereicht, bis er schließlich im Hauptquartier der neunten Garde-Armee einem General gegenüberstand. Im Lauf der Unterredung erklärte sich Renner bereit, eine österreichische Regierung zu bilden und setzte sich mit dieser Aufgabe auseinander, noch bevor die russischen Truppen Wien überhaupt eingenommen hatten. Kaum war dies geschehen, gingen gemeinsam mit Renner erfahrene Männer aus der Vorkriegszeit daran, wieder politische Parteien ins Leben zu rufen und ihre Führer mit Aufgaben zu betrauen. Am 27. April schon nahm die provisorische Regierung ihre Tätigkeit auf, zunächst natürlich beschränkt auf den von den Russen eroberten Raum mit Wien als Zentrum.

Eine von den Russen eingesetzte Regierung allein hätte allerdings nicht genügt, Österreich neu erstehen zu lassen. Das eigentliche „österreichische Wunder" vollzog sich auf einer anderen Ebene – es ging von unten, vom Volk aus, und das nicht nur in der Russenzone, hier nur zeitlich vorversetzt und unter härteren Bedingungen. Kaum war die erste Welle der Besetzung über das Land hinweggebraust, da regten sich allerorten Kräfte, die niemand vermutet hatte. Es war ein vielschichtiger Prozeß, der wie von selbst in Gang kam. Am wichtigsten war wohl, daß die Menschen sofort und ohne Zögern wieder ihre Arbeit aufnahmen, als habe sich nichts geändert. Frau Pfannl erzählt[115], sie habe am Freitag, dem 6. April 1945 noch im Kunsthistorischen Museum Dienst gemacht, am 8. April, also am Sonntag, sei der westliche Bereich von Wien, in dem sie wohnte, besetzt worden, am 10. April die Innere Stadt, und zwei Tage später sei sie – zu Fuß – wieder in den Dienst gegangen, vorbei an einem toten Russen, den noch niemand begraben hatte, an Panzersperren und zerstörten Anlagen. Und als sie bangen Herzens zum Museum kam und durch das hohe Tor am Burgring 5 eintrat, stand dort in seiner Loge der Portier „wie ein Fels im Meer", und obwohl rund um das Denkmal der Kaiserin Maria Theresia russische Soldaten lagerten, waren da auch alle anderen: Direktor Dworschak, die Beamten und das Personal, und alle gingen an die Arbeit, um den Schutt zu beseitigen und einmal Ordnung im Haus selbst zu schaffen, denn es hatte durch Beschuß schwere Schäden erlitten.

Und noch etwas Wesentliches kam dazu, das auch nicht „von oben" angeordnet werden konnte: die Bereitschaft, Dinge gemeinsam zu tun, ohne Rücksicht auf Standesunterschiede, die die Not weggehobelt hatte, und ohne Rücksicht auf alte Feindschaften und politische Gegensätze. Man mußte miteinander „von vorn anfangen"[116], wie der spätere Bundeskanzler Leopold Figl sagte: „Zu parteipolitischen Auseinandersetzungen ist heute keine Zeit."

Als dritter Faktor kam dazu, daß nicht sehr viele – so wie nach dem Ersten Weltkrieg – etwas Vergangenem nachtrauerten. Eine große Zahl von Österreichern war bereit, dieses kleine Land, das vom Krieg so mitgenommen war, als Heimat zu akzeptieren und sich dafür einzusetzen – auch wenn es galt, buchstäblich mit bloßen Händen Trümmer aus dem Weg zu räumen.

Aber nicht nur in dieser Hinsicht gab es gewaltige Hindernisse zu überwinden, neue Fäden zu knüpfen: Überall hatten die Chefs gewechselt, waren mit dem Mai 1945 neue Leute in führende Stellungen gekommen oder solche, die jahrelang weggewesen waren. Sie wußten nicht, was in der Zwischenzeit geschehen war, es galt, eine gewaltige Informationslücke zu füllen. Und in dieser Situation erwuchs vor allem den „unteren Dienstgraden" die verantwortungsvolle und heikle Aufgabe, die Kontinuität zu wahren. Sie mußten Bescheid wissen und Bescheid geben, damit nichts versäumt, nichts übersehen wurde. So haben sich in den Akten des Bundesdenkmalamtes[117] eine Reihe von „Informationen", Mitteilungen und Hinweisen an Staatssekretäre, Sektionschefs und an das „Staatsamt für Volksaufklärung, Unterricht, Erziehung und Kultusangelegenheiten" (bzw. an Dr. Hans Pernter) erhalten, in denen darauf aufmerksam gemacht wird, daß im – noch unzugänglichen – Westen Kunstschätze gelagert seien, über deren Zustand und Verbleib ehestens Nachforschungen angestellt werden müßten.

Kriegsschäden im Kunsthistorischen Museum, Wien

Da heißt es zum Beispiel: „Im Salzbergwerk Lauffen bei Ischl sind höchstwertige Bestände der staatlichen Museen und der Nationalbibliothek in Wien vor Fliegergefahr geborgen. Zur Betreuung des Bergungsgutes sind in Ischl eine Anzahl Museumsangestellter abgeordnet. Da eine Verbindung mit Ischl bisher nicht möglich war, wird höflich gebeten, bei einer Fahrt ins Salzkammergut wenn irgend möglich festzustellen, ob dieser Bergungsort unversehrt geblieben ist . . ." Das Schriftstück diente „Zur Unterrichtung des Herrn Ministers Heinl", ging also sogar an einen anderen Ressortchef.

Aber nicht nur das „Fußvolk" unter den Beamten sorgte dafür, daß die Dinge so rasch wie möglich wieder ins Lot kamen. Manchmal bewährte es sich auch, einen früheren Exponenten nun in untergeordneter Position wieder zu verwenden, damit wenigstens jemand da war, der Bescheid wußte, weil er auch in „geheime" Agenden eingeweiht gewesen war. So erhielt Dr. Ludwig von Berg, „vorher" in der Reichsstatthalterei an maßgeblicher Stelle und mit der Kunstgüterbergung von Anfang an vertraut, nun im Bundesdenkmalamt einen Platz, von dem aus er – unermüdlich und in gleichbleibender Einsatzbereitschaft – aktiv und helfend eingreifen konnte. Ein Bericht vom 22. Mai[118] über die Verschleppung der Bilder aus Lauffen trägt einen Sichtvermerk mit seiner Unterschrift.

In den Museen selbst, in denen fast durchwegs neue Direktoren tätig waren, begann schon Anfang Mai 1945 eine große Bestandsaufnahme. Es galt zu erheben, was wo gelagert war, Informationen zu sammeln und abgerissene Fäden auch hier neu zu knüpfen, eine Geheimhaltung war ja nun nicht mehr notwendig. In langen Listen gaben die einzelnen Institute bekannt, wo sie ihre Schätze deponiert hatten, und das Kunsthistorische Museum unter seinem neuen Leiter, Hofrat Dr. August Löhr, lieferte seine Unterlagen zum Vergleich. Die Beamten arbeiteten mit erstaunlicher Schnelligkeit, galt es doch auch, weitere Verluste durch rasches Handeln zu vermeiden. Schon in der zweiten Maiwoche lagen die Antworten vor, die Zusammenstellung sämtlicher Bergungsorte war vom Kunsthistorischen Museum verfaßt und fein säuberlich nach Bundesländern und innerhalb derselben alphabetisch geordnet.[119] Die Liste nennt in Niederösterreich 105 Orte, in denen insgesamt 18 Institute ihre Bestände gelagert hatten, manche von ihnen an acht bis zehn verschiedenen Stellen. Als wichtigste werden neben Gaming und Klosterneuburg das Stift Dürnstein, der Mautner-Markhofsche Besitz in Gaaden, zwei Häuser in Gresten, das Laudon-Schlößl in Hadersdorf-Weidlingau, Stift Heiligenkreuz, Schloß Staatz bei Kirchstetten und Schloß Schönborn bei Mallebarn genannt, in dem sechs Institute Einlagerungen vorgenommen hatten.

Außer den 105 niederösterreichischen Bergungsorten gab es noch drei Depots in der Steiermark: neben dem Altausseer Salzberg ein Jagdhaus bei Weichselboden und das Joanneum in Graz. Im Bundesland Kärnten hatte die Österreichische Galerie im Schloß Hallegg Bilder untergebracht. In all diesen Listen nimmt der Salzberg Ischl-Lauffen eine Sonderstellung ein. Er war zwar die einzige Bergung in Oberösterreich, was die staatlichen Sammlungen betraf, enthielt aber von allen Bergungsorten die wert- und zahlenmäßig unvergleichbar größte Menge, war Zuflucht für die kostbarsten Schätze, die „Cimelien“ aus allen Instituten.

Der nächste Schritt war, festzustellen, wie die Bergungen die letzten Kriegstage überstanden hatten. Das war zunächst nur im Wiener Nahbereich möglich, allmählich im ganzen niederösterreichischen Raum, nicht aber in den anderen Bundesländern. Natürlich waren die Kämpfe und die Besetzung nicht spurlos vorübergegangen. Aus einigen Bergungsorten wurden Schäden gemeldet. In Tullnerbach – Lawies z. B., wo das Naturhistorische Museum Teile einer Sammlung untergebracht hatte, war der Inhalt der Kisten im Garten einer Villa ausgeschüttet, und die Musealbeamten mußten, soweit das überhaupt noch möglich war, die Sachen mühsam wieder einsammeln und identifizieren.[120] Schloß Immendorf, in dem Werke aus dem Museum für angewandte Kunst und eine berühmte Sammlung von Bildern Gustav Klimts aus der Österreichischen Galerie gelagert gewesen waren, war von der abziehenden SS Raum für Raum gesprengt worden, dem folgenden Brand fielen alle Bestände zum Opfer. Auch im Schloß Ober-Höflein bei Retz war ein Teil der dort untergebrachten Sammlung verbrannt. Aus Schloß Weinern bei Waidhofen an der Thaya wurden kostbare Teppiche des Bundesmobiliendepots und Bilder aus der Österreichischen Galerie noch geraume Zeit nach der Besetzung abtransportiert.[121] Viele dieser Bergungen waren ja ohne Aufsicht und Schutz sich selbst und der Willkür von Eindringlingen überlassen. Aber auch eine Bewachung hätte wenig genützt. In vielen Fällen – wie auch bei anderen Übergriffen in jener Zeit – berichteten dann die Zeitungen von „unbekannten Uniformierten“, die Straftaten begangen hatten, aber nicht von der österreichischen Justiz verfolgt werden durften.

Jene Güter, die in den acht großen Bergungen im Wiener

Stadtbereich, vor allem in der Neuen Burg und im Postsparkassengebäude gelagert waren, blieben zunächst unversehrt und unbehelligt. Aber schon bald nach der Besetzung begannen russische Kommissionen in den Banken mit der Öffnung der Safes, so zum Beispiel in der Länderbank Am Hof. Daraufhin erging vom Kunsthistorischen Museum ein dringender Appell an die Behörden, rasch einzugreifen, da dort die Hauptbestände des Münzkabinetts sowie andere wichtige Materialien gelagert seien.[122] Es war übrigens dann eine russisch sprechende Angestellte des Kunsthistorischen Museums selbst, die die Russen vom Abtransport der Sammlung abhielt, denn auch hier waren Sprachkenntnisse oft das wichtigste Mittel zu Verständigung und Verständnis.[123]

Aber auch in anderer Hinsicht waren die in den Wiener Kellergewölben gelagerten Objekte gefährdet. Vor allem in den zwei Stockwerke tiefen Kellern der Neuen Burg kam es zu schweren Schäden, als während der Kampfhandlungen und nachher die Heizung nicht mehr betrieben wurde. Metallgegenstände begannen zu rosten, an der Bergung des Naturhistorischen Museums entstanden durch die steigende Luftfeuchtigkeit Zerstörungen, Fossilien verschimmelten, Etiketten und Schachteln zerfielen, chemische Reaktionen verursachten weitere Schäden, und ähnlich war es im Museum selbst, dessen zerbrochene Scheiben keinen Schutz vor klimatischen Einflüssen boten.[124]

Was die Wiener Bergungen anlangte, so waren die dringendsten Maßnahmen bald getroffen – allerdings nur sie. Die außerhalb Wiens gelagerten Objekte jedoch sollten so rasch wie möglich zurückgeholt werden, damit man sie wenigstens wieder unter Kontrolle hatte. Gerade das Transportproblem war aber nahezu unlösbar. Der Firma Bäuml, die für Frachten von besonderem Wert zuständig war, war ein einziger Lastwagen geblieben, nur für besonders gefährdetes Gut stand er zur Verfügung. Außerhalb des Wiener Umfeldes war ein geregelter Verkehr überhaupt erst nach Monaten möglich. Es wurde Juli, bis die Rückführungen wirklich anliefen, und dann geschah es mit Hilfe der Besatzungsmacht:

Als die Russen die Räumung der Kartause Gaming verlangten und sich bereit erklärten, zu diesem Zweck eigene Lastwagen samt Fahrern einzusetzen, war das Eis gebrochen, zumindest, was diese Frage anlangte. In drei Transporten und im Beisein zahlreicher Museumsbeamter wurden alle Sachen aus Gaming und Gresten zurückgeführt. Aber nicht nur das. Auch weiterhin beteiligten sich immer wieder russische Militärkonvois am Rücktransport von Bergungsgut aus den niederösterreichischen Depots.[125]

Was in jenen ersten Wochen österreichischer Befreiung aber nicht gelang, war ein Brückenschlag zu den westlichen Besatzungsmächten und damit auch zu den anderen Bundesländern. Der Grund dafür war ein politischer: Für die westlichen Alliierten existierten in Ostösterreich keine Verhandlungspartner, da sie die unter russischer Patronanz gebildete provisorische Regierung nicht anerkannten. Es gab demnach keine kompetenten Stellen, mit denen man über die Rückstellung von Staatsbesitz reden konnte. Bezeichnend für die Lage ist, daß die Wiener Behörden aus der Zeitung erfuhren, die von Schirach in den letzten Kriegstagen verschleppten Bilder hätten sich in Tirol gefunden. Die Zeitung „Neues Österreich, Organ der demokratischen Einigung“ vom 30. Mai 1945, Nr. 34, hatte die Nachricht aus einer Meldung des britischen Rundfunks vom 29. Mai.[126]

Sie lautete: „London, 29. Mai – Vor kurzem wurden von den amerikanischen Truppen in Österreich wertvolle Gemälde aus dem Wiener Kunsthistorischen Museum gefunden und sichergestellt, und zwar: 5 Rembrandt, 8 Brueghel, 7 Velázquez, 2 Dürer, 1 Rubens und 1 Tizian. Diese Gemälde hat ein Major der deutschen Armee namens Fabian versteckt. Fabian hatte die Absicht, die Bilder in die Schweiz zu bringen. Er stellte sie, in Kisten verpackt, bei einem Bauern in St. Johann ein und erzählte den Leuten, daß die Kisten Lebensmittel enthielten. Als die Hausinsassen in Not gerieten, öffneten sie die Kisten und fanden die Bilder. Sie meldeten dies dem Bürgermeister, und dieser seinerseits erstattete den Amerikanern Bericht.“ Aufschlußreich ist auch, daß die Nachricht, die heute in ganz Europa und darüber hinaus Schlagzeilen machen würde, damals so gut wie unbeachtet blieb. Die Menschen waren zu sehr mit sich selbst und der Sicherung ihrer Existenz beschäftigt, um Meldungen über das Schicksal von Kunstschätzen wichtig zu nehmen. Aber nicht nur die Wiener Stellen, auch Luithlen und seine Leute wurden über die Vorgänge und Erfolge im Zusammenhang mit den verschleppten Kunstschätzen im unklaren gelassen. Es dauerte Wochen, bis man Luithlen Einzelheiten über ihr Schicksal mitteilte, auch die Tatsache ihrer Sicherstellung erfuhr er erst zwei Tage nach der englischen Rundfunkmeldung.

Was war aber wirklich zu Kriegsende mit dem Transport Schirachs geschehen, der jetzt zur großen Erleichterung aller Verantwortlichen in St. Johann aufgetaucht war? Das letzte, was die beiden Restauratoren Sochor und Hajsinek am 7. Mai hatten beobachten können, war die Abfahrt des Lastwagens in Richtung Mittersill (siehe Abbildung Seite 158 f.), nachdem sie selbst vom begleitenden Militär zum Zurückbleiben gezwungen worden waren. Zunächst hatten die Restauratoren immer wieder vergeblich versucht, sich mit den vorrückenden Amerikanern in Verbindung zu setzen. In Zell am See trafen sie endlich einen deutschsprechenden Offizier, dem sie ihr Anliegen vortrugen. Der Zufall wollte es, daß er vier Jahre in Wien studiert hatte und deshalb die Bedeutung der Meldung über den Verlust der Kunstschätze sofort erfaßte. Er bat die beiden Herren, bis zur Klärung der Sache in Bramberg zu bleiben und versprach seine Hilfe, wie Sochor in seinem Gedächtnisprotokoll berichtet. Aber auch jetzt blieb der Erfolg aus, obwohl sogar das Kommando der siebenten Armee wegen der Wichtigkeit des Anliegens eingeschaltet wurde. Dafür erschien am 13. Mai, also fünf Tage nach dem Waffenstillstand, nochmals „Herr Stuppäck“ – nun nicht mehr Reichskulturreferent, auch nicht mehr empört über die Entführung der Bilder, dafür immer noch auf freiem Fuß – in Bramberg und teilte den Restauratoren mit, er sei sicher, die Bilder würden „eines Tages“ ohne wesentliche Schäden wieder auftauchen.

Auf das hin gaben die beiden Herren schließlich auf. Sie versprachen sich nichts mehr von einer weiteren Suche und wollten nach Ischl zurück. Aber selbst die Heimfahrt gelang nur unter größten Schwierigkeiten. Erst am 23. Mai trafen die beiden Männer nach Benützung aller möglichen Verkehrsmittel im Bergungsort ein,[127] am 1. Juni verständigte der CIC Luithlen dann offiziell davon, daß die Bilder gefunden worden waren. Wo sie sich befanden und ob sie vollzählig waren, darüber gab es zunächst keine Informationen, trotzdem waren Freude und Erleichterung groß.

Die noch verbleibende Lücke im Wissen um Schicksal und Weg der Bilder füllen Berichte, die sich im Nachlaß Hofrat Michels fanden: Am Abend des 7. Mai erschien bei einem gewissen Herrn God, der in St. Johann in Tirol eine Villa bewohnte, ein SS-Offizier und bat, einige Kisten in seinem Keller einlagern zu dürfen. Die Kisten enthielten Lebensmittel, und Herr God könne sich gerne davon nehmen, wenn Bedarf gegeben sei. Da Nahrungsmittel knapp waren, sagte Herr God sofort zu und willigte ein, als der Offizier hinzufügte, auch einige Bilder wären noch zu lagern, drei oder vier, ob das möglich sei.[128]

Gegen Mitternacht kam der Transport an, Herr God zeigte dem Offizier den Lagerraum und bat ihn, die Schlüssel in die Wohnung hinaufzubringen, sobald die Aktion beendet sei. Als dies nach etwa 45 Minuten noch nicht geschehen war, ging Herr God wieder nach unten und mußte feststellen, daß schon vier große Kisten eingelagert waren, eine fünfte wurde eben gebracht. Offensichtlich war seine Gegenwart unerwünscht, denn die Offiziere legten ihm nahe, doch wieder in die Wohnung hinaufzugehen, einer von ihnen bot sogar seine Begleitung an. Endlich, gegen zwei Uhr früh, wurde der Kellerschlüssel gebracht, und Herr God konnte schlafen gehen.

Die große Überraschung folgte am nächsten Morgen, als er seinen Keller betreten und Nachschau halten wollte. Der Raum war so vollgestopft mit Kisten und Bildern, daß er die Türe aushängen mußte, um überhaupt hineinzugelangen. Um Platz zu schaffen, beförderte er einmal ein paar Bilder auf den Gang. Dann öffnete er die zunächst liegende der Kisten. Auch sie enthielt Gemälde, eine weitere trug die Aufschrift „Pl 23", und unter Holzwolle und anderem Verpackungsmaterial kamen Vasen und andere Kunstgegenstände zutage. Im Hintergrund des Raumes schließlich entdeckte Herr God zahlreiche Säcke mit unbekanntem Inhalt. Als er höchst verwirrt wieder auf den Gang zurückkehrte, sah er, daß eines der Bilder auf der ihm zugewendeten Rückseite die Aufschrift „Brueghel, Bauernhochzeit" und ein Signum trug, das es als Eigentum des „Allerhöchsten Kaiserhauses" auswies. Herr God kannte das Bild sehr wohl, ebenso die anderen, die er nach und nach bestaunte, und der Gedanke an den enormen Wert, der ihm da ins Haus gestanden war, beunruhigte ihn zutiefst. Er wollte zunächst nichts weiter, als die Sachen und die Verantwortung für sie so schnell wie möglich wieder los haben. Nach vergeblichen Versuchen, nach Innsbruck zu den Tiroler Landesstellen zu gelangen, vertraute er sich schließlich einem Bekannten, Gottfried Rottmann an, der seinerseits den Bürgermeister von St. Johann, Dr. Josef Hofinger informierte. Diesem gelang es, nachdem er zunächst die Wahrheit des Berichtes stark angezweifelt und sich selbst vom Sachverhalt überzeugt hatte, Dr. Gamper, den Referenten für Kunstangelegenheiten in der provisorischen Tiroler Landesverwaltung zu informieren. Infolge der Reisebeschränkungen und des Fehlens von Transportmitteln war inzwischen der 16. Mai gekommen, die Kunstschätze lagerten also schon fast zehn Tage im Hause des Herrn God.

Während dieser Zeit waren immer wieder Angehörige der ehemaligen SS-Einheit Großdeutschland, auch Major Fabian selbst, bei dem Hausherrn erschienen und hatten unter Angabe verschiedenster Gründe wie Verlagerung „ins Altreich" oder in die Schweiz die Herausgabe der Kunstwerke verlangt. God verweigerte diese jedoch mit der Begründung, es handle sich hier um eindeutig österreichisches Gut, und er werde die Sachen deshalb nur österreichischen Stellen ausfolgen. Ob ihm wohl jemals jemand dafür gedankt hat?

Endlich, am 19. Mai, erschien Dr. Gamper, warf nur einen Blick auf das Depot und nahm es sofort als „Bevollmächtigter des Landes Tirol" in Verwahrung – allerdings rein theoretisch, denn es fehlte die Möglichkeit zum Abtransport der Bilder. Inzwischen hatten auch die amerikanischen Stellen von der Sache erfahren, am 24. Mai fragten sie bei Bürgermeister Hofinger an, und er gab ihnen die entsprechende Auskunft. Daraufhin übernahm das Militärkommando die weitere Verantwortung, und die Bilder wurden so letztlich nicht nach Innsbruck sondern nach Salzburg transportiert. So weit die Berichte, wie sie sich im Archiv des Naturhistorischen Museums finden.

Der Vorfall beschäftigte alle betroffenen Stellen noch lange, wie aus den Bergungsakten des Bundesdenkmalamtes hervorgeht (Zl. 62 12 – II – 3/45), manche erfuhren überhaupt erst davon, als alles längst vorbei war und glaubten dann, eine sensationelle Entdeckung gemacht zu haben. So schrieb der neue Direktor der staatlichen Sammlungen, Dr. Alfred Stix, Ende September einen aufgeregten Brief an das Ministerium:

Bei ihm habe sich ein Dr. Hofinger gemeldet, der zur Zeit der Besetzung Bürgermeister von St. Johann in Tirol gewesen sei. Er habe von einer Sendung berichtet, die im Auftrag Reichsleiter Schirachs in einem Privatkeller in St. Johann eingelagert wurde. Der Transport habe eine Kiste mit Dürer-Stichen aus der Albertina, das berühmte Salzfaß von Cellini und neben Bildern und Gobelins noch 600 Kilogramm Gold in Barren enthalten. Er habe sich bemüht, die Sachen nach Innsbruck bringen zu lassen, sie seien aber nach Salzburg gelangt. Die zuständigen Beamten legten den Brief ad acta und winkten Dr. Stix ab: die Angelegenheit sei inzwischen geklärt. Außerdem scheint es, als habe irgend jemandem seine Phantasie einen Streich gespielt, denn weder von Beständen der Albertina noch von Gold war je die Rede gewesen.

Natürlich war der 1. Juni, an dem Luithlen die offizielle Meldung von der Sicherstellung des Transportes bekam, ein markanter Tag für die Ischler Bergung, war doch damit der Kontakt zu den wertvollen Bildern wieder hergestellt, einer jener Fäden wieder geknüpft, die im Westen zu Kriegsende abgerissen waren. Der Tag wurde aber auch in anderer Hinsicht bedeutsam. Am 1. Juni konnten mit Erlaubnis der Besatzer auch die Arbeiten zur Freilegung der Schätze im Salzberg begonnen werden, und zwar im Erbstollen und im Werk XII. Der II. Tiefbau blieb zunächst noch verschüttet, aber auch seine Öffnung wurde bald darauf in Angriff genommen. Am 13. Juni war dann auch die Hauptbergung am „Bahnhof" wieder zugänglich, und der Bergungsleiter betrat mit seinen Mitarbeitern voll Spannung den Raum und die Stollen wieder, die mehr als fünf Wochen lang jedem Zugang verschlossen gewesen waren.

„Es erwies sich, daß das Bergungsgut sich in ausgezeichnetem Zustand befand, daß also der Bergungsort – wie vorausgesehen – alle Erwartungen auch in klimatischer Beziehung erfüllt hatte", meldete Luithlen in seinem „Abschließenden Bericht".

Diese trockene Feststellung bedeutete nichts weniger, als daß die Ischler Bergung das Kriegsende unversehrt überstanden hatte. Die Bergleute und Ingenieure hatten richtig kalkuliert und gearbeitet, nun konnten die Musealbeamten „ihre" Schätze wieder in direkte Verwahrung nehmen, das Ärgste war überstanden. Aber Dr. Luithlen als Verantwortlicher blieb vorsichtig. Die Treppen neben dem Aufzug wurden weiterhin unbegehbar gelassen, nur der Aufzug selbst durfte benützt werden, und auch das nur in Begleitung von Mitgliedern der Bergungsaktion. Am 14. Juni besichtigte Lieutenant Shrady von der Ausseer Mannschaft die Depots und zeigte sich „von der Unterbringung der Kunstschätze sehr beeindruckt".

Trotzdem gab es Grund zur Aufregung, allerdings nicht in der Bergung der staatlichen Sammlungen. Im Zuge der Begehung stellte sich heraus, daß einige von jenen Kisten aufgebrochen worden waren, die der Gaukonservator von Oberdonau, Juraschek, zu Anfang der Bergungsaktion 1944 hinterlegt hatte, noch bevor die staatlichen Institute mit ihren Antransporten begannen. Er hatte dafür einen Lattenverschlag am Ende des sogenannten Dynamitstollens benützt (siehe Abbildung Seite 46 f.). Ob und welche Gegenstände fehlten, konnte an Ort und Stelle nicht geklärt werden, es bestand aber kurze Zeit der Verdacht, es könne sich unter ihnen auch der berühmte Tassilokelch aus dem Stift Kremsmünster befinden. Eine Rückfrage im Stift ergab dann, daß die Befürchtungen unbegründet gewesen waren.[129] Dafür enthielten die geöffneten Kisten aber anderes sakrales Gerät von hohem Wert, zum Beispiel ein Kreuz aus Hohenfurth und ein gotisches Pastorale. Zur Tatsache der Einsichtnahme in diese Kisten durch US-Offiziere paßt eine Erinnerung der Bergleute[130]: Eines Tages sei ein Amerikaner aus dem Berg gekommen mit einer etwa zwanzig Zentimeter breiten und fünfzig Zentimeter langen Kassette unter dem Arm. In der Kanzlei beim Erbstollen habe er sie geöffnet, und sie habe ein wunderschön gearbeitetes Kreuz aus Gold enthalten, „aus Stäbchen geflochten". Damit sei er in einen Jeep gestiegen und weggefahren. Ob der Schatz je wieder zu seinen rechtmäßigen Herren zurückfand beziehungsweise aus welchem Grund er überhaupt weggeführt wurde, ist nicht bekannt.

Das übrige Bergungsgut in Ischl war nicht so leicht zugänglich und blieb auch dort, wo es war. In den folgenden Wochen sah Luithlen wie bisher seine Hauptaufgabe darin, gegenüber der Besatzungsmacht immer wieder klarzustellen, daß er österreichisches Staatseigentum verwalte, und er hatte damit auch guten Erfolg. Seine Stellung und die rechtliche Situation der im Berg verwahrten Kunstschätze wurden nicht mehr angezweifelt, die letztliche Ausrichtung dieser Bergung auf Wien und seine Zentralstellen schien gesichert. Im übrigen war die Mannschaft voll beschäftigt. Immer noch galt es ja, die Bestände in jene Ordnung zu bringen, die Schirachs Aktion empfindlich gestört hatte. Die aus Gaming Ende April angekommenen Bilder mußten aus den feuchten Kammern nahe dem Eingang des Erbstollens ausgelagert und in die höheren Horizonte gebracht werden, Restaurierungsarbeiten waren vor allem bei diesen Beständen dringend nötig, und auch eine Überprüfung des Inventars wurde begonnen.

Was die verschleppten Bilder anlangte, so erreichte Luithlen am 28. Juni, daß der Kommandant der Bewachungstruppe am Ischler Salzberg, Lieutenant Hill, mit ihm nach Hallein fuhr, da man die Bilder dort vermutete. Als sich das als unrichtig erwies, brachte Hill Luithlen nach Salzburg, und hier wurde ihm endlich mitgeteilt, die vermißten Kunstschätze befänden sich wohlbehalten „in einem bewachten und feuersicheren Depot".[131] Besichtigen durfte er sie noch nicht, aber man gewährte ihm Einblick in die Listen. Luithlen verglich bangen Herzens, aber es war alles da – alles bis auf ein Bild, Jan Brueghels „Blumen in blauer Vase" (siehe Abbildung Seite 194). Das weckte zwar Befürchtungen, die das Hochgefühl dämpften, aber alle glaubten doch, die Sache werde sich bald klären. In dieser Zeit der Umwälzungen, nach dem langen Suchen und Warten und dem endlichen Wiederfinden schien diese Frage wenig bedeutend im Vergleich zu dem, was hätte geschehen können, die Freude überwog.

Und dann kam, gewissermaßen als Krönung aller Hoffnungen, endlich ein Lebenszeichen aus Wien. Durch einen Mittelsmann schickte Dr. Loehr, der neue Direktor des Kunsthistorischen Museums, einen Brief, nach nahezu drei Monaten die erste direkte Nachricht. Man kann sich vorstellen, mit wievielen Fragen der Bote bestürmt wurde, aber auch eine Antwort bekam er mit, die eine erste Situationsschilderung enthielt und die Mitteilung, daß bei der Bergung Ischl-Lauffen alles soweit in Ordnung sei, die Güter dem wiedererstandenen Staat Österreich erhalten geblieben waren. Luithlen war, das hatte er inzwischen sogar schriftlich, „Herr" im eigenen Haus, selbst amerikanischen Soldaten und Offizieren war das Betreten der Bergung ohne seine Erlaubnis nicht mehr gestattet.[132]

Jan Brueghel, Blumen in blauer Vase; KHM, Wien

Anders lagen die Dinge in Aussee. Dort war in den Augen der Sieger – im Gegensatz zu Ischl – fast nichts rechtens und sicher. Hier konnte man nicht „anknüpfen“ an das, was vor der Besetzung gewesen war, die Fäden mußten in andere Richtungen gespannt werden, über Jahre hinweg zu den früheren Eigentümern. Nur das konnte als „Wiederherstellung der Ordnung“ gelten. Mit der gleichen Folgerichtigkeit, mit der die beiden Bergungen zu Kriegsende im Raum des Salzkammergutes zusammengefunden hatten, strebten sie nun auseinander.

Richteten sich die staatlichen Sammlungen mit der Stabilisierung der Lage immer mehr nach Wien aus, so sollten die Ausseer Schätze samt und sonders den Weg nach München antreten und von dort weg später dann zu ihren rechtmäßigen Besitzern.

Natürlich wäre es zur Sicherung eines Überblicks und für eine lückenlose Durchführung dieser Aufgabe notwendig gewesen, zunächst die vorhandenen Bestände aufzunehmen, ein möglichst genaues Inventar wenigstens jetzt zu erstellen, also den Endstand der Bergung Aussee festzuhalten. Aber dazu nahm man sich nicht die Zeit. Das hätte Wochen gedauert, vielleicht sogar Monate. So begnügte man sich mit den „Summaren" (siehe Seite 112 ff. und 171), die weder vollständig waren noch Details enthielten, und mit jenen Angaben, die Sieber und Eder – die einzigen Wahrer einer gewissen Kontinuität – mündlich machen konnten, denn alle Betroffenen drängten auf Wiedergutmachung, verlangten rasches Handeln. So erstellte Posey ein Konzept: Als erste sollten jene Dinge rückgeführt werden, bei denen es keine Komplikationen gab, da die Besitzverhältnisse einwandfrei feststellbar waren. Dazu aber sollten für den Transport nach München noch solche in die erste Wahl kommen, die sich in provisorischen Lagerräumen und Zwischendepots befanden, in denen sie leicht Schaden nehmen konnten. Bald schon nach der Festlegung dieser Rangordnung wurden Taten gesetzt, am Abend des 16. Juni begannen die Abtransporte. Eder berichtet darüber: „Mir wurde die Aufgabe übertragen, sämtliches Kunstgut beim Verlassen des Bergwerkseinganges listenmäßig zu notieren und diese Transportlisten den Offizieren dann allabendlich auszuhändigen. Auf meine Frage, ob ich nicht auch für österreichische Zwecke eine Durchschrift dieser Listen mitschreiben solle, wurde mir seitens der Offiziere (Lieutenant Stout) erklärt, dies sei nicht nötig. So kam es, daß von diesen Listen . . . keine Duplikate vorhanden sind. Es kann daher heute nicht mehr ohne weiteres festgestellt werden, welche Objekte . . weggeführt wurden, doch waren es zum Großteil Gemälde, von welchen, je nach Größe, ein Truck 25–50 Stück faßte."[133] Der im Bericht genannte Lieutenant George Stout war übrigens im Zivilberuf Chefrestaurator am „New Yorker Kunstmuseum", wie Eder berichtet, also ein Fachmann, und er kannte seine Aufgabe genau: Über die meisten dieser Kunstschätze war man dem österreichischen Staat keine Rechenschaft schuldig. Die Herkunft und das weitere Schicksal dieser Dinge festzustellen, war eine Sache, an der Österreich keinen Anteil hatte, ebenso wenig wie die anwesenden österreichischen Beamten.

Aber die Fülle der Arbeit war so groß, daß sich bald die Forderung nach mehr Hilfskräften erhob, und zwar nach solchen aus den eigenen Reihen. Weitere MFA&A-Offiziere sollten also mit Aussee befaßt, von anderen Stellen abkommandiert werden.

Damit kam eine völlig neue Komponente in das Geschehen, denn mit diesen MFA&A-Offizieren hatte es eine eigene Bewandtnis. Sie alle waren relativ junge Leute, keiner weit über dreißig und daheim in den USA Leiter kleiner bis mittlerer Museen oder „aufstrebende Kräfte“ in größeren Instituten.

Viele von ihnen kannten einander noch aus der Studienzeit, von Kongressen und Seminaren. Nun hatte man sie zum Militär eingezogen, in Uniformen gesteckt, und sie trafen einander mit großem Hallo als Mitglieder einer siegreichen Armee in Europa wieder, fanden sich gegenseitig in ihrer militärischen Aufmachung äußerst komisch und hatten ihren Spaß daran. Dazu kam, daß sie alle, aus welchen Gründen immer, zur Marine eingezogen worden waren. Nun liefen sie, von den anderen Truppenteilen mit mildem Spott bedacht, in ihrer Marineuniform in „Alpentälern“ und abgelegenen Gegenden herum und suchten nach Schätzen und Kunstwerken. Und – sie fanden sie tatsächlich, überall auf ihrem Weg durch Europa, Dinge von unvorstellbarem Wert, Dinge, die sie bisher nur vom Hörensagen kannten. Als wären sie mit Aladdins Wunderlampe ausgestattet, so öffneten sich ihnen Berge und Schlösser und gaben ihre Geheimnisse preis. Und bei allem Expertentum reagierten diese Männer darauf wie Kinder: Sie nahmen die Dinge in die Hand, drehten und wendeten sie nach allen Seiten und waren voll des Staunens. Einer von ihnen, Thomas Carr-Howe, Direktor eines Museums in San Francisco, Kalifornien, brachte schon ein Jahr nach seiner Heimkehr, 1946, ein Buch heraus, in dem er über seine Eindrücke in Europa berichtete. „Salt Mines and Castles“, „Salzbergwerke und Schlösser“ hat er es genannt, und die ganze Unmittelbarkeit des Erlebens spricht daraus. In diesem Buch ist ein ganzes langes Kapitel Aussee gewidmet.

Nach Carr-Howes Darstellung ging die „Liquidierung“ der Ausseer Bestände bald zügig voran. Die Trucks mit dem Kunstgut fuhren – unter Aufsicht der MFA&A-Offiziere – regelmäßig nach München ab. Poseys Überlegungen erwiesen sich als richtig.

Lag Wien damals, von Ischl und Aussee aus gesehen, in einer anderen Welt, so war München relativ leicht erreichbar, wenn auch eine Autobahnbrücke bei Rosenheim zerstört war, sodaß man in halsbrecherischer Fahrt auf den Talgrund hinunter und jenseits wieder auf die Autobahn auffahren mußte. In München selbst war inzwischen die zentrale Sammelstelle, der „Central Collecting Point Munich“, CCP, wie er kurz genannt wurde, notdürfig adaptiert. Man hatte dazu das ehemalige Verwaltungsgebäude auf dem Königsplatz gewählt, das Gegenstück zum früheren „Führerbau“, wie Thomas Carr-Howe von seinem ersten Aufenthalt dort berichtet.[134] Das Haus war von Bomben nicht getroffen worden, aber vom Luftdruck beschädigt. Keine der Türen ließ sich schließen, und die Fenster waren kaputt. Aber ein Mitglied der Einheit, ebenfalls Architekt wie Captain Posey, hatte sich daran gemacht, das Bauwerk instand zu setzen, soweit das bei der herrschenden Materialknappheit möglich war. Schon waren im Erdgeschoß einige Räume intakt, rasch wurde ein Stab aus deutschen Wissenschaftern und Museumsspezialisten gebildet, Kunstgut wurde aus den verschiedensten Depots im bayrischen Raum angeliefert, und bald konnte sich das Haus mit manchem amerikanischen Museum messen, was Ausstattung und Umfang betraf.

Nun begannen auch die Kunstschätze aus Aussee hereinzukommen, meist in Konvois zu sechs Lastwagen. Beim Entladen wurden die Stücke identifiziert, bezeichnet und in Listen eingetragen. Hier also, nicht in Aussee war die Stelle, in der sich das „Frachtgut“, das nach Stück, nach Wagenladungen und schließlich nach Tonnen gezählt wurde, wieder in das verwandelte, was es war, nämlich Kunstschätze mit klingenden Namen und reicher Vergangenheit. Bei diesen Unterlagen vor allem wird man ansetzen müssen, sollte sich die Forschung je damit befassen, Licht in das Dunkel um die Bergung Aussee zu bringen, diese gewaltige Zusammenballung von Kunstschätzen aus ganz Europa, in der bisher nur schwache Umrisse und wenige Einzelheiten erkennbar sind. In München wurden die Gemälde auch photographiert, dazu gab es ein eigenes Labor, und dann auf rasch hergestellten Regalen verwahrt.

Ähnlich wie Marburg oder Wiesbaden wurde der „CCP Munich“ bald eine Drehscheibe für die Rückführung von Kunstgut. Die Gespräche der jungen amerikanischen Kunsthistoriker, die hier zusammentrafen, drehten sich nur um die sagenhaften Schätze, die sich da und dort in Westeuropa schon gefunden hatten, in einem tropfnassen Schacht in Siegen in Westfalen etwa oder in „Merkers Salzbergwerk“ (siehe Seite 59), wo das viele Gold und die größten Kostbarkeiten aus den Berliner Museen gelagert gewesen waren. Trotzdem, so sagte man Thomas Carr-Howe, sei das alles nichts gegen die Wunder, die ihn in Aussee erwarteten, sollte er wirklich hinkommen, wie es schien.

Und nach einigen anderen Aufträgen, die man für ihn hatte – etwa die Evakuierung der Bestände des Klosters Hohenfurth, knapp bevor die Russen dort einrückten – war es dann so weit, Carr-Howe ging nach Aussee. Und wieder erleben wir das Salzkammergut und seine Bergungen, gesehen mit den Augen eines US-Offiziers. „Die Straße führte nun in zerklüfteteres Land. Wir kletterten und kletterten, und mit jeder Biegung der Straße wurde die Landschaft großartiger . . . Hinter St. Agatha lag der Pötschenpaß. Die Straße, die hinaufführte, bestand aus einer Folge von Haarnadelkurven und gefährlichen Steigungen. Während wir uns langsam den Weg die letzte Steilstrecke zur Paßhöhe hinaufquälten, fragte ich mich, welche Route wohl George (Stout) für seine Konvois vom Bergwerk benützte. Sicher nicht diese. . . . Später fand ich heraus, daß das die einzige Straße war, die überhaupt nach Altaussee führte.“

Ebenso aufregend fand Tom Carr-Howe dann, nachdem er und sein Kamerad sich im Steinberghaus am Salzberg einquartiert hatten, seine erste Einfahrt mit der Grubenbahn. „Wir wurden zwei Herrn vorgestellt, die weiße Uniformen trugen . . . Die beiden Männer waren Karl Sieber, der Restaurator, und Max Eder, ein Ingenieur aus Wien. Es war Eders Aufgabe, den Inhalt jedes Trucks auf Listen festzuhalten.“ Die Angabe von Thomas Carr-Howe in San Francisco 1946 deckt sich also genau mit der Angabe von Ingenieur Eder in Wien 1949 (siehe Seite 195). „Wir bemerkten“, fährt Carr-Howe fort, „ daß die Bergleute, die wie ein Trupp Zwerge von Walt Disney aussahen, dicke Pullover und Wolljacken trugen zum Schutz vor der Kälte unter Tag . . . Auf ein Signal von Sieber, der sich gemeinsam mit George in einen der Grubenhunde gequetscht hatte, setzte einer der ‚Gnome' die Maschine in Betrieb, und nach ein paar Fehlstarts . . . ratterte der Zug in die düstere Höhle vor uns." Und damit begann für die beiden „Neuen" das erregende Treffen mit den Schätzen unter Tag. Sie sahen die Madonna aus Brügge – „das Licht unserer Lampen spielte über die sanften Falten ihres Gewandes, über das zart modellierte Gesicht . . . Der Kontrast zu den rohen Brettern, die sie umgaben, diente nur dazu, ihre sanfte Schönheit noch mehr zu betonen" – sie sahen im Mineralienkabinett die Tafeln des Genter Altars, und sie sahen die Unmenge anderer Bilder aus verschiedensten Sammlungen. Und nun wurde ihnen auch mitgeteilt, was ihre Aufgabe sein würde: Während Stout und die übrige US-Mannschaft gemeinsam mit Eder draußen vor dem Mundloch das Beladen der Laster besorgten, sollten sie beide Sieber im Berg drinnen helfen, die wertvollsten Bilder – jene der „ersten Kategorie" also – auszusuchen und auf die Grubenbahn zu verladen.

Bald schon war die Arbeit in vollem Gang. Da gab es Bilder aus dem 19. Jahrhundert, Hitlers Lieblinge, außerdem Gemälde von Frans Hals, Brueghel, Rubens, Reynolds, Holländern, Franzosen und gotische Tafelmalerei. Und die beiden US-Offiziere tasteten sich langsam durch die Menge, zuerst im Springerwerk, dann im Kammergrafenwerk. Sie wählten nur Erstklassiges, Bekanntes aus, der Einfachheit halber der Größe nach, was für den Transport wichtig war, und ohne Rücksicht darauf, welcher geschlossenen „Sammlung" sie damit die kostbarsten Stücke entnahmen. George Stout hatte eine Methode erfunden, aus in der Bergung vorhandenem Spitzenvorhangstoff „Würste" zu formen, die die Bilder gegeneinander absicherten. Zusammen mit Papier und Filz ergaben sie ausgezeichnetes Verpackungsmaterial. Alles war in guter Stimmung, die Arbeit ging flott voran. Schließlich wagte man sich an die Madonna von Michelangelo. Tagelang arbeiteten George Stout und seine Leute an der Vorbereitung für den heiklen Transport. Schließlich war die Madonna so abgesichert und gepolstert, daß weder von der ursprünglichen Verpackung mit Gradlmatratze noch von den Gestalten selbst etwas zu sehen war. Daraufhin wurde sie ausgefahren und mit Seilen und Win-

Oben: Michelangelos „Maria mit dem Kinde" in ihrer ursprünglichen Verpackung (mit Gradlmatratze)

Unten: Michelangelos „Maria mit dem Kinde", für die Rückführung bereit, mit MFA&A-Offizieren

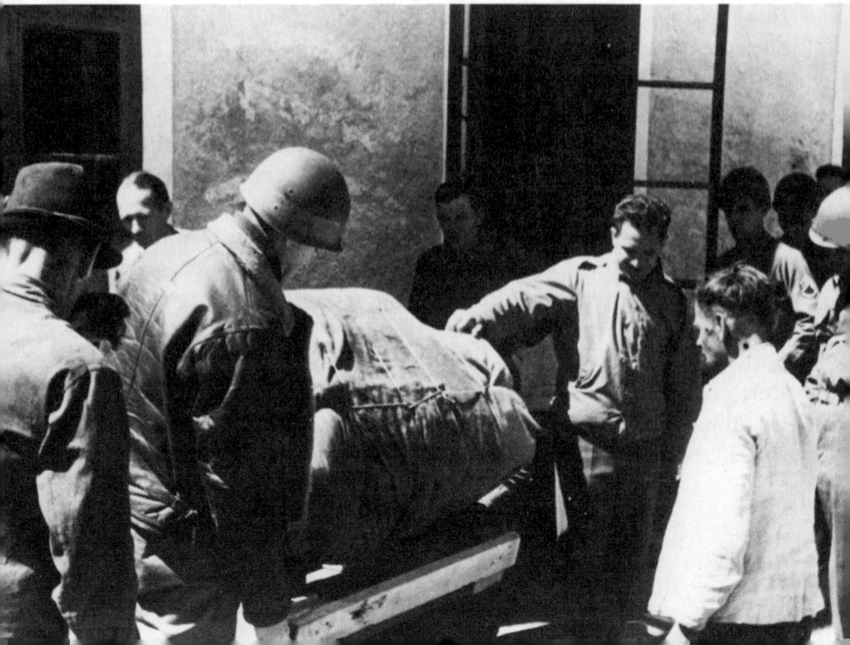

Das Mittelstück des Genter Altares, die „Anbetung des Lammes", wird für die Rückführung vorbereitet. Deutlich sichtbar die am Chiemsee vorgenommene Abdeckung der lockeren Stellen der Bemalung mit Seidenpapier

den auf einen Laster gehievt. Dort wurde sie festgebunden, mit einem antiken Sarkophag aus Saloniki als Rückenstütze und mit Kisten aus der für Linz bestimmt gewesenen Münzsammlung abgesichert – nun war sie reisefertig. Da alles so gut geklappt hatte, wurde am selben Tag noch ein zweiter Wagen mit den Tafeln des Genter Altars beladen, die man vorher in Kisten verpackt hatte. Am nächsten Tag, dem 12. Juli früh am Morgen, fuhr Lieutenant Stout mit dem Konvoi nach München, begleitet von zwei Wagen mit Funkgeräten und den besten Wünschen der ganzen Mannschaft.

Zwei Tage später war er zurück, alles war gut gegangen, aber er brachte auch die Nachricht, daß er selbst nun endlich, auf ein Gesuch hin, abrüsten und in die USA zurückkehren könne. So aufregend die Arbeit bei der Kunstgüterbergung für diese Leute auch war, eigentlich wollten sie nämlich alle etwas anderes: Sie wollten so rasch wie möglich wieder heim, nun, da der Krieg zu Ende war, sie wollten an ihre Arbeitsplätze, zu ihren Familien – und einer nach dem anderen wurde aus der Truppe entlassen in diesen Sommermonaten des Jahres 1945, um ins zivile Leben zurückzukehren.

Captain Posey war um diese Zeit auch nicht mehr in Aussee, er war in die Zentralstellen aufgerückt, und so avancierte nun plötzlich Thomas Carr-Howe als dienstältester Offizier zum Kommandanten der Gruppe. Man beruhigte ihn allerdings, es werde höchstens zwei Wochen dauern, denn bald schon sollten die dritte und die siebente Armee aus diesem Raum abgezogen werden. Gerade in diese wenigen Tage aber fiel eine überwältigende Entdeckung. Thomas Carr-Howe berichtet davon folgendes in seinem Buch:

Langsam begannen sich in jenen Tagen die „großen Räume des Kammergrafenwerkes zu lichten. Sie waren weit davon entfernt, leer zu sein, aber wir hatten den wesentlichen Teil der auswärtigen Beute ausgeräumt, das heißt, Beute, die von Ländern außerhalb Deutschlands stammte. Es waren noch beachtliche Mengen von Sachen aus österreichischen Sammlungen da, aber mit ihnen hatten wir uns nicht vorrangig befaßt. Nun war die Zeit gekommen, eine letzte Kontrolle durchzuführen, um sicherzugehen, daß wir nicht irgendein wichtiges Stück auswärtigen Gutes übersehen hatten."

„Gemeinsam mit Sieber begannen wir die Überprüfung. Zuerst gingen wir die Bilder durch . . ., danach die Plastik . . . und die Möbel. Sieber ging mit seiner Taschenlampe voraus. Da fiel das Licht auf zwei Kartons, die in einer dunklen Ecke hinter einer Gruppe von Bronzen aus der Renaissance standen. Ich fragte, was darin sei. Sieber hob die Schultern. Sie waren nie geöffnet worden, und er hatte vergessen, daß sie da waren. Wir zogen sie heraus und suchten nach einem Vermerk über den Inhalt. Sieber erinnerte sich, daß einer der früheren Kustoden der Bergung gesagt habe, die Sachen darin seien ‚sehr wertvoll'[135] – aber mehr wußte er nicht."

„Wir trugen die Kisten zu einem Tisch, wo das Licht besser war. Sie waren gleich groß, viereckig und ungefähr zwei Fuß hoch, und sie waren nicht schwer. Wir zwängten bei einer den Deckel sehr vorsichtig auf. Es konnte römisches Glas drinnen sein, und das Zeug bricht, wenn man es auch nur ansieht. Aber es war kein römisches Glas. In der Kiste lag eine Reihe kleiner

Kartonschachteln. Ich hob einen Deckel ab und entfernte eine Lage Watte. Auf der Watteschicht darunter lag ein prachtvoller goldener Anhänger, mit Rubinen, Smaragden und Perlen besetzt. Der Mittelteil, eine wunderbar gearbeitete Nixenfigur aus schillerndem Email, wies das Stück als eine Goldschmiedearbeit der italienischen Renaissance aus. Die Umrahmung aus verschlungenen Schnörkeln, Muscheln und Säulchen strahlte von Juwelen."

„Es waren vierzig Schachteln mit Schmuck – Halsketten, Anhänger und Broschen – alle von gleicher Pracht. Die Sammlung war ein Vermögen wert. Jedes Stück trug einen winzigen Merker mit einem Buchstaben und einer Nummer. Das waren die Rothschild-Juwelen. Und wir waren durch Zufall auf sie gestoßen."

Die Männer entschieden sofort, daß sie persönlich in München übergeben werden mußten. Diesen Schatz konnte man keinem der gewöhnlichen Transporte anvertrauen. Aber zuerst brach noch „das Kind" in den jungen Männern durch. Sie wollten ihrem Kollegen Steve Kovalyak, dem Photographen, eine „kleine Überraschung" bereiten. „Nachdem wir die Tür gegen ungebetenen Besuch verschlossen hatten, leerten wir die Etuis auf einem unserer Betten aus. Wir sagten ihm, er dürfe nicht schauen, bis wir fertig wären. Dann legten wir jedes Stück mit großer Sorgfalt auf, entwirrten die Glieder der Halsketten, rückten die barocken Perlen auf den Anhängern zurecht und stützten ein Stück gegen das andere ab, bis der ganze glitzernde Schatz auf der weißen Bettdecke ausgebreitet lag. Dann sagten wir Steve, er könne sich umdrehen. ‚Allmächtiger Gott', sagte er, ‚wo habt ihr das gefunden?' " Nach langem ungläubigem Kopfschütteln und nachdem die ganze Geschichte erzählt war, brachte Steve nur einen Satz heraus: „Das geht über meinen Verstand." Der Ausspruch wurde zum geflügelten Wort, er blieb, die Juwelen nicht. Schon am nächsten Tag brachte sie Tom Carr-Howe mit seinem Kollegen nach München.

Auf dem Weg hatte Carr-Howe übrigens auf Weisung von Captain Posey noch etwas zu erledigen: Sein Auftrag lautete, in Salzburg nach den Bildern aus dem Kunsthistorischen Museum zu sehen, die in Kürze ebenfalls nach München abtransportiert werden sollten. Ihre Lagerung in der Halle bei Klesheim schien auf die Dauer zu riskant, und den Zeitpunkt ihrer Rückführung nach Wien konnte damals niemand ahnen. Die Bilder fielen also in die Kategorie jener Werke, die man ihrer problematischen Unterbringung wegen nach München verfrachten wollte. Aber da gab es Schwierigkeiten. Der zuständige Offizier riet Carr-Howe zu seiner Empörung, er solle sich mit seinem Anliegen an General Clark in Verona wenden. Nach einem kurzen Wortwechsel kam dann eine Neuigkeit von Bedeutung heraus: Die dritte und die siebente Armee würden demnächst abziehen – das Gerücht war ja schon im Umlauf gewesen –, aber sie würden Clarks Fünfter Platz machen. Es war also ein neuerlicher Wechsel der Besatzungstruppen geplant, die Gründe dafür waren auch dem Offizier in Salzburg nicht bekannt. Schade, daß Carr-Howe das nicht früher erfuhr, denn einige Tage vorher noch hatte er anderes Kunstgut österreichischer Herkunft abtransportieren lassen, das ihm auch bedenklich gelagert schien.

Am 13. Juli waren, für die dortige Bergungsmannschaft vollkommen überraschend, beim Gasthof Engljähringer in Bad Ischl die MFA&A-Offiziere aus Aussee erschienen und hatten all jene Güter abgeholt, die Seiberl noch kurz vor Kriegsschluß nach Ischl geschickt hatte, damit sie nicht später mit der Führerbergung „in einen Topf“ geworfen würden (siehe Seite 150 f.). Michel hatte schon von den ersten Besatzungstagen an die US-Truppen auf diese Notunterkunft aufmerksam gemacht, nun wurde das Lager geräumt. Offenbar hatten die in Aussee verbliebenen Österreicher den Abtransport noch verhindern wollen, denn vom Tag des Einsatzes, also vom 13. Juli ist sowohl eine Stellungnahme von Michel selbst wie ein Bericht von Hückel erhalten,[136] jenem Mann, der am 27. April den Transport von Aussee durchgeführt hatte. Er erklärt darin übereinstimmend mit Michel, daß es sich bei der Bergung „in erster Linie um Eigentum aus österreichischen Klöstern sowie um Besitz von Kirchen sowie um Eigentum von Lokalmuseen“ handle. Die Gegenstände seien „nicht Eigentum des Linzer Museums und fallen auch nicht unter den ‚Führervorbehalt‘. Sie sind vielmehr dem Institut für Denkmalpflege zu treuen Handen zur Verwahrung übergeben worden.“ Nach Ischl habe man sie aus Angst vor Eigrubers Bombenplänen gebracht. Am 23. Juli verfaßte Hückel noch einen zweiten Bericht, aber da waren die Werke schon längst in München. Seiberls Rettungsaktion hatte sich damit in diesem Fall als vergeblich erwiesen.

Schuld daran war wohl die mangelhafte Information der MFA&A-Offiziere. Nun, einige Tage später, entgingen die Cimelien der Gemäldegalerie des Kunsthistorischen Museums mit knapper Not dem gleichen Schicksal, aus der gleichen „guten Absicht" heraus.

Am 20. Juli fand der endgültige Abzug der dritten Armee aus dem Salzkammergut statt. Damit endete auch diese erste Phase der Rückführungen, hörte die Gefahr einer überflüssigen Verschickung der Kunstschätze nach München zu bestehen auf, denn nun riß – zumindest vorübergehend – der „Faden" ab, der vom Salzkammergut zum CCP Munich gereicht hatte. Die Besatzer, die das Salzkammergut übernahmen, würden ihn erst wieder neu knüpfen müssen, und es war fraglich, ob sie das überhaupt tun wollten. Immerhin waren in diesen Wochen bis Mitte Juli insgesamt neunzig Wagenladungen mit internationalem, aber auch mit österreichischem Kunstgut verfrachtet worden. Die staatlichen Sammlungen im Lauffener Salzberg waren davon allerdings nicht betroffen und auch nie in dieser Gefahr gewesen.

Michel berichtete über das Ende der Aktion:[137] „Die Aktenmappen kamen damals zu der mit der Bewachung der Depots betrauten Formation in den Ort Alt Aussee, Adjutant dieser Formation war Leutnant Blumental." Gleichzeitig mit dem Abzug der dritten Armee wurden auch die Unterlagen weggeführt. Michel meldete das im Ton des Vorwurfs, obwohl er selbst es gewesen war, der sich und sein Wissen als erster der Besatzungsmacht zur Verfügung gestellt hatte – sicher niemandem zum Schaden, wie man rückblickend feststellen kann, aber ohne Kenntnis davon, wie sich die Dinge weiter entwickeln würden. Daß er von den Besatzern trotz seines Eifers nicht sonderlich geschätzt wurde, zeigt eine Bemerkung Thomas Carr-Howes,[138] der Michel „eine zwielichtige Figur" – „a shadowy figure" – nennt und viel mehr von seinen Kontakten zu Karl Sieber als von jenen mit Michel berichtet.

Nun, als bekannt wurde, daß die US-Truppen abzogen, war Michel schon längst dabei, für sich persönlich andere Fäden zu knüpfen, und sie liefen dorthin, wo er weiter zu leben gedachte, nämlich nach Wien. Seine Bemühungen in dieser Richtung hatten schon sehr früh begonnen, etwa Mitte Juni. Michel war ja, obwohl vom Ersten Direktor des Museums zum Abteilungsleiter degradiert, in der NS-Zeit doch in leitender Funktion tätig gewesen, und kaum einem Österreicher gelang es in jenen Zeiten, eine solche Stellung durch alle politischen Systemwechsel hindurch zu behaupten. Michel mußte also rechtzeitig klarstellen, daß er sich als „Geschädigter" betrachtete und was er inzwischen geleistet habe. So schickte er in Beantwortung einer ersten Anfrage am 11. Juni schon einen Brief an eine gewisse Frau Hofrat Rebel,[139] in dem er mitteilte, die Amerikaner hätten ihn mit der Oberleitung aller Bergungen betraut, und er bitte in Anbetracht dieser Tatsache nun auch um die Bestätigung durch die österreichischen Institute. Die Empfängerin des Briefes möge dies bei Herrn Minister Pernter zu erwirken suchen.

Michel bat, die Sache zunächst vertraulich zu behandeln, und berichtete weiter: „Ich bin mit allen Papieren (‚Freiheitskämpfer') ausgestattet . . . War in großer Lebensgefahr und glaube Anspruch auf Anerkennung für Durchführung gefährlicher Aktionen zu haben." In der Kurzfassung für den Minister lautete der Text dann folgendermaßen: „Alle Anschläge Eigrubers auf Bergungsorte abgewehrt. 8 Bomben zu je 500 kg als Marmorplastiken in das Bergwerk Alt-Aussee eingeschwindelt, von Freiheitskämpfern entfernt, alle weiteren Versuche abgewehrt. In Ischl alle Bilder und sonstigen Objekte wiedergefunden, die von Schirach und Stuppäck verschleppt worden waren . . . Alles Aktenmaterial gerettet und sichergestellt. Alle Objekte in bestem Zustand . . . Arbeite in Ischl und Aussee mit Vollmachten der Amerikaner, vertrete alle Institute, die hier Bergungsmaterial liegen haben, alle Institute können voll beruhigt sein – Bestand völlig gesichert . . . Fotomaterial gesammelt neben Akten. Schirach, Stuppäck, Mühlmann gefangen. Alle Angaben zur Verfolgung der Angelegenheit schon hier gemacht."

Auch handschriftliche Aufzeichnungen zum eigenen Gebrauch verfaßte Michel damals, die vom Bundesdenkmalamt in der gleichen Mappe verwahrt werden. Dort vermerkte er allerdings Anfang Juli: „. . . liquidiere gegenwärtig den Bergungsort an die Amerikaner."[139]

Nur fünf Tage nach der Episode bei Engljähringer, die er nicht hatte verhindern können, schrieb Michel dann einen Brief an Dr. von Berg und legte eine Kopie jenes Bildes bei, das später im „National Geographic“ erschien (siehe Abbildung Seite 171) und das ihn mit Bergarbeitern vor den ausgelagerten Bomben zeigt. In dem Brief heißt es neuerlich, alles – womit diesmal die Bestände der staatlichen Sammlungen gemeint sind – sei in bestem Zustand. Er selbst sei „Freiheitskämpfer, mit allen Vollmachten und Bestätigungen ausgestattet“, und man möge ihm doch endlich die Oberleitung aller Einlagerungen der Wiener Institute übertragen,[140] die ihm von den US-Truppen schon längst zugesprochen sei – was bekanntlich nicht stimmte, denn hier hatte im Einverständnis mit der Besatzungsmacht nach einer nur kurzen Unterbrechung Luithlen die Führung, und er erfüllte seine Aufgabe umsichtig und verantwortungsvoll. Aber Wien war weit, Verbindungen gab es kaum, und Michel wußte genau, was er wollte. Die Antwort blieb allerdings zunächst aus.

Nach Ischl kamen in jenen Tagen prominente Gäste. Am 23. Juli erschien der Direktor der National Gallery in Washington mit dem obersten Monuments Officer aus dem Hauptquartier General Eisenhowers, offenbar um die Depots vor der Übernahme durch die Armee General Clarks nochmals zu inspizieren, aber das wußte die österreichische Bergungsmannschaft nicht. Beide Experten waren von dem Zustand der Kunstwerke so befriedigt, daß sie einmütig erklärten, die Güter könnten ohne Schwierigkeiten im Berg bleiben, bis sie direkt nach Wien rückgeführt würden. Diese Entscheidung war sowohl für die Kunstwerke selbst wie auch für die Verantwortlichen von größter Bedeutung. Bis jetzt hatte man immer noch fürchten müssen, auch diese Güter würden eines Tages nach München gebracht werden, um auf einem Umweg heimzukehren. Nun war diese Gefahr gebannt, man war beruhigt.

So hätte es also bleiben können, was den Ischler Salzberg anlangte. An die US-Soldaten gewöhnte man sich schließlich, man lernte sie kennen, Kontakte hatten sich angebahnt. Aber da vollzog sich, für die Österreicher völlig überraschend, der neuerliche Wandel, bedingt durch die inzwischen getroffenen politischen Entscheidungen: Nun endlich, nach mehr als zwei Monaten, hatten sich die Sieger darüber geeinigt, wer weiterhin welchen Teil Österreichs verwalten solle. Auf die Phase der Besetzung folgte also nicht, wie die Österreicher gehofft hatten, der endgültige Abzug der fremden Truppen sondern die Zeit der Besatzung und der Zonengrenzen. Niemand wußte, wie lange diese Besatzungszeit dauern würde, aber selbst der schwärzeste Pessimist hätte sich damals nicht träumen lassen, daß es mehr als zehn Jahre sein würden.

3. Österreich geteilt durch vier

Davon, was nach dem Krieg mit Österreich geschehen solle, war schon auf den großen Konferenzen der Alliierten die Rede gewesen, die Moskauer Deklaration sicherte Österreich die Wiederherstellung als selbständiger Staat zu. Wann und in welcher Form dieses Konzept verwirklicht werden solle, darüber gingen die Meinungen auseinander oder waren vor Kriegsschluß überhaupt noch nicht geäußert worden. Konkrete Vorstellungen hatten sowohl die Russen wie die Engländer, über die jeweiligen Entwürfe wurde seit August 1944 diskutiert. Schließlich setzten sich die Russen mit ihrem Plan vom 4. April 1945 durch, der eine Vierteilung Österreichs vorsah. Offen blieb, was mit Wien geschehen solle, und das zu einer Zeit, als die russischen Truppen schon unmittelbar vor der Stadt standen. Überhaupt kein Konzept hatten die USA, das hatte sich schon im Lauf der Kampfhandlungen immer wieder gezeigt, sie hatten auch wenig Ahnung von den Verhältnissen in Österreich. Es gab führende Generäle, die nicht einmal wußten, daß es einmal ein selbständiger Staat gewesen war. Als General Mark Clark im Mai in Italien die Nachricht erhielt, er sei als amerikanischer Hochkommissar für Österreich vorgesehen, bat er deshalb zuerst per Telegramm die Regierung in Washington, ihn über die Lage dort zu informieren. Aber auch nach dem Kriegsende schien aus der Sicht der USA kein Grund zur Eile zu bestehen. Clark flog zunächst für einige Zeit in die USA, kam dann Mitte Juni zurück nach Italien, wo sein Stab inzwischen von Caserta nach Verona übersiedelt war, besuchte anschließend für einen Monat Siegesfeiern in Brasilien, und dann erst nahm er seine Aufgaben als US-Hochkommissar für Österreich wahr[141]. Natürlich hatte er sich in der Zwischenzeit vertreten lassen, und zwar von General Gruenther, der ihn bald nach seiner Rückkehr darauf aufmerksam machte, daß seine Stellung keine leichte sein werde. Inzwischen hatten nämlich die ersten Kontakte mit den Russen stattgefunden, und die Repräsentanten der USA hatten dabei Gelegenheit gehabt, Erfahrungen zu sammeln.

Damals wurde an zwei Stellen gleichzeitig über Österreichs Zukunft beraten: in Wien und in London. Vom 3. bis zum 13. Juni 1945 hatte die sogenannte „Vienna Mission" in Wien über die Aufteilung der Stadt selbst verhandelt, und auch hier waren Gegensätze aufgebrochen. Schwierigkeiten machte nicht nur die Zoneneinteilung an sich sondern auch die Suche nach geeigneten Quartieren für das jeweilige Oberkommando in der teilweise zerstörten Stadt. Außerdem war da die Frage der Verbindungswege. Jede Besatzungsmacht wollte möglichst ihren eigenen Flughafen und eigene, von den Russen unkontrollierbare Zufahrten. Das aber war nicht realisierbar, die Russen ließen sich sehr bewußt keines ihrer Rechte beschneiden. Schließlich einigte man sich doch in allen Punkten, das Zonenabkommen für Wien trat mit 9. Juli in Kraft. Den US-Truppen wurde Langenlebarn bei Tulln als Flugplatz zugestanden, mit freier Durchfahrt zur Hauptstadt.

In London tagte zur selben Zeit die Europäische Beratende Kommission. Sie gelangte Anfang Juli endlich zu einer Einigung über die Zonengrenzen in Gesamtösterreich, die ebenfalls bisher nicht bindend fixiert gewesen waren. Hier hatten die Engländer immer wieder mit Einwänden und Vorbehalten einen Abschluß verhindert, denn sie wollten weder die von den Russen allein eingesetzte Regierung Renner mit ihrem stark kommunistischen Einschlag anerkennen noch die Aufgabe übernehmen, ihren Bereich von Wien mit Lebensmitteln zu versorgen.[142] So verstrichen Monate mit einem Tauziehen um Dinge, die eigentlich vor der Besetzung des Landes zu klären gewesen wären. Aber endlich, am 4. Juli, wurde auch das Kontrollabkommen für ganz Österreich geschlossen. Diesem entsprechend, erfolgte die Räumung der Steiermark durch die Russen und die Übernahme des Bundeslandes durch die Engländer. Das Mühlviertel traten die US-Bevollmächtigten an die russische Besatzungsmacht ab, womit Linz nach den Worten Dr. Heinrich Gleißners „zur längsten Brücke der Welt" kam, die in Washington begann und bis Sibirien reichte. Ende Juli waren die Operationen beendet, jede der Mächte hatte das Gebiet bezogen, das sie von nun an verwalten sollte. Ein Glück, daß das Ausseerland damals noch, wie in der NS-Zeit, Oberösterreich zugehörte, sonst wäre es samt seiner Kunstgüterbergung von diesen Umschichtungen unmittelbar betroffen gewesen.

Aber auch in der US-Zone Österreichs selbst vollzog sich in der zweiten Julihälfte die schon angekündigte „Wachablöse". Teile von General Mark Clarks Armee übernahmen die Verwaltung, an die Stelle der Kampftruppen traten nun die „United States Forces in Austria", kurz USFA. Am 12. August 1945 traf auch ihr oberster Chef, Hochkommissar General Mark Clark selbst, auf seinem künftigen Sitz in Schloß Klesheim bei Salzburg ein. Clark versuchte von Anfang an, die Situation zu verstehen und auf Gegebenheiten Rücksicht zu nehmen. Er bemühte sich vor allem auch um „Tauwetter" in den eher frostig gewordenen Beziehungen zu den östlichen Verbündeten, aber selbst seine Versuche brachten keinen oder nur wenig Erfolg. „Die Russen waren immer mißtrauisch, immer auf der Suche nach einem höheren Beweggrund in unseren Worten und Handlungen", schreibt Clark in seinen Erinnerungen.[143]

Sehr rasch und sehr klar erkannte der General, wo die Fehlerquellen der amerikanischen Besatzungspolitik bisher gelegen waren. Da war zunächst die Tatsache, daß die Russen von Anfang an „sehr genau gewußt hatten, was sie wollten" und aus dieser Tatsache Vorteile zogen, während den Amerikanern erst allmählich klar wurde, daß es gerade „ihre allem zugrunde liegende Unsicherheit darüber war, was sie in Österreich wollten", was zu ernsten Schwierigkeiten führte. Dazu kam, daß die Bevölkerung zunächst wegen der bekannten Fehlinformation der Truppen sehr unfreundlich behandelt worden war. Überdies umgaben sich die US-Stellen in Unkenntnis der Zusammenhänge oft mit den „falschen" Beratern wie z. B. ehemaligen NS-Prominenten oder Militärs, mit deren weiterer Machtausübung die Österreicher nicht gerechnet hatten. Und schließlich war da noch eine Portion Neid der hungernden Bevölkerung auf die fremden Soldaten, die für damalige Begriffe „in Saus und Braus" lebten. Aber allmählich trat in den Beziehungen zwischen Österreichern und Amerikanern ein Wandel ein, vor allem das Verständnis der Besatzer für die Besetzten nahm mit dem wachsenden Wissen um die Situation deutlich zu.

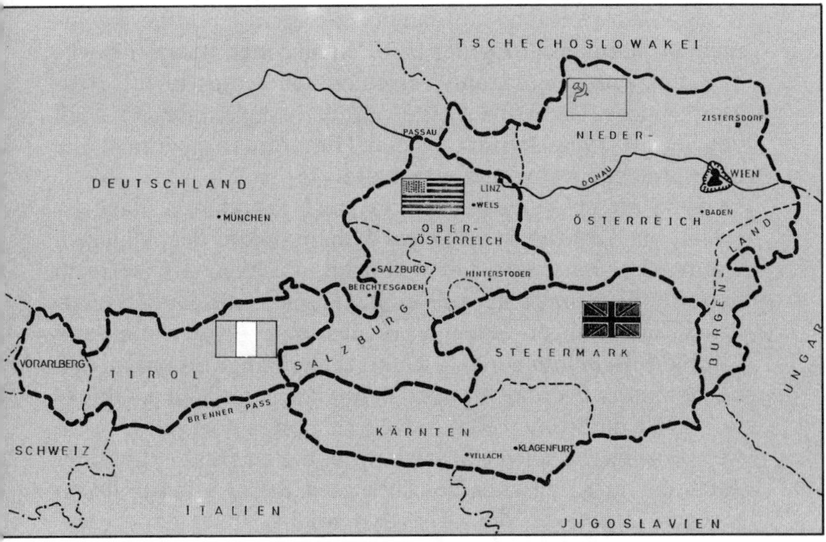

Die Besatzungszonen in Österreich

Das galt auch für die Maßnahmen, die die USFA bezüglich der Kunstgüterbergung trafen, obwohl Anfangsschwierigkeiten zu überwinden waren. Auch bei den USFA gab es die üblichen Unterabteilungen und Spezialeinheiten wie etwa eine MFA (Museums and Fine Arts) Division, die sich als zuständige Kunstabteilung mit den österreichischen Bergungen ebenso wie mit anderen einschlägigen Fragen zu befassen hatte, und daneben als eigene Stelle die RD&R-Division, die für Rückführungen zuständig war – bekannte Institutionen, aber für Österreicher immer schon schwer zu unterscheiden und nun mit anderen Leuten besetzt als bisher.

Auch den US-Kräften selbst bereitete die Umgruppierung Probleme, mußten doch die „Neuen" erst über die Lage informiert und über die bisherige Vorgangsweise unterrichtet werden. Das ergab eine Flut von Akten und Erklärungen, die viel kostbare Zeit beanspruchten und den Gang der Dinge verzögerten. Dazu kam, daß sich inzwischen die Gewichtung verschoben hatte: War es den einmarschierenden US-Truppen am Anfang vor allem darum gegangen, Kunstschätze vor Zerstörung, Schaden, Verschleppung und ähnlichen Gefahren zu schützen, während Rückführungen nur bei besonders bedeutenden Kunstwerken stattfanden, so ging es jetzt, mit zunehmender Normalisierung der Lage, immer mehr um die Rückbringung enteigneten und verschleppten Gutes in die Herkunftsländer. Die MFA-Leute wurden in zunehmendem Maß von der RD&R-Division in den Hintergrund gedrängt, die diese Belange wahrzunehmen hatte.

Chef dieser Abteilung war Colonel Theodore S. Paul. Er erhielt am 18. August 1945 ein Memorandum der Alliierten Kontrollkommission[144] mit wichtigen, die Lage in Österreich betreffenden Vorschlägen. Was die Gegenstände aus den staatlichen Sammlungen anlangte, so herrschte – vor allem dank Luithlens Bemühungen – eine derart eindeutige Situation, daß keine weitere Prüfung für nötig befunden wurde. Diese Objekte, meinte die Kommission, wären am besten dort zu belassen, wo sie seien, nämlich im Salzberg von Bad Ischl – Lauffen. Auch die zu Kriegsende verschleppten Bilder seien in ihrem jetzigen Depot, das die US-Truppen in Salzburg bewachten, bestens aufgehoben. „Bis die Situation in Wien klarer" werde, solle man also diese Standorte beibehalten.

Aber sogar für jene Dinge, die nicht dem Staat Österreich sondern Museen österreichischer Städte oder Klöstern gehörten, wurde, soweit sie nicht schon beim Central Collecting Point in München gelandet waren, eine direkte Rückführung unter Mithilfe österreichischen Museumspersonals empfohlen. Das stellte gegenüber der bisherigen Handhabung durch die dritte Armee einen bedeutenden Fortschritt dar. Allerdings mußte für diese Güter ein Nachweis ihrer österreichischen Herkunft erbracht werden, und Dr. Juraschek, vom „Gaukonservator von Oberdonau" zum „Landeskonservator von Oberösterreich" gewandelt, schrieb seit Anfang August schon lange Listen jener Gegenstände, die in Ischl und Aussee gelagert gewesen waren. Diese Listen gingen sowohl an die US-Stellen wie auch an das Staatsdenkmalamt in Wien[145] und sollten den betroffenen Stiften, Klöstern und Gemeinden bei der Wiedererlangung ihrer Kunstschätze helfen. Das Bergungsgut war ja überdies durch den Transport zahlreicher Werke nach Ischl in den Gasthof Engljähringer und durch deren anschließende Verfrachtung nach München empfindlich durcheinandergewürfelt worden, sodaß sich auch eine Klarstellung dessen, was noch vorhanden sein mußte, als dringend nötig erwies.

Sehr rasch informierte sich nun auch Colonel Paul persönlich über die Situation und unterbreitete seinerseits dem Hauptquartier schon am 31. August 1945 einen umfassenden Bericht mit seinen Vorschlägen.[146] Nach einer Schilderung der Bergungsorte, ihrer Besonderheiten und Bedingungen und der Modalitäten ihrer Bewachung kam auch er zu dem Schluß, man solle tunlichst österreichisches Gut nicht mehr aus dem Land abtransportieren sondern nach der Auslagerung aus den Depots direkt nach Wien schicken. Er verstand darunter aber nicht nur die Schätze der staatlichen Sammlungen und alle weltlichen und geistlichen Besitztümer sondern ging noch einen Schritt weiter und schloß nun auch das jüdische Eigentum österreichischer Herkunft mit ein. Für „Eigentum der nationalsozialistischen Partei und angegliederter Organisationen", deutsches Eigentum sowie Eigentum anderer Staaten und ihrer Bewohner seien die Richtlinien des Alliierten Kontrollrates und der Londoner Deklaration von 1943 zu befolgen, die eine Wiederherstellung der ursprünglichen Besitzverhältnisse garantierten. Dazu sei weiterhin die Verlagerung zum CCP München empfehlenswert. Dort solle alles Parteigut und deutsches Eigentum zunächst sichergestellt, alles übrige aber zur Rückführung bereitgehalten werden. Paul war sich darüber im klaren, daß die Güter damit aus der US-Zone Österreichs nach Deutschland gebracht werden müßten, das nunmehr schon einen streng getrennten Hoheits- und Verwaltungsbereich darstellte, aber er glaubte, diese Vorgangsweise wegen ihrer leichteren Durchführbarkeit empfehlen zu müssen, ein Schluß, zu dem seinerzeit schon Captain Posey gelangt war. Um dennoch die Kompetenzen der USFA zu wahren, solle ein Offizier dieser Truppe nach München abkommandiert werden, riet Colonel Paul.

Zu welchen Dimensionen sich der Collecting Point Munich inzwischen ausgewachsen hatte, geht ebenfalls aus dem Bericht hervor. Der dortige Stab setzte sich inzwischen aus 6 Offizieren, 180 Soldaten, 6 Kunsthistorikern in Zivil, 3 Kuratoren, 1 Dolmetsch, 1 Sekretärin und 2 Schreibkräften zusammen, zur Identifizierung der Kunstwerke stand eine komplette Bibliothek einschlägiger Fachliteratur zur Verfügung, die Aktion hatte also enorme Ausmaße erreicht.

Der Bericht Pauls enthielt so praktikable Vorschläge, daß

er offenbar von den USFA ziemlich ohne Änderungen akzeptiert wurde. Nur die Bewachung der beiden Bergungen wurde nochmals neu geregelt und den beiden für Salzburg und das Salzkammergut zuständigen Generälen mit besonderer Betonung ihrer Verantwortung übertragen. Damit waren für die weitere Vorgangsweise die Weichen gestellt, es schien, als könne die Arbeit, was die Transporte nach München anlangte, in absehbarer Zeit wieder aufgenommen werden.

Nicht so reibungslos gestaltete sich trotz der klaren rechtlichen Situation der Ablauf, was die österreichischen Kunstgüter anlangte. An ihren Rücktransport war erst zu denken, sobald die Zonengrenzen passierbar wurden, doch diese von allen herbeigesehnte Erleichterung ließ noch immer auf sich warten.

Dafür wurde die Ischler Bergung von den zuständigen MFA-Leuten bestens betreut. Am 11. und dann noch einmal am 17. August besichtigte der nunmehr für den Kunstschutz in der US-Zone verantwortliche Lieutenant Colonel DeWald, in Friedenszeiten Professor an der Universität Princeton, den Lauffener Salzberg, und Luithlen informierte ihn an Ort und Stelle über die Situation. DeWald versprach alle Unterstützung, auch was die in Salzburg gelagerten Werke anlangte, und bestätigte Luithlen als Bergungsleiter.[147] Von einer neuerlichen Verlagerung der Kunstgüter vor ihrer Rückführung war – ganz im Sinne der Erkenntnisse des Kontrollrates und Colonel Pauls – nicht die Rede.

Mit großer Erleichterung entschied deshalb Luithlen, daß die schon im Juli begonnene Routinearbeit der Ordnung und Bestandsaufnahme fortgesetzt werden könne. Zielstrebig erledigte die Bergungsmannschaft nun eine Aufgabe nach der anderen. Jene Bilder, die erst Anfang Mai mit Lastwagen aus der Bergung „Schloß“ angeliefert worden waren, wurden nun als „Neubestand“ nummernmäßig, aber nicht mit Maler und Bildtitel festgehalten und entsprechend gelagert, die vorher schon vorhandenen Objekte auf ihre Vollständigkeit geprüft und so ein „Endstand“ der Bergung Lauffen ermittelt, jener Arbeitsgang also durchgeführt, der in Aussee so bitter fehlt.

Der Ischler Endstand betrug:[148]

1520 Gemälde
122 Säcke mit Gobelins

278 Mappenkisten mit Katasterkarten des Amtes für Eich- und Vermessungswesen, eine Einlagerung aus dem letzten Transport vom März 1945, und
484 Kisten,
insgesamt 150 Tonnen Bergungsgut, wie die Amerikaner später nüchtern feststellten.[149]

Aber noch war nicht alles eitel Wonne, wieder folgte ein Rückschlag. Bei der Inventur fanden sich plötzlich einige leere Bilderrahmen, und Luithlen mußte zu seiner größten Bestürzung feststellen, daß sieben Gemälde aus der Galerie des Kunsthistorischen Museums fehlten. Es handelte sich, wie eine wiederholte Überprüfung ergab, um keine Werke der ersten Garnitur, die verschwunden waren, aber immerhin waren doch ein Rubens („Weibliches Bildnis“) und ein van Dyck („Jan Wildens“) dabei. Außerdem fehlten noch zwei Bilder von

Anton von Dyck, Jan Wildens; früher KHM, Wien

Heemskerk, „Glaube“ und „Hoffnung“, eine Landschaft von Berchem, die Skizze eines venezianischen Deckengemäldes und ein Bild, „Ecce homo“, von Antonello da Messina, eine Leihgabe aus polnischem Besitz.

Natürlich setzte sofort eine intensive Suche ein, wie Luithlen in einem späteren Bericht an den Ersten Direktor des Kunsthistorischen Museums schrieb.[150] Zunächst wurde in allen anderen Depots nach den Bildern Umschau gehalten – vergeblich. Dabei waren sie anläßlich einer Bestandsaufnahme am 23., 24. und 26. April noch dagewesen, eines der Bilder von Heemskerk sogar noch am 27. April. Nun waren sie unauffindbar.

Als nächstes begannen die Verantwortlichen nachzugrübeln, wer etwa Zugang zu einem Schlüssel für die Bergungen gehabt haben könnte, aber jedes Forschen in dieser Richtung war ebenfalls umsonst. Schließlich besprach man, ob irgendwann verdächtige Veränderungen an Schlössern oder Türen festgestellt worden seien – nichts. Niemand konnte sich erklären, wohin die Bilder gelangt sein könnten. Den Verlust bekanntzumachen oder gar Anzeige zu erstatten, schien verfrüht, so beschränkten sich die Herren von der Bergung darauf, immer wieder nachzusehen und nachzudenken, ob sich nicht doch ein Hinweis fände. Daß man mit niemandem über seine Sorgen sprechen konnte, machte die Sache noch schlimmer.

Als „Trost“ gewissermaßen erhielt Luithlen in jenen Tagen von Lieutenant Colonel DeWald die Zusicherung, daß bald mit dem Rücktransport begonnen werden solle, eine Nachricht, die sofort aufgegriffen und auch dem Minister persönlich unterbreitet wurde, denn auf nichts wurde in den Museen sehnlicher gewartet als auf die endliche Rückkehr der Bestände.[151] Die Mitteilung lenkte auch die Bergungsverantwortlichen von ihrer Belastung ab, gab ihnen neuen Auftrieb.

Grund für den Optimismus der US-Vertreter war die Tatsache, daß General Mark Clark nunmehr Wien einen ersten Besuch abstattete. Am 22. August landete er in Langenlebarn, am nächsten Morgen fanden erste Gespräche der Alliierten statt. Ziel war, endlich den Modus für eine gemeinsame Verwaltung Österreichs zu finden. Aber immer wieder gab es Schwierigkeiten, wieder einmal hatten die Amerikaner die Situation zu positiv eingeschätzt. Endlich, am 4. September, einigten sich die Siegermächte darauf, daß die erste Sitzung des Alliierten Rates am 11. September stattfinden solle. Zwei Monate nach der Festlegung der Besatzungszonen und ganze fünf Monate nach der Einnahme Wiens durch die Russen begann damit die in Österreich ranghöchste Körperschaft ihre Tätigkeit, die „Tetrarchie“, wie Renner sie nannte, fing an, ihres Amtes zu walten.

Aber auch jetzt ging es noch lange nicht um Dinge wie etwa die Lockerung der Zonengrenzen. Es ging zunächst darum, wer als rechtmäßige Vertretung der Österreicher gelten solle. Die westlichen Alliierten hatten ja bis jetzt der Regierung Renner die Anerkennung verweigert, betrachteten sie als nicht existent und daher nicht einmal als berechtigt, Weisungen entgegenzunehmen, von eigenen Beschlüssen ganz abgesehen. Aber die Österreicher waren inzwischen nicht müßig gewesen. Renner war es gelungen, auch in den westlichen Bundesländern Fäden anzuknüpfen. Am 24. September fand die erste Konferenz der Bundesländer-Vertreter statt, und in ihrem Verlauf erreichte Renner nicht nur die Zustimmung zum Weiterbestand Österreichs sondern auch die Anerkennung seiner Regierung von den Abgesandten, wenn auch erst nach heftigen Debatten.

Auf das hin gaben die Alliierten Schritt für Schritt nach. Der bisher umstrittene kommunistische Innenminister konnte bleiben, es wurde ihm nur die Vorbereitung der für den 25. November vorgesehenen Wahlen aus der Hand genommen, und am 20. Oktober wurde die Regierung Renner auch von den westlichen Alliierten bestätigt. Damit war die entscheidende Wende im Ringen um ein selbständig verwaltetes Österreich eingetreten, wenn es auch bis dahin noch zahlreiche Vorschriften zu erfüllen, zahlreiche Hindernisse zu überwinden gab.

Eine der Bedingungen dafür, daß der „österreichische Weg“ von den Besatzern akzeptiert wurde, war die Verpflichtung der Regierung und aller österreichischen Stellen zu beweisen, daß sie mit dem nationalsozialistischen Regime und seiner Ideologie nichts mehr zu tun haben wollten – und diesen Beweis zu erbringen, fiel meist nicht schwer. Allerdings bedeutete das auch, daß der Wechsel in den führenden Positionen und in den staatlichen Ämtern eher noch weiterging, als daß die Welle verebbte. Allerorten sahen sich Beamte gezwungen nachzuweisen, daß sie eine Vergangenheit hatten, die jeder Prüfung standhielt und daß sie sich in irgendeiner Weise um das wiedererstandene Österreich verdient gemacht hatten. Wem das nicht gelang, wer nicht bereit war umzudenken oder zu stolz, tatsächlich vorhandene Verdienste ins rechte Licht zu rücken, der mußte gehen. Das galt auch für die Museen und ähnliche Institute (siehe Seite 182). So wurde der so verdienstvolle DDr. Seiberl entlassen und bis zu seinem frühen Tod nicht rehabilitiert. Sogar Verhaftungen wurden noch durchgeführt.

Erst nach dieser neuerlichen „Säuberungswelle" waren die Alliierten davon überzeugt, daß Österreich vertrauenswürdig war. Langsam lockerte sich der Druck, je näher der Herbst heranrückte. Es gab nicht nur immer mehr Menschen, die über die „grüne Grenze", also illegal zwischen Ost- und Westösterreich hin- und herreisten, es wurde schließlich „sogar" ein legaler Grenzübertritt und der Postverkehr gestattet, wenn auch mit wesentlichen Einschränkungen.

Einer der ersten aus Museumskreisen, die die Reise wagten, war Hofrat Michel. Er war ja durch seinen Ausweis als Widerstandskämpfer abgesichert und hatte mehr Bewegungsfreiheit. Was ihn ärgerte, war die Tatsache, daß er trotz seines Mitte Juli gestellten Ansuchens von den österreichischen Behörden immer noch nicht als Bergungsleiter anerkannt worden war. Allerdings stellte sich heraus, daß hier ein Mißgeschick gewaltet hatte. Michel war von Minister Pernter schon mit Dekret vom 3. August die „Oberleitung der Bergungsorte Lauffen bei Ischl und Alt-Aussee hinsichtlich des gesamten dortselbst . . . eingelagerten Kunstgutes" aller staatlichen Stellen zuerkannt worden – nur war die Erledigung aus ungeklärten Gründen nie in Michels Hände gelangt. Die Wiener Stellen hatten sich sogar die Mühe gemacht, das Einverständnis jedes einzelnen Institutsleiters einzuholen. Den Ausschlag hatte schließlich gegeben, daß, wie es in dem Akt heißt, „nach einem Schreiben Dr. Luithlens aus Ischl . . . Hofrat Michel ihm durch die Amerikaner ohnehin praktisch bereits vorgesetzt ist."[152] Das traf für den Zustand im August zwar nicht mehr zu, die Äußerung Luithlens stammte aus früherer Zeit, die neue Entwicklung und die Überreichung des Dekrets brachten Michel aber auch keine Vorteile mehr. Er kehrte zwar um die Mitte September für einige Tage nach Aussee zurück, übersiedelte aber dann endgültig nach Wien, wo er wieder, wie vor 1938, die Leitung des Naturhistorischen Museums als dessen Erster Direktor übernahm.

Michel hatte übrigens bei dieser ersten Wienfahrt nach der Besetzung abermals eine schlechte Nachricht zu überbringen, wie das schon im Februar der Fall gewesen war (siehe Seite 98 ff.). Er informierte Direktor Dr. Loehr über das Fehlen der sieben Bilder aus der Lauffener Bergung.

Einige Tage später schon berichtete Luithlen dem neuen Chef schriftlich von der Sache, die sich immer noch nicht hatte klären lassen. Bis vor kurzem hatte man gedacht, die Bilder würden irgendwo zum Vorschein kommen, letzte Hoffnungen waren an den verschleppten Transport geknüpft worden. Als aber Ende September Luithlen die Bilder in Salzburg endlich besichtigen konnte, waren die gesuchten auch dort nicht dabei. Natürlich konnte von Wien aus nichts in der Sache unternommen werden, aber das hatte Luithlen auch nicht erwartet. Er mußte sich wohl an Ort und Stelle zu helfen suchen. So wandte er sich an die Sicherheitsbehörden in Bad Ischl, vor allem an Dr. Verosta, einen versierten Juristen, der vorübergehend in der Gemeindeverwaltung tätig war. Aber auch der riet zu vorsichtigem Vorgehen. Die Polizei solle noch nicht eingeschaltet werden, besser sei es wohl, innerhalb des Salzberges weiter zu forschen. Nun informierte Luithlen die Salinenbeamten, die er schon kannte, und auch den neuen Generaldirektor, Dr. Schidla, und bat um ihre Hilfe. Aber in einem Bergwerk ein Bild suchen zu wollen, entspricht ungefähr der bekannten Suche nach einer Stecknadel in einem Heuhaufen – alles blieb vergeblich, ebenso wie die Nachforschungen nach Brueghels „Blumen in blauer Vase“. Luithlen konnte keine Erfolge nach Wien melden – außer daß alle übrigen Bestände der Bergung in tadellosem Zustand seien.

Aber noch jemand anderer berichtete damals von den Vorgängen im „Westen“, besonders in der Lauffener Bergung, nach Wien. Etwa zu der Zeit, als Michel in der Hauptstadt ankam, traf, durch einen Boten übermittelt, im staatlichen Kunstgewerbemuseum der Brief eines Institutsmitgliedes, Dr. Victor Griessmaier ein. Der Eingang ist mit 12. September 1945 vermerkt, der Brief kam „wieder“ aus Linz, offenbar hatte vorher schon ein Kontakt bestanden. Und was hier erzählt wird, hat über Jahrzehnte hinweg seine Unmittelbarkeit bewahrt. Da spricht, nach den präzisen, sachlichen und trockenen Erläuterungen eines Colonel Paul, den von Eigenlob erfüllten Schilderungen Michels und den förmlichen, knappen Berichten Luithlens plötzlich „ein Mensch". Ein – damals – „kleiner" Beamter schreibt an seinen „lieben Herrn Direktor" in Wien. Er erzählt von seinen persönlichen Sorgen, er raunzt und jammert – und plötzlich wird die ganze Zeitsituation, werden die tausend Widrigkeiten lebendig, mit denen sich die Österreicher damals herumschlagen mußten. Da ist die Enttäuschung darüber, daß ein lebenstüchtiger Kollege sich, ohne ihn vorher ins Vertrauen zu ziehen, nach Wien durchgeschlagen habe, die Bitte, man möge doch die Eltern – Mutter wird dieser Tage siebzig – verständigen, daß er lebe und in Linz sei, man möge versuchen, sein Zimmer vor Beschlagnahme zu schützen, denn „wenn ich schon kaum mehr etwas zum Anziehen habe, so möchte ich doch wenigstens einen Raum zum Wohnen vorfinden". Körperlich ist der Schreiber, seinen eigenen Aussagen zufolge, nach den Strapazen des Rückzuges und der Gefangenschaft „recht schlecht beisammen". Aber plötzlich leuchtet in dieser Misere etwas auf – und wir begegnen wieder dem „österreichischen Wunder" von damals: Griessmaier hat sich, „statt am Land zu bleiben und sich redlich und vor allem gut zu nähren", nach seiner „Freiheitsgewinnung wieder in den Staatsdienst eingeschaltet", und das sofort, indem er sich beim Landeskonservator in Linz meldete und seine Hilfe anbot, als für ihn der Krieg zu Ende und eine Heimkehr über die Zonengrenze unmöglich war.

Nun steht er mitten im Geschehen um die Kunstgüterbergung, hat Informationen eingeholt, Kontakte geknüpft und bittet „als derzeit einziger Vertreter unseres Museums im amerikanischen Österreich" um die Vollmacht, die Interessen des Instituts wahrnehmen zu „dürfen".

Mit deutlicher Ironie berichtet er, daß im Zuge der Auslagerungen aus dem Ausseer Salzberg auch viel österreichisches Gut „mitgeschleppt" wurde, das nun nach Interventionen von politischer und kirchlicher Seite „in München bereits wieder herausgeklaubt" werde. Aber Griessmaier hat auch Lieutenant Hartt kennengelernt, einen „hochgebildeten und kultivierten Kunsthistoriker, dem bis vor kurzem der Kunstschutz in der Toskana anvertraut war". Mit ihm hat er auch schon über die Besichtigung und Rückführung der Bestände des Kunstgewerbemuseums gesprochen, die noch im Salzberg von Bad Ischl-Lauffen gelagert sind, und Hartt hat ihm mitgeteilt, daß sie wie alle anderen unbeschädigt seien. Auch hat er die Beschaffung von Pässen zur Besichtigung der Bergung und eine baldige Rückführung der Güter in Aussicht gestellt.

Schon am 3. Oktober meldet sich Griessmaier wieder bei seinem Chef: Bisher sei ihm eine Begehung der Bergung in Lauffen nicht möglich gewesen, er habe aber mit Dr. Luithlen telefoniert und um die Situation im Berg angefragt. Luithlen habe zwar keine Auskunft über den derzeitigen Zustand der Einlagerungen des Kunstgewerbemuseums geben können, habe ihm aber mitgeteilt, er habe im August Kisten der Albertina, „die kostbare Pergamente und Miniaturen enthielten, geöffnet und alles in tadellosem Zustand gefunden". So sei auch für die übrigen Schätze nichts zu fürchten. Was ihn selbst betreffe, fährt Griessmaier fort, so habe er zu seinem Schrecken festgestellt, daß er „nur 49 kg" wiege, aber dem sei leider „für einen tagsüber vollbeschäftigten Beamten, der keinerlei Beziehung zum nahrhaften Land hat", nicht abzuhelfen.

Und dann, anscheinend am selben Tag noch, gelingt es Griessmaier endlich, „seine" Sachen in Lauffen zu besuchen. In einem Gedächtnisprotokoll vom nächsten Tag hält er die Eindrücke fest. Juraschek, er selbst und Hartt seien in Begleitung von Luithlen in den Berg und hätten zunächst „den Stollen mit den kostbarsten Bildern des Kunsthistorischen Museums" besichtigt. Aber das ist dem Beamten nicht die Hauptsache. Anschließend sei er, so berichtet er weiter, mit Luithlen allein in den 300-Meter-Stollen gegangen, und dort habe er sie wiedergefunden: 85 Kisten seines Museums, „alle noch an derselben Stelle, an der sie Herr Troll seinerzeit eingelagert hat".

Ungläubiges Staunen klingt aus diesen Worten. Was hat Griessmaier wohl alles seinen Standort verlieren gesehen, welche Zerstörungen hat er erlebt, welche Schicksale sind ihm bekannt geworden seit den April- und Maitagen dieses denkwürdigen Jahres. Hier aber hat sich nichts geändert, nicht einmal der Standort der Güter. Nur die kostbaren Teppiche und Savonnerien seien zur Zeit der Verschleppungsgefahr in den II. Tiefbau verlagert worden, meldet der Beamte. Sehen habe er sie nicht könnten, weil im Berg nicht genug Platz sei, um die großen Stücke auszubreiten, „die Bergungsbedingungen scheinen aber vorzüglich zu sein. Trotz des seit 11 Tagen unablässig strömenden Regens war nicht eine Spur von Feuchtigkeit in den Bergungsstellen zu bemerken."

Nun hatte also Direktor Ernst endlich Gewißheit darüber, daß keines seiner kostbaren Objekte ein Opfer der Zeit geworden war. Er benützte die Nachricht sofort, um beim zuständigen Ministerium die Rückführung der Kunstgüter zu urgieren, gleichzeitig aber ging ein fast überschwenglicher Dankbrief an Luithlen ab für „alle Sorgfalt und Mühe", die er Ernsts „Sorgenkindern" habe angedeihen lassen.[153]

Luithlen erhielt den Dank nicht unverdient, denn er hatte nicht nur in der kritischen Zeit die Teppiche des Kunstgewerbemuseums sachgerecht und der Situation entsprechend abgesichert, er war auch nach all den Monaten der Spannung und Anstrengung immer noch eifrig bemüht, alle ihm anvertrauten Schätze zu hüten. Ein besonderer Erfolg war es für ihn gewesen, am 17. September, ebenfalls mit Hilfe von Lieutenant Hartt, die in Salzburg gelagerten Bilder endlich besichtigen zu können. Sochor war mit ihm gefahren, der letzte treue Begleiter, nachdem Hajsinek einige Tage vorher nach Wien zurückgekehrt war. Die beiden Herren fanden die lang vermißten Schätze „in einer luftigen und trockenen, ausgezeichnet bewachten Halle bei Klesheim wieder", konnten sie ansehen und kontrollieren und mit ihnen Wiedersehen feiern, wie Luithlen in seinem abschließenden Bericht es schildert. Nur Brueghels „Blumen in blauer Vase" fehlten, es gab keinerlei Anhaltspunkte bezüglich ihres Schicksals.

Wie intensiv Luithlen bemüht gewesen war, den Kontakt mit dem Salzburger Depot aufzunehmen, zeigt sich bis in die Abrechnung der Ischler Bergungskosten für 1945.[154] Da gab es Fahrten nach Salzburg zu verrechnen, Telefonate mit Salzburg und Linz, und am 17. September die Fahrtspesen für die erste Besichtigung der Bilder. Ansonsten enthält die Abrechnung neben den „Bergungszulagen" für die Beamten nur Quartierkosten für die Wohnräume der Mannschaft in Ischl und Lauffen und – als Sonderanschaffung relativ spät erst – wurde um 4.50 Reichsmark ein Wörterbuch für die Verständigung mit der Besatzungsmacht gekauft.

Nun, gegen den Herbst zu, spürten es die Menschen immer deutlicher: Das Leben begann sich zu normalisieren, wenn es

Die von Schirach verschleppten Bilder, nunmehr unter US-Bewachung, in einer Halle bei Klesheim

auch für unsere Begriffe noch unvorstellbar schwierig war.

Nach der Klärung aller rechtlichen Voraussetzungen, die in den großen Berichten der Verantwortlichen ihren Niederschlag gefunden hatten, konnten die Besatzungsmächte um diese Zeit auch den Kunstgütertransport wieder aufnehmen, und sie taten das, was nicht-österreichisches Gut anlangte, mit einem zweiten großen Schub von Werken, die aus Aussee nach München abgingen. Eder, immer noch auf seinem Posten und nach dem Abgang Michels einziger österreichischer Vertreter, hielt nicht nur die Namen der an der Aktion beteiligten Offiziere fest sondern berichtet: „Ich hatte abermals die Transportlisten anzufertigen, schrieb jedoch, diesmal ohne erst besonders davon zu sprechen, die Durchschrift mit, sodaß von diesem und allen folgenden Transporten bis zu meinem Abgang vom Salzberg am 3. Dezember 1947 genau bekannt ist, welche Objekte aus den Depots evakuiert wurden.“[155]

Auch aus dem Ischler Salzberg fanden die ersten Auslagerungen statt. Schon im September hatten amerikanische Lastwagen Bestände aus den von Feuchtigkeit gefährdeten Räumen des Erbstollens geholt. Es handelte sich dabei um Material des Haus-, Hof- und Staatsarchivs, und zur Kontrolle war sogar ein Herr aus Wien gekommen.[156]

In der Hauptstadt waren inzwischen zahlreiche Schuttberge beseitigt oder zumindest geordnet und nach den nötigsten Reparaturen auch die Kunstinstitute in zunehmendem Maß geeignet, ihre Schätze wieder aufzunehmen. Der Strom der Rückführungen aus Niederösterreich floß immer breiter und schneller, bis Ende Oktober waren 37 Transporte mit Bergungsgut verschiedener Stellen nach Wien gelangt.[157] Aber die besten Stücke, die Cimelien fehlten überall noch, sie waren im Lauffener Berg. Ihre Auslagerung hatte bisher als zu gefährlich gegolten. Nun war die Instandsetzung der Bahnanlagen so weit fortgeschritten, daß der Zugsverkehr an Regelmäßigkeit gewann, vor allem aber hatte sich die Koexistenz der westlichen Besatzer mit den Russen gefestigt. Die US-Forces führten täglich einen Zug, den „Mozart-Expreß", von Salzburg über die Ennsbrücke und durch die russische Zone bis Wien. Warum also sollte man es nicht wagen, auch einen ersten Kunstgütertransport auf die Reise zu schicken, meinten die Amerikaner. Die Heimkehr der Bilder wäre ein echtes Einstandsgeschenk für das demokratische Österreich, ein weiterer, eindrucksvoller Beweis des wachsenden Vertrauens, das die USA in dieses kleine Land setzten, das nun, im November 1945, seinen ersten Wahlen entgegensah.

VI.

Die Heimkehr

1. Für das Österreich von morgen

Am Samstag, dem 17. November 1945 fuhr, wie täglich, ein Zug am Wiener Franz-Josefs-Bahnhof ein, der in russischer und englischer Sprache die Aufschrift „Nur für Amerikaner" trug. Es was der Mozart-Expreß, der von Salzburg Mitglieder der amerikanischen Besatzung durch die russische Zone nach Wien und dort über Umleitungen direkt in den US-Sektor der Bundeshauptstadt brachte. Der Zug hatte, wie mehrmals schon, zwei Güterwagen angehängt.

Und trotzdem war an dem Zug etwas Besonderes: In den beiden Waggons befanden sich jene Kunstschätze, die Schirach und sein Gefolge quer durch Österreich entführt hatten und die Anlaß zu so viel Sorge und Aufregung gewesen waren. Es war der erste Transport dieser Art, der aus dem Westen nach Wien gelangte. Bisher waren die Güterwagen immer leer gewesen.[158] Man hatte ausprobiert, ob die Russen solche Ladungen kontrollieren würden oder nicht. Erst als das unterblieb, wagten es die Amerikaner, die Gemälde auf den Weg zu schicken. Sie waren sehr stolz darauf, daß sie die Werke so gut verwahrt hatten und ließen sich noch vor der Verladung mit den berühmtesten von ihnen photographieren (siehe Abbildung Seite 228). Auch aus dem Ischler Salzberg waren markante Stücke dem Transport beigefügt, alle zusammen sollten in einer ersten Nachkriegsausstellung dem Publikum in Wien gezeigt werden. Die Auswahl hatten Kunstexperten der MFA-Division selbst mit Einwilligung der österreichischen Stellen getroffen[159], die Auslagerungen wurden von ihnen überwacht. Luithlen und Sochor hatten bloß die nötigen Arbeiten durchgeführt und später in Salzburg bei der Verpackung der Werke geholfen. In Ischl erinnern sich die Bergleute noch daran[160], wie die Gemälde nach der langen Lagerung, nach Monaten, in denen „draußen" ein

Rembrandt, Die Mutter des Künstlers; KHM, Wien

Reich zerbrochen, ein Weltkrieg zu Ende gegangen war, das Tageslicht wieder erblickten. Auch Rembrandts berühmtes Bild seiner Mutter war dabei. Nach dem Ausfahren mit der Grubenbahn lehnte es neben dem Stolleneingang im Gras. Da ging plötzlich einer der Offiziere hin, kniete nieder und strich liebkosend über den Rahmen – die ganze Einmaligkeit der Situation war ihm zum Bewußtsein gekommen.

Für alle waren es aufregende Stunden, bis der Transport schließlich wohlbehalten in Wien eintraf, begleitet von „Americans only". Am Bahnhof wartete Restaurator Hajsinek mit Angestellten des Kunsthistorischen Museums und einem Lastwagen der Firma Bäuml. Und wieder blitzten beim Ausladen die Kameras der US-Reporter auf, wurde der Vorgang im Bild für die Presse und die Nachwelt festgehalten.

Oben: Wien, 17. November 1945, Ankunft des ersten Transportes von Gemälden des Kunsthistorischen Museums auf dem Franz-Josefs-Bahnhof. Im Bild Brueghels „Heimkehr der Herde“, links Restaurator Franz Hajsinek

Unten: Brueghels „Bauernhochzeit“ kehrt heim

US-Offiziere mit Raffaels „Madonna im Grünen“

Es waren aber auch die größten Schätze der Galerie, die hier heimkehrten, die meisten von ihnen hatten alle Fährnisse und Zwischenfälle der letzten Kriegsmonate mitgemacht: Brueghels „Vogeldieb“ war – wie immer – dabei, Rembrandts Selbstbildnisse, Infantinnenbilder von Velázquez, wie schon in Rundfunk und Presse berichtet worden war (siehe Seite 187), aber auch aus der Österreichischen Galerie Bilder der Biedermeier-Maler Rudolf von Alt, Waldmüller und Gauermann – insgesamt 263 Gemälde, eine illustre Sammlung, von den Amerikanern nach damaligen Maßstäben auf dreißig Millionen Dollar geschätzt und zum Teil noch aus Schirachs Zeiten in Kisten verpackt.

Aber auch was sonst noch mitkam, waren echte Kostbarkeiten. In den Inventarlisten der Packstücke „Pl 23“ und „Pl 24“, die der Plastiksammlung des Kunsthistorischen Museums entstammten und die Schirach hatten „begleiten“ dürfen, finden sich unter anderem folgende Gegenstandsbeschreibungen:

„Vase zweihenkelig, mit goldener, emaillierter Fassung, darin Blumen aus Halbedelstein“

„Goldschüssel, Portugal, 1. Hälfte 16. Jhdt.“

„Schale aus Lapislazuli in Goldemailfassung, Frankreich, 1. Hälfte 17. Jhdt.“

Die 49 als „Tapisserien“ gekennzeichneten Säcke enthielten ausschließlich Gobelins, insgesamt 64 Stück, darunter ganze Zyklen mit allegorischen Figuren, mit Darstellungen aus dem Landleben oder aus dem Leben großer Herrscher des französischen Barocks.[161]

Es war von den amerikanischen Stellen sicher ein Vertrauensvorschuß, all diese Schätze schon eine Woche vor den ersten Nationalratswahlen nach Wien zurückzuführen. Aber die Österreicher bewiesen, daß dieses Vertrauen gerechtfertigt war und setzten ein eindeutiges Zeichen politischer Zielsicherheit. Der Urnengang am 25. November verlief ohne Zwischenfälle und brachte ein Ergebnis, das angesichts der teilweisen Besetzung des Landes durch die Russen kaum jemand erwartet hatte. Nach Auszählung aller Stimmen lautete das Resultat: ÖVP 85 Mandate, SPÖ 76 und KPÖ 4 Mandate. Dementsprechend sah dann die Zusammensetzung der neuen Regierung aus: Ing. Dr. Leopold Figl wurde Bundeskanzler, Dr. Adolf Schärf Vizekanzler, den Kommunisten verblieb nur ein Ministersessel.

Am 19. Dezember trat der gewählte Nationalrat erstmals zusammen, und die provisorische Regierung unter Renner nahm ihren Abschied. Es war die Zeit der großen Rechenschaftsberichte und programmatischen Reden. In seiner Ansprache vor der neugewählten Volksvertretung erklärte der scheidende Kanzler, seine Aufgabe und die seiner Mitarbeiter sei es gewesen, das österreichische Volk politisch zu einem Zustand zu führen, in dem es imstande wäre, sich selbst eine Regierung zu geben. Dieses Ziel habe er erreicht. Nun hoffe er, daß damit auch ein Schritt zur Erreichung der ethischen Ziele getan sei, als die er nach den Jahren der Abhängigkeit „die geistige Wiederbelebung unseres Volkes, seine Wiederbesinnung auf sich selbst“ nannte.

„Wiederbesinnung auf sich selbst" bedeutet aber in Österreich immer auch Besinnung auf eine alte Kultur, auf eine Tradition als Land, das Kunst zu schaffen und zu bewahren weiß. Trotz der überall herrschenden Not sollte diese Kultur, diese Tradition nicht vergessen werden. Das betonte auch der neue Bundeskanzler Figl in seiner berühmt gewordenen Regierungserklärung am 21. Dezember. Er bedauerte, daß er den Österreichern keine Besserung ihrer Situation versprechen könne, daß diese Fesstage des Jahres 1945 traurige Weihnachten werden würden. Immer noch wurden ja tausende Familienväter als Kriegsgefangene in Lagern festgehalten, von Texas bis Sibirien, während in Österreich selbst Hunger und Kälte das Leben zeichneten, Mütter ihren Kindern nichts schenken, die Gabentische nicht einmal mit dem Nötigsten decken konnten. Rückführung der Gefangenen und Bekämpfung des Hungers vor allem der Kinder nannte Figl deshalb als seine vordringlichsten Aufgaben.

Trotzdem aber richtete er seinen Blick über die Bedrängnis der Zeit hinweg auf das „Österreich von morgen". Dieses Österreich sollte nach seinen Worten ein einiges, von Zonengrenzen freies Land sein, ein Staat „der kommenden Generation", ein neues, junges Österreich. Es sollte aber auch ein Staat sein, der „das ausgleichende Moment in Europa" darstelle, der seiner „Tradition, die vor allem eine Kulturtradition war, treu bleibe".[162]

Es war eine unendlich fern scheinende Vision, die Figl zeichnete, aber er war nicht allein damit. Viele Österreicher waren damals von ähnlichem Optimismus getragen, und der Erfolg der Wahl, die ersten Zeichen wachsender Bemühungen der westlichen Alliierten um Österreich und seine weitere Entwicklung bestärkten sie darin.

Als Demonstration dieser Haltung hatte ja auch General Mark Clark die Ausstellung der geretteten Kunstschätze angeregt. Die Schau sollte aller Welt zeigen, daß die westlichen Besatzer die Schätze sorgsam behandelt hatten, die ihnen da in die Hände gefallen waren, und daß sie nun die vorgefundenen Güter ihren Eigentümern zurückgaben – eine sehr demonstrative Geste mit Blick auf die Russen, die zur selben Zeit damit beschäftigt waren, reihenweise ganze Betriebe als sogenanntes „deutsches Eigentum" aus Österreich abzutransportieren.

Das Kunsthistorische Museum 1946

Die Ausstellung wurde nach langem Überlegen im Reichskanzlei- und im Amalientrakt der Hofburg gestaltet. Das Kunsthistorische Museum kam für solche Aktivitäten wegen der starken Zerstörung noch nicht in Frage. In seiner Einleitung zum Katalog erklärte der Direktor der staatlichen Sammlungen, Stix:[163]

„Wenn auch die Ausstellung nur ein vorläufiger Ersatz für die künftig wieder zu eröffnenden Museen sein kann, so gibt sie den Wienern doch die Gewißheit, daß die unschätzbaren Werte, die ein Symbol von Österreichs großer Vergangenheit ... sind, ... sich wieder in unseren Mauern befinden."

Sie sollten aber auch für alle Fremden im Lande „ein Zeichen von Österreichs Anteil an den Kulturleistungen der abendländischen Welt" darstellen.

Wenn uns diese Worte heute etwas zu pompös und feierlich erscheinen angesichts der tristen Allgemeinsituation, so wohl deshalb, weil wir kaum mehr nachempfinden können, was jene Menschen damals so ergriff. Sie standen nach Jahren der Unterdrückung, der inneren und äußeren Not vor Langentbehrtem, Verlorengeglaubtem und konnten es ihr Eigentum nennen. Je weniger materielle Werte den Menschen geblieben wa-

Wien, 28. Dezember 1945: Eröffnung der ersten Nachkriegs-Ausstellung durch General Mark Clark. Im Bild links der französische Oberbefehlshaber, General Béthouart, rechts der österreichische Bundeskanzler Ing. Leopold Figl

ren, desto mehr bedeutete ihnen das Dauernde, Unersetzliche, das ihnen hier wiedergeschenkt wurde.

Und abermals begegnet uns Raffaels „Madonna im Grünen", nun schon in einem enstprechenden Milieu, von der Wand eines Palastes blickend, bei der Eröffnung der Ausstellung am 28. Dezember 1945. General Mark Clark nahm diese Eröffnung selbst vor in Gegenwart des französischen Oberkommandierenden, General Bethouart, und von Bundeskanzler Figl.

Aber kaum mehr als eine Woche verging, und die US-Forces hatten eine neue, großartige Überraschung für die österreichischen Stellen bereit. Nach langem vergeblichem Suchen hat-

Wien, 4. Jänner 1946: Rückführung der Reichskleinodien aus Nürnberg in die Tresorräume der Oesterreichischen Nationalbank, damals Hauptquartier der US-Streitkräfte für Österreich

ten sie aufgrund einer Aussage in Nürnberg die Reichsinsignien gefunden, die 350 Jahre lang in dieser Stadt, dann aber seit den Napoleonischen Kriegen in Wien aufbewahrt gewesen waren. Hitler hatte sie nach Nürnberg, der „Stadt der Reichsparteitage" zurückgeführt und dort in der Meistersingerkirche ausgestellt, sehr bald aber waren auch sie geborgen worden. Beim Zusammenbruch wurden dann die Reichskrone und einige andere Hauptstücke von Stadtvätern an der Decke eines nahen Bunkers hinter Eisenträgern versteckt und eingemauert.[164] Nun bekam Wien und damit der Staat Österreich sie wieder. Unter strengsten Sicherheitsvorkehrungen trafen sie mit dem Flugzeug in Langenlebarn ein und wurden von dort mit einem

Wien, 5. Jänner 1946: US-Offiziere besichtigen die rückgeführten Kleinodien. Ganz links Colonel Theodore S. Paul, rechts Colonel Ernest DeWald

Spezialtransport in die Hauptstadt geführt, wo sie zunächst in den Tresorräumen der Nationalbank, dem damaligen Sitz des US-Oberkommandos, unter Verschluß genommen wurden. Dort inspizierten die Offiziere der MFA-Division all die Kostbarkeiten, die auf einem Tisch aufgebaut waren: das Reliquienkreuz, die Handschuhe zum Krönungsornat, die von riesigen Edelsteinen bedeckte Stephansbursa, vor allem aber die Kaiserkrone des Heiligen Römischen Reiches Deutscher Nation, das Reichsschwert und den Reichsapfel, Symbole und Zeichen der Herrschaft über das christliche Abendland, die die Römischen Kaiser des Hochmittelalters für sich beansprucht hatten. Nun waren die Insignien ihrer Bedeutung wieder entkleidet,

Reichskrone (zwischen Reichskreuz, Handschuhen und Stephansbursa auch auf Seite 234 sichtbar); Schatzkammer, Wien

auch Hitler hatte die deutsche Vorherrschaft in Europa nicht wieder aufrichten können. Was blieb, war der unermeßliche Wert der Gegenstände – so groß, daß die österreichische Regierung unter den herrschenden Umständen mit Dank darauf verzichtete, die Verantwortung dafür zu übernehmen und die US-Truppen bat, die Kronjuwelen doch für das „Österreich von morgen“ zunächst im Banktresor aufzubewahren. Der ganze Reichsschatz, bestehend aus dreißig Stücken, wurde erst ab 1954 in der wieder eröffneten Schatzkammer gezeigt.

Aber auch bei anderen Maßnahmen zeigte sich, daß die „Amis“, wie sie inzwischen von vielen genannt wurden, den Österreichern die Regelung ihrer Angelegenheiten tunlichst selbst überlassen wollten. Um Weihnachten wurden sowohl beim Ischler Salzberg wie auch bei der Ausseer Bergung die militärischen Wachen abgezogen und konnten durch österreichische ersetzt werden. Einer der Gründe war zwar, daß die US-Truppen unter Personalknappheit litten, weil möglichst viele Soldaten nach Hause entlassen werden sollten, trotzdem aber war die Tatsache aus österreichischer Sicht ein Fortschritt.

Am 1. Jänner 1946 erhielt Luithlen dann den Auftrag, für die staatlichen Sammlungen neue Inventare mit dem Stand vom Neujahrstag anzufertigen, und das wurde als weiterer Beweis für die baldige Rückgabe der Kunstschätze in österreichische Verwaltung gewertet.[165] Am 7. Jänner erkannten die Alliierten die neue Regierung an, und am 8. Februar erfolgte die offizielle Übernahme der Ischler Bergung durch Luithlen. Von diesem Moment an konnten die österreichischen Stellen ohne Einschränkung über das im Salzberg deponierte Gut verfügen, auch Zeit und Ablauf der Transporte nach Wien war ihnen freigestellt. Trotzdem dauerte es mehrere Monate, bis die neue Situation ausgenützt und die Rückführung begonnen werden konnte, ähnlich wie das beim Wechsel der Besatzungstruppen im Sommer 1945 der Fall gewesen war.

Dafür aber wurden andere Aktivitäten gesetzt. Sie betrafen den einzigen „dunklen Punkt“ im Bergungsgeschehen der staatlichen Sammlungen in Ischl: Ende Dezember kamen aus Wien zwei Herren von Innenministerium und Kriminalpolizei, die Nachforschungen über die vermißten Gemälde anstellen sollten. Laut Bericht von Luithlen über „unauffindbare Gemälde aus der Bergung Bad Ischl-Lauffen“, datiert mit Juli 1947, wurden bis zum 9. Jänner 1946 Begehungen der Stollen durchgeführt und „umfangreiche Protokolle“ über Befragungen angelegt. Die Ischler Bergknappen fanden allerdings, wie sie heute noch mit Nachdruck feststellen, diese Verhöre geradezu beleidigend, und auch Luithlen mußte dauernd auf der Hut sein, die Saline als Quartiergeber mit seinem Argwohn nicht zu vergrämen. In Luithlens Bericht heißt es weiter: „Über das Resultat dieser Untersuchungen habe ich nichts erfahren. Der allgemeine Eindruck aller war aber, daß die Herren des Innenministeriums die Sache für ebenso rätselhaft befanden wie wir Museumsangehörige.“ Dieser neue Anlauf, den sieben fehlenden Bildern auf die Spur zu kommen, blieb also vergeblich.

Auch in Aussee bahnte sich mit der Anerkennung der österreichischen Regierung durch die Westmächte eine Wende an. Während der Periode der US-Bewachung war noch in sechzig Lastwagen die gesamte Bibliothek des Archäologischen Instituts in Rom abtransportiert worden, dann aber, mit Beginn des Jahres 1946, trat eine Pause ein. Es sollte gewartet werden, bis die neue österreichische Regierung imstande wäre, auch hier wichtige Funktionen selbst zu übernehmen, und bis die Modalitäten dafür in einem Abkommen festgelegt waren. Dafür bedurfte es langer Vorarbeiten, denn die Situation war schwierig, und alle Interessen sollten berücksichtigt werden.

Am 27. März 1946 aber war es soweit: Die USFA übergaben Österreich auch den Ausseer Salzberg. Im einzelnen wurde folgendes festgesetzt:[166] Die United States Forces in Austria übertragen an Österreich die Verantwortung für alle Dokumente, Kunstwerke und „Gegenstände von kultureller Bedeutung“, die österreichischer Herkunft sind, ohne Rücksicht darauf, ob es sich dabei um öffentliches, privates oder kirchliches Gut handelt, und sie lehnen jede weitere Verantwortung für eventuelle Diskrepanzen zwischen den Listen und dem tatsächlich Vorhandenen ab. Für die Republik Österreich übernimmt das Bundesdenkmalamt die Aufgabe der Verwaltung der Güter bis zu ihrer Rückstellung. Unter die Vereinbarung fallen neben dem öffentlichen Besitz noch kleinerer Privatbesitz, Gegenstände unbekannter Herkunft sowie die Sammlungen Alphonse und Louis de Rothschild. Nur jene Gegenstände, die nicht als österreichisches Eigentum definiert werden können, sind weiterhin an die USFA zum Zweck der Rückführung herauszugeben, und die US-Truppen behalten sich deshalb das Eintrittsrecht in den Berg gegen Vorweis eines Passes vor.

Damit waren neue Grundlagen für die weitere Arbeit geschaffen. Österreich wurde, nachdem die Hauptbestände an Gütern ausländischer Herkunft abtransportiert waren, nun die Verantwortung für das verbleibende Gut übertragen, eine brisante Verlassenschaft übrigens, die österreichische Stellen noch heute beschäftigt, wie auszuführen sein wird.

Zunächst wurde mit der Verwahrung und Betreuung der in österreichische Kompetenz fallenden Güter Dr. Berg betraut, der sich als ehemals leitender Beamter der Reichsstatthalterei in diesen Belangen am besten zurechtfand (siehe Seite 184).

Als „verlängerter Arm“ der Amerikaner am Ausseer Salzberg fungierte ab dem 27. April 1946 nur mehr Eder. Er hatte diese Position mit viel Nachdruck und unter Vorlage seines Widerstandskämpferausweises errungen, der mit Datum vom 24. November 1945 durch Josef Plieseis, „Chef der Sicherheitsabteilung Bad Ischl“ ausgestellt und mit dem Stempel „Österreichische Freiheitsbewegung Bad Ischl, O. Ö.“ versehen war.[167] Dafür war Eder verpflichtet, monatlich einen Bericht über Zustand und Lagerung der im Salzberg untergebrachten Bestände an die US-Eigentumskontrollstelle Linz zu schicken. Aber auch das nahm ein Ende, als mit 15. Juni 1946 das österreichische „Ministerium für Vermögenssicherung und Wirtschaftsplanung“ gemeinsam mit dem Finanzministerium die Ausseer Bergung zur Durchführung der Rückstellungen übernahm. Aus diesem Anlaß wurde ein neues Gesamtinventar der Bergung erstellt und daraus ein Katalog mit allen bei der Übernahme vorhandenen Gegenständen. Die Depotaufsicht und alle sich daraus ergebenden Veranlassungen leitete für das Bundesdenkmalamt zunächst Dr. Gottfried Kreuz als Bevollmächtigter. Eder wurde vom Bundesdenkmalamt als örtlicher Geschäftsführer eingesetzt[168] und verlor damit die führende Position, die er als Vertreter der USFA seit April innegehabt hatte. Damit war auch hier die Übergangszeit vorbei, die österreichischen Stellen mußte von nun an allfällige Entscheidungen selbst treffen, wenn auch weiterhin, wie in allen Bereichen des öffentlichen Lebens, unter der Kontrolle der Besatzungsmacht. Natürlich gab es noch einige „Nachbeben“, bis die Kompetenzen voll und ganz geklärt waren, und Eder erlebte bange Stunden, als Herren vom CIC und österreichische Kriminalbeamte ihm abwechselnd verschiedene Anweisungen gaben. Aber auch das ging vorüber, und die Ausser Bergung richtete nun ebenfalls – wie ganz zu Anfang ihres Bestehens und wie die Bergung Ischl-Lauffen schon Monate früher – den Blick wieder nach Wien aus.

Hier stand allerdings nicht Aussee sondern zunächst die Rückführung der Bestände der staatlichen Sammlungen aus Ischl im Zentrum der Überlegungen, verantwortlich dafür war das Unterrichtsministerium. Die Salinenverwaltung drängte auf Räumung des Werkes XII, was umfangreiche Verlagerungen erforderlich machte, aber auch aus den übrigen Teilen des

Bergwerkes wollte man die Kunstschätze so bald wie möglich entfernt sehen. Schließlich kam eine Einigung zustande, der April 1947 wurde als Termin für den Abschluß der Aktion fixiert. Aber vieles war zu bedenken und zu klären, bevor mit den Auslagerungen begonnen werden konnte. Vor allem war der Zustand wichtig, in dem sich die Wiener Museen und ihre Umgebung befanden. Die Kunstschätze konnten nur in intakte Gebäude rückgeführt werden, und obwohl schon viele Schäden behoben waren, blieb immer noch mindestens ebensoviel zu tun übrig. Das verursachte manchem Institutsleiter Kopfzerbrechen. So ist aus der Österreichischen Nationalbibliothek ein Brief des Direktors Dr. Bick an Bürgermeister Dr. Theodor Körner erhalten, der ein Schlaglicht auf die damaligen Verhältnisse in Wien wirft. Da heißt es am 11. März 1946:[169]

„Sehr geehrter Herr Bürgermeister!

Sie haben bei Ihrem seinerzeitigen Besuch in der Nationalbibliothek die Erlaubnis gegeben, die Generaldirektion der Bibliothek möge sich persönlich an Sie wenden, sofern sie ein Anliegen habe, das in Ihrem Wirkungsbereich liegt.

Ein solches ist gegenwärtig gegeben. Da die Fassade der Nationalbibliothek, insbesondere des Prunksaales, immer noch keine Fenster hat, andererseits im Prunksaal bereits die Bücherbestände wieder eingeräumt werden müssen, wenn sie nicht in den Bergungsräumen zugrunde gehen sollen, besteht bei Herannahen der wärmeren Jahreszeit die Gefahr, daß von dem noch unaufgeräumten Josefsplatz Schutt und Staub in die Räume der Bibliothek dringt und nicht nur die künstlerische Einrichtung, sondern auch die Bücherbestände schädigt. Die Bitte der Generaldirektion geht dahin, die Entfernung der auf dem Josefsplatz liegenden Schutt- und Gerümpelmassen als dringende Angelegenheit in möglichst naher Zeit anordnen zu wollen . . .“

Die Antwort der Stadt erfolgte schon am 28. März. Die zuständige Magistratsabteilung teilte Generaldirektor Bick mit, der Josefsplatz werde so bald wie möglich geräumt werden, „trotzdem die Gemeinde einer Unzahl berücksichtigungswürdiger Fälle mit einem völlig unzureichenden Aufgebot an Arbeitskräften, Geräten und Transportmitteln“ gegenüberstehe.

Die Bitte des Direktors ist verständlich, denn es waren nicht

Wien I., Josefsplatz, 1946: Rückansicht des Denkmals Josefs II. nach Abbruch der Einmauerung. Auf diesem Platz, im Bild nicht sichtbar, befinden sich die Prunkräume der Österreichischen Nationalbibliothek

nur die rechtlichen Voraussetzungen für die Rückführung der wertvollen Bestände gegeben, nicht nur die Ischler Salinenverwaltung drängte. Die Leiter der Institute standen, wie aus weiteren, in der Nationalbibliothek vorhandenen Akten ersichtlich ist, noch aus einem anderen Grund unter Zeitdruck. Im Bemühen, sich so bald wie möglich auch im Ausland zu profilieren, das „neue Österreich" vorzustellen, hatte die Regierung schon im Jänner 1946 eine Ausstellung in der Schweiz ins Auge gefaßt und das Unterrichtsministerium mit der Planung betraut. Die Ausstellung verfolgte einen eindeutig „propagandistischen Zweck", wie der Unterrichtsminister feststellte:[170] Die Beziehungen zwischen den beiden Ländern in der Vergangenheit sollten aufgezeigt und damit der Anstoß zu ihrer Erneuerung gegeben werden. Die Schweiz war damals für die Österreicher „El Dorado“, der Nachbar, an dem der Krieg spurlos vorübergegangen war, das vielbeneidete Land der Schokolade und der Milchprodukte ohne Lebensmittelkarten. Österreich dagegen stand wirtschaftlich mit leeren Händen da. Was sollte es also bieten, wie sich zeigen, wenn nicht im Glanz seiner Kulturgüter? Zu dieser ersten Präsentation des „neuen Österreich“ im Ausland sollte alles aufgeboten werden, was Klang und Wert hatte. Kommissionen wurden gebildet, erste Konzepte erarbeitet, monatelang gingen die Gespräche hin und her. Schließlich lag ein schematisches Gesamtkonzept, von der Schweiz erstellt, vor. Demnach sollten einzelne kleinere Abteilungen jene Güter zeigen, die Österreich schon anzubieten hatte, wie Eisen und Stahl, Holz, Papier und Arzneimittel, der Hauptteil aber, das Zentrum, war der Kunst vorbehalten, sollte Malerei, Graphik, Plastik und Bauwesen umfassen und schließlich wieder in eine Reihe kleinerer Abteilungen münden, die der Volkskunst, dem Kunstgewerbe, der Tracht und der österreichischen Musik gewidmet waren. Den Abschluß aber sollte ein „Wiener Kaffeehaus“ bilden – schier unvorstellbar für die Wiener jener Zeit, die bei Rationen von 1000 Kalorien und weniger hungerten, und nur in der Schweiz zu realisieren, wo die Lebensmittel für ein solches Projekt tatsächlich vorhanden waren.

Mit der Frage, was nun an Kunst- und Kulturgütern gezeigt werden solle, rückte plötzlich Lauffen in den Mittelpunkt des Interesses. Die vorgesehenen Spitzenobjekte – und die Schweizer hatten sehr genaue Vorstellungen davon, was sie sehen wollten – schlummerten zum Großteil im Lauffener Berg, unkenntlich in nichtssagenden Kisten. Nun sollten sie plötzlich zu neuem Leben erwachen, denn der Minister rief im Interesse des Österreich von morgen. Vergeblich wiesen manche Institutsleiter darauf hin, daß es allzu riskant sei, die Kunstschätze unmittelbar nach ihrer Auslagerung und ohne vorherige Prüfung sofort wieder auf die Reise zu schicken und sie neuerlich geänderten Bedingungen auszusetzen, der zuständige Minister blieb unbeeindruckt und berief sich hartnäckigen Direktoren gegenüber sogar auf sein Weisungsrecht.

So fuhren in den Frühjahrsmonaten des Jahres 1946 wiederholt Herren aus Wien nach Ischl und zur Bergung Lauffen, und am 9. Mai schon ging als erste Sendung der ganze Bestand der Akademie der bildenden Künste an die Bundeshauptstadt. Je weiter das Jahr vorrückte, umso deutlicher wurde, daß die übrigen Schätze in zwei großen Transporten von Ischl rückzuführen sein würden, bevor sie ihre Reise in die Schweiz antraten. Allerdings brauchte man dazu nach wie vor die Amerikaner, was Bewachung und Sicherheitsgarantien betraf.

In der Rückstellungsabteilung, der RD&R Division in Salzburg, die dafür zuständig war, saß seit Anfang Juli ein neuer Mann, Captain (später Major) Malcolm Shaw. Er erwies sich rasch als sehr energischer Manager, der tatkräftig alle Probleme anpackte, die auf ihn zukamen, und das waren nicht wenige. Shaws Wirkungskreis reichte von der Rückführung von Lipizzanern aus Böhmen über die Rückstellung von Wertgegenständen und Uhren aus dem Besitz ehemaliger KZ-Häftlinge von Mauthausen bis zu Maschinenbestandteilen aus Polen und Italien, die nun in ihre Ursprungsländer abgingen. Die Aufsicht über Kunstgütertransporte nach Wien zu planen und dafür eine Wachmannschaft zusammenzustellen, bedeutete nur eine weitere Facette in seiner umfassenden und vielfältigen Tätigkeit, in der sich das ganze Ausmaß der Verwirrung jener Zeit spiegelt. Major Shaw war nach seinen eigenen Aussagen[171] kein Kunstkenner sondern eher ein „Macher", ein Organisator. Wenn ihm jemand sagte: „Das ist ein Brueghel", so bedeutete ihm das wenig. Sagte aber jemand: „Das Bild ist eine Million wert", dann setzte er sich in Bewegung. Sicher ist diese Darstellung eine Untertreibung, aber die Zeit brauchte solche „Macher", noch dazu, wenn sie sachkundig waren und ihnen – im Gegensatz zum armen Österreich – entsprechende Mittel zur Verfügung standen.

Nun begann also Shaw, sich in seinem Bereich zusätzlich noch mit dem Rücktransport der für die Schweizer Ausstellung bestimmten Dinge zu befassen, wie das die Institutsleiter in Wien schon seit geraumer Zeit taten.

Als Bick von der Nationalbibliothek die vom „Gastgeber", der Schweiz, vorgelegten Listen mit den gewünschten Exponaten gesehen hatte, waren sie von ihm, wie aus den Verwaltungsakten für 1946 hervorgeht, sofort in drei Gruppen gegliedert worden:

Liste 1 – von der Schweiz erbetene, aber wegen ihrer Qualität unverfügbare Stücke
Liste 2 – Werke hohen Ranges, deren Verwendung Bedenken macht. Die Objekte sind zum Teil noch nicht in Wien, ihr Zustand noch unbekannt
Liste 3 – Objekte, gegen deren Verwendung kein größeres Bedenken obwaltet

Zu dieser dritten Gruppe gehörten neben ganz wenigen Handschriften vor allem Erstausgaben österreichischer Dichter, Porträts, Almanache und Broschüren, also Bestände von sekundärer Bedeutung. Aber Bick hatte sehr rasch erfahren, daß es nicht die Absicht der österreichischen Regierung war, das Land mit zweitrangigen Werken in der Schweiz zu präsentieren. Der nächste Vorschlag enthielt schon eine Reihe von kostbaren Miniaturhandschriften und die Kopie der berühmten Landkarte aus römischer Zeit, der Tabula Peutingeriana. Neben den einzelnen Stücken waren auch die Kistennummern angegeben, in denen die Werke zu finden wären – und die meisten dieser Nummern schienen in den Inventarlisten für Lauffen auf. Da fanden sich in einer Kiste vereint Kostbarkeiten wie ein Psalter aus dem 8. Jahrhundert für Karl den Großen und der „Roman vom liebebefangenen Herzen" von René d'Anjou, dem nach diesem Werk benannten „Coeur-Meister", in einer anderen der Lauffener Kisten eine Prunkhandschrift der Goldenen Bulle Karls IV. und das Fischereibuch Maximilians I. (siehe Seite 245). Dazu gab es weitere Handschriften, Werke aus der Kupferstichsammlung und aus dem Prunksaal.

Es wurde aber auch daran gedacht, die Schätze für die Schweizer Ausstellung entsprechend versichern zu lassen, und das macht ihre Bedeutung dann auch für jene Leute begreifbar, die eher dem Typ des Major Shaw entsprechen. Für den Psalter Karls des Großen war ein Versicherungswert von schier unvorstellbaren 1,3 Millionen Schweizer Franken angegeben, für den „Roman vom liebebefangenen Herzen" eine Million, andere Werke mußten sich mit Summen von „nur" einigen hunderttausend Franken begnügen. Im Ischler Salzberg waren die Dinge nicht nur nicht versichert sondern obendrein noch kritischen Bedingungen ausgesetzt gewesen, und niemand hatte gewußt, daß sie überhaupt vorhanden waren. Insgesamt waren

150 Kisten, voll mit solchen Schätzen, in Lauffen eingelagert gewesen. Den Wert allein dieser Bergung auch nur annähernd abschätzen zu wollen, ergäbe astronomische Summen.

Nun aber, Ende Juli 1946, geriet Bewegung in die Dinge, der erste große Transport nach österreichischen Wünschen nahm Gestalt an. Wieder, wie schon bei der ersten, von den US-Stellen allein durchgeführten Sendung, wurden mehrmals leere, versiegelte Güterwagen an den Mozart-Expreß angehängt, um die Russen an der Ennsbrücke mit diesem Anblick vertraut zu machen, dann, am 7. August, gingen, bewacht von zwei US-Soldaten, zwei volle Waggons auf die Reise nach Wien. Luithlen begleitete sie bis Attnang, da ja „die Premiere immer das Aufregendste ist" und am Tag vorher „die Wogen noch sehr hoch gegangen waren".[172] Die zwei Waggons enthielten neben 104 Kisten für die Nationalbibliothek noch Bestände des Kunstgewerbemuseums[173], 51 Gemälde aus dem Kunsthistorischen Museum und Kisten mit Arbeiten aus der Plastiksammlung des Hauses, neben einem Pokal Kaiser Friedrichs III. z. B. Vasen, Schalen und Krüge aus kostbaren Materialien wie Bergkristall, Goldemail und Achat, Stücke aus Onyx, Amethyst und Rauchtopas – die Angaben sind geeignet, dem Laien die ganze Fülle bekannter und verarbeitbarer Edelsteine und Halbedelsteine vorzuführen.

Am 23. August ging der zweite Tansport von Lauffen ab, drei Waggons voll Kunstgut, in Attnang an den Mozart-Expreß angehängt und bewacht von amerikanischen Militärpolizisten. Nichts mehr war hier zu merken von der früher gepflogenen „Dezentralisierung", die darauf abzielte, allzu wertvolle Bestände nicht gemeinsam einem Risiko auszusetzen. Die drei Waggons enthielten so viele Schätze, daß die Institute wohl wochenlang mit dem Auspacken beschäftigt waren.

Den größten Wert stellte die Sendung für die Albertina dar, deren Besitz nun so geschlossen rückgeführt wurde, wie er am 7. März 1945 angekommen war. Diese fünfzig Kisten gehören neben den Schatzkammerbeständen, über die keinerlei Angaben aufzufinden sind, zum Geheimnisvollsten, das in Ischl geborgen war, und es blieb geheimnisvoll bis zum Schluß und merkwürdigerweise bis heute. Laut Mitteilung des Instituts existieren keinerlei Unterlagen über die Bergung, und was an Listen anderswo zu finden war, gibt wenig Aufschluß. Nach Auf-

Kaiser Maximilian beim Fischfang auf dem Achensee; aus dem Fischereibuch für Görz und Tirol 1504

zeichnungen im Kunsthistorischen Museum[174] wurden Bestände der Albertina gleich zu Kriegsbeginn nach Gaming verlagert, im Dezember des gleichen Jahres aber wieder nach Wien rückgeholt. Aus dieser ersten Zeit sind Aktenstücke vorhanden, in denen sich aber nur Angaben über die Künstler und die Zahl der Kartons pro Packstück finden, nicht darüber, um

Albrecht Dürer, Betende Hände; Albertina, Wien

welche Werke es sich handelte. Im März 1945 heißt es dann, nachdem Schirachs Verlagerungspläne in langen Verhandlungen vereitelt worden waren (siehe Seite 90 ff.), „die Kisten mit den Nummern 1–50“ von den insgesamt 137 Bergungsnummern der Albertina seien nach Lauffen verfrachtet worden. Berg schreibt,[175] er habe, um dem Gauleiter den Zugang zu bestimmten Werken unmöglich zu machen, darauf geachtet, daß aus den Listen keine Details abzulesen wären. Das ist ihm gelungen. So wissen wir nicht, welche von Dürers berühmten Arbeiten nun in Lauffen waren. Laut Aufstellung befanden sich in den Kisten zwei bis elf jeweils neben Werken der frühen Deutschen und von Baldung Grien auch Zeichnungen Dürers – nicht alle, aber die meisten. Das geht aus der Tatsache hervor, daß nur bei wenigen anderen Packstücken Dürers Name in Verbindung mit „Zeichnungen“ aufscheint. So wird uns weiter verborgen bleiben, ob nun die „Betenden Hände“ in Ischl waren oder der „Hl. Hieronymus“, beide oder keines von beiden son-

Raffael, Vier Studien zur Madonna im Grünen, Federzeichnung; Albertina, Wien

dern ganz andere aus der unschätzbaren Sammlung, die die Albertina besitzt, der allen bekannte „Feldhase“ etwa, die „Madonna mit den vielen Tieren“ oder „Das große Rasenstück“.

Bei Künstlern, von denen die Albertina nicht so viele Werke besitzt, ist die Feststellung leichter zu treffen. So geht aus den Aufzeichnungen mit Sicherheit hervor, daß etwa alle Zeichnungen von Rembrandt in Ischl waren, während von Rubens, Raffael und anderen Italienern nicht die großformatigen Blätter sondern nur Skizzen im Normalformat hierher gebracht wurden. Dazu gehören aber jene wunderbaren Studien, die die Künstler anfertigten, bevor sie ein großes Werk begannen, wie zum Beispiel Raffaels Vorarbeiten zur „Madonna im Grünen“. Auch bei den Albertina-Beständen läßt sich wieder in Zahlen ausdrücken, was der ungefähre Wert solcher Werke heute ist. Im Jahr 1984, in dem das Institut in den USA 75 Zeichnungen ausstellte, waren diese Werke auf insgesamt eine Milliarde

Wiener Porzellan, Zwirnverkäuferin; Museum für angewandte Kunst, Wien

Schilling versichert.[176] In jeder der 50 Kisten im Salzberg waren durchschnittlich 20 Kartons verpackt, 34 Kisten enthielten ausschließlich Zeichnungen. Das ergibt rund 680 Arbeiten, fast zehnmal so viel also als die Ausstellung in den USA.

In dem Transport vom 24. August kamen auch die neun Packstücke der Antikensammlung des Kunsthistorischen Museums zurück, die unter anderem die großen Kameen enthielten, außerdem Gemälde der Österreichischen Galerie, Gobelins und Gegenstände aus dem Kunstgewerbemuseum. So verbargen sich in den Kisten Porzellanarbeiten der Wiener Manufaktur, kostbare Statuetten mit Darstellungen aus dem Volksleben zur Zeit des Rokoko etwa, aber auch Gebrauchs- und Ziergläser vom 14. Jahrhundert an bis zum Biedermeier, darunter Trinkgläser mit Bäderansichten als Vorläufer des heutigen Souvenirgeschäftes, unter ihnen wieder laut Liste eines mit Ischl als Motiv.

Mitglieder der Ischler Bergungsmannschaft mit dem Rubensbild „Das Jesuskind mit Johannes und zwei Engeln" im „Bahnhof" des Ischler Salzberges. Rechts vorne Dr. Victor Luithlen

Als die Waggons Wien erreicht hatten, alles gut vorüber war, gab es in Ischl-Lauffen ein großes Aufatmen. Nun war mindestens die Hälfte der Sachen aus dem Berg ausgelagert, man konnte sich wieder entspannen nach der Belastung, die die Zusammenstellung der Transporte bedeutet hatte. Die Mannschaft ließ sich mit den restlichen Bildern – und auch ohne sie – photographieren – bald würde die Bergungszeit für alle Beteiligten zu Ende sein und nur mehr eine Erinnerung bleiben.

In Wien aber wurde an der Vorbereitung für die Züricher Ausstellung gearbeitet. Die Vertreter der Schweiz hatten mit ihren Vorstellungen großen Einfluß auf die Gestaltung. So wurde bei einer Sitzung am 29. August 1946 mit Nachdruck der Wunsch deponiert, es sollten unbedingt Werke von Brueghel gezeigt werden, und zwar möglichst die berühmtesten, dann könne man garantieren, daß „die Ausstellung ein großer Erfolg" werde. Dieses Argument war nicht nur deshalb schwerwiegend, weil die Österreicher den Herren aus der Schweiz möglichst entgegenkommen wollten, sondern auch im Hinblick darauf, „daß ein eventueller Reingewinn bei dem derzeitigen Devisenmangel für Österreich sehr vorteilhaft wäre".[177]

Dann endlich war es soweit. Dieser erste Auftritt im Ausland nach dem Krieg kam wirklich zustande, und er wurde ein voller Erfolg. Wie so oft, konnte sich Österreich auf die Wirkung seines kulturellen Erbes verlassen, wenn es galt, Sympathien in der Welt zu erwerben oder zu erhalten. Eine Schweizer Zeitung[178] schrieb, die Ausstellung sei ein „einmaliges, überwältigendes Ereignis", stelle aber gleichzeitig – und das sollte sie ja vor allem – „ein Wiedererwachen geistiger Beziehungen unter Menschen und Ländern" dar. „Die Meisterwerke aus Österreich sind da und damit eine Botschaft des österreichischen Volkes."

Wieder im Besitz seiner Kunstschätze und mit ihrer freien Verfügbarkeit konnte Österreich zeigen, daß eine Botschaft aus diesem Land wie eh und je Kultur bedeutete und Werte, die immer noch, vielleicht sogar mehr denn je, ihr Gewicht hatten. Nach der „Reifeprüfung" bei den ersten Wahlen stellte Österreich mit dieser Ausstellung unter Beweis, daß es seinen Platz unter den Staaten Europas wieder einnehmen und damit jene Funktion erfüllen wolle, die Figl in seinem Regierungsprogramm für das „Österreich von morgen" hervorgehoben hatte, nämlich „ein Hort des Friedens im Zentrum Europas" zu sein.

2. Restbestände und Bilanzen

Bei jedem größeren Unternehmen kommt der Zeitpunkt, zu dem man sich sagt: Nun ist das Schlimmste überstanden, eigentlich dürfte jetzt nichts mehr passieren. Für die Kunstgüterbergung trat dieses Stadium in den letzten Monaten des Jahres 1946 ein. Das hieß nicht, daß nichts mehr zu tun geblieben wäre. Vieles gab es zu erledigen, ganz abgesehen davon, daß der Berg noch immer eine Reihe von Kostbarkeiten enthielt. Auch Gelegenheit für Mißgeschicke aller Art war noch vorhanden, aber verglichen mit der Spannung und Gefahr des

Kriegsschlusses war das alles nicht mehr bedrohlich, nur ein Ausklang und Nachhall der großen Ereignisse.

Nach dem Abgang der beiden Transporte für das Debut Österreichs im Ausland mußten die weiteren Auslagerungen vorbereitet werden, die noch vor dem Winter erfolgen sollten. Am 27. September und am 21. November verließen abermals zwei Sendungen Ischl. Geschätzter Wert der ersten von ihnen: 80–100 Millionen Dollar,[179] Inhalt: Gemälde, Einlagerungen des Museums für Völkerkunde, und schließlich aus dem Kunstgewerbemuseum Direktor Ernsts „Sorgenkinder“, die Teppiche.[180]

Wer auch heimkehrte, war die „Venus von Willendorf“, um deren Ablieferung an das Naturhistorische Museum sich der Bergungsleiter persönlich kümmerte.

Den Winter über ruhte die Tätigkeit in den Depots, der Großteil der Mannschaft hielt sich schon in Wien auf. Erst mit dem Frühling begannen die letzten Arbeiten.[181] Dafür war es aber auch nach Meinung aller hoch an der Zeit, die Rückführungen aus den anderen Orten, aus Niederösterreich vor allem, waren seit dem Jänner 1946 bereits abgeschlossen. Im März 1947 wurden die Restbestände des Haus-, Hof- und Staatsarchivs aus dem Salzberg von Bad Ischl-Lauffen ausgelagert, und am 25. April 1947 verließ der letzte große Transport mit Kunstgütern Ischl, ohne US-Hilfe, nur von Österreichern versorgt und betreut.

Luithlen ließ in Gegenwart des Gendarmeriekommandanten die Räume kontrollieren – immer noch von der vagen Hoffnung getragen, es könnten sich vielleicht doch die sieben vermißten Bilder noch finden –, dann erfolgte eine Schlußkommissionierung, und die Salinendirektion übernahm wieder die alleinige Aufsicht über den Berg.

Was im Erbstollen blieb, das waren über Wunsch Direktor Michels mit Ausnahme der „Venus von Willendorf“ alle Objekte, die das Naturhistorische Museum im Laufe der Zeit deponiert hatte. Sie wurden erst Monate später rückgeholt, Luithlen war dafür nicht mehr verantwortlich.

Als der Transport vom 25. April 1947 Wien erreichte, hörte er auf, „Bergungsleiter“ zu sein und wurde wieder das, was er vor Beginn dieser abenteuerlichen Zeit gewesen war, nämlich wissenschaftlicher Beamter in der Sammlung alter Musikinstrumente, der er später als Direktor vorstand. Was ihm im Zusammenhang mit der Bergung noch zu tun blieb, war die Verfassung eines Schlußberichtes, und er entledigte sich dieser Aufgabe im Juli 1947. Noch einmal ließ er alle Ereignisse an sich vorüberziehen, und es wurde bei dieser Gelegenheit wohl auch ihm nochmals deutlich, wieviel Risiko die Aktion bedeutet hatte, welche Gefahren bestanden hatten und wieviel Glück noch zu Arbeit und Einsatz dazukommen mußte, damit er an den Schluß seines Berichtes die folgenden Worte schreiben konnte:[182]

„Nach wechselvollem Schicksal, von Kriegsgefahren, von der zusammenbrechenden nationalsozialistischen Macht mit dem Untergang bedroht, von den Museumsvertretern umhegt und verteidigt, von den amerikanischen Stellen gesichert und bewahrt, sind nun die Bergungsgüter heimgekehrt, und damit finden Kämpfe, Sorgen und der persönliche Einsatz aller Beteiligten ihren Lohn: Die Kunstschätze sind für Österreich gerettet."

Daß insgesamt an österreichischen Museal- und Kunstgütern aus den staatlichen Sammlungen nur geringe Verluste zu verzeichnen waren, geht aus dem Bericht über die Bergungsmaßnahmen hervor, den Berg schon 1946 schrieb.[183] Auch er zieht Bilanz und kommt zu dem Ergebnis, daß, abgesehen von den Bomben- und Kampffolgen an Gebäuden, die Sammlungen selbst bis auf Einzelverluste unbeschädigt aus diesem „schwersten aller Kriege" hervorgegangen waren. Seine Zusammenstellung sieht in gekürzter, freier Wiedergabe so aus:

Kunsthistorisches Museum:
Gemäldegalerie: „bis auf letztrangige Gemälde . . . intakt"
Sammlung alter Musikinstrumente: „bis auf minder wichtige Nebenbestände" intakt
alle anderen Sammlungen intakt

Österreichische Galerie:
„intakt bis auf drei Fakultätsbilder von Klimt und wenige unbedeutende Gemälde"

Graphische Sammlung Albertina:
intakt

Kunstgewerbemuseum:
„größere Verluste an Möbeln der Gotik bis zum Barock, ..."
sonst bis auf wenige andere Bestände intakt

Völkerkundemuseum:
intakt

Naturhistorisches Museum:
bei zwei Sammlungen Verlust einiger weniger Objekte, in der botanischen Abteilung „Verlust des ... Herbars durch Zufallsbrand am Bergungsort" Höflein, N. Ö., sonst alle Sammlungen intakt

Museum für Volkskunde:
intakt

Technisches Museum:
intakt

Nicht viele Kulturzentren konnten eine solche Bilanz ziehen, wie sie hier für Wien erstellt wurde. Überall in Europa waren Kunstschätze in Mengen vernichtet worden: in Dresden, im „Führerbau" in München, um nur zwei Namen im deutschen Raum zu nennen, dazu in Frankreich, in Belgien, in den Niederlanden, auf dem Balkan und in Italien. Natürlich ging auch österreichisches Kunstgut zugrunde, aber eben nur wenig aus den staatlichen Sammlungen.

Was Berg in seinen Angaben übrigens nicht erwähnt, sind Brueghels „ Blumen in blauer Vase" (siehe Seite 194), obwohl es sich bei diesem Bild um eines der ersten Kategorie handelt. Aber er sollte recht behalten damit, es nicht unter die verloren gegangenen zu zählen – es fand sich wieder, Jahre später, als alle Hoffnung dahin, der Fall längst aufgegeben war, und das kam so:

Eines Tages erhielt das Kunsthistorische Museum eine Anfrage vom Denkmalamt in München, ob der Sammlung das in Abbildung beigelegte Gemälde fehle. Es war der verschollene Brueghel. Auf die sofortige Antwort hin erfuhr man in Wien eine schier unglaubliche Geschichte. Eine Frau war zum Münchener Denkmalamt gekommen und hatte gemeldet, sie habe in der Wohnung eines Maurerpoliers ein Bild entdeckt, das offenbar wertvoll sei. Es sei ihr, als sie im Zimmer allein gelassen wurde, wegen seiner liebevoll ausgeführten Details, wegen der

Tautropfen und Käfer auf den Blumen aufgefallen. Als sie den Hausherrn darauf ansprach, nahm er es voll Stolz vom Haken und zeigte die Zettel, die auf der Rückseite des Gemäldes klebten und aus denen hervorging, auf welchen internationalen Ausstellungen es schon gewesen war. Die Frau wurde argwöhnisch, ihr kam die Sache seltsam vor, und sie ging zum Denkmalamt, um Meldung zu erstatten. Als man den Maurerpolier vorlud, verantwortete er sich ziemlich arglos. Das Bild sei eines von vielen gewesen, die zu Kriegsende in jenem Haus in St. Johann in Tirol eingestellt wurden, in dem er mit seiner Familie als Bombenflüchtling lebte. Es habe ihm gefallen und er habe es in einem unbeobachteten Moment noch vor dem Eintreffen der Amerikaner an sich genommen, um sich, wie er meinte, schadlos zu halten für die Arbeit, die er geleistet hatte, als es galt, die Gemälde von den Lastwagen der SS-Männer zu räumen und sicher zu lagern.[184] Das Bild wurde daraufhin dem Kunsthistorischen Museum rückerstattet, lange, nachdem die anderen ihre Plätze wieder eingenommen hatten.

Und wie sah es in Aussee aus zu dem Zeitpunkt, als in Ischl die Rückführungen nahezu beendet waren und man sich einen Überblick verschaffen konnte? Hier war die Aktion bei weitem nicht „beendet", sie konnte es nicht sein angesichts der Menge und Vielfalt der Kunstgüter und angesichts der oft kaum klärbaren Besitzverhältnisse.

Vieles aus der Bergung war inzwischen abtransportiert worden, aber noch 1947 und später gingen lange Aufstellungen vom Bundesdenkmalamt an die US-Forces, bei denen zu diesem Zeitpunkt Miss Eve Tucker die Agenden der RD&R-Division führte. Die Listen enthielten neben Werken aus österreichischem Besitz, die in die Kompetenz der österreichischen Stellen fielen, noch Güter britischer, französischer, holländischer, belgischer und deutscher Herkunft, für die die US-Kräfte verantwortlich waren, sowie ungeklärten Besitz. Die französischen und die holländischen Ansprüche lagen dabei an erster Stelle, was die Zahl betraf, die meiste Arbeit aber verursachte der „ungeklärte Besitz", auch der aus anderen österreichischen Bergungsorten. Seine Herkunft ließ sich oft trotz größter Mühe nicht mehr feststellen, nicht einmal das Ursprungsland war in allen Fällen fixierbar, man konnte nur vermuten. Trotzdem wurde manches im Sommer 1947 nach München gebracht, herrenloses Gut, um dessen Rückführung sich die US-Stellen bemühen würden.

Aber nicht nur viele Werke blieben ohne Eigentümer, es gab auch viele Menschen, die ihren Besitz nicht mehr zurückerhalten konnten. Manches, was schmerzlich vermißt wurde, tauchte nie wieder auf. Das sagte auch Miss Tucker 1948 den Leuten vom Informationszentrum der US-Kräfte in Österreich, als sie danach gefragt wurde. „Die gigantische Suche nach ihrem verlorenen Erbe, die die europäischen Nationen während der letzten drei Jahre durchgeführt haben, wird wahrscheinlich noch während der nächsten fünfzig anhalten.“[185] Und Miss Tuckers scheinbar so pessimistische Zeiteinschätzung stimmte tatsächlich. Die Rückstellung der aus Österreich stammenden herrenlosen Güter glaubte man erst 1983, also nach fast vierzig Jahren abgeschlossen – allerdings nur, um bald darauf abermals mit dem Problem befaßt zu werden, wie noch auszuführen sein wird.

Im übrigen ist der Bericht von Miss Tucker nicht unbedingt als Bilanz zu werten, eher als Schilderung der Rückführungstätigkeit der US-Stellen und ihrer Erfolge. Sie sollte vor allem als Grundlange für Presseberichte dienen und ist deshalb mit vielen anschaulichen Details ausgeschmückt. Miss Tucker beschreibt die Kunstgüterbergung in „gotischen Schlössern, romanischen Klöstern und unterirdischen Salzlagern“ und gibt an, daß, seit sie 1947 die RD&R-Geschäfte übernommen habe, Schätze im Wert von 300 Millionen Dollar rückgeführt worden seien, allerdings zum Großteil nicht mehr aus dem Ausseer Salzberg. Der sei nun „bis auf ein Bild“ leer. Wie eine Nachforschung ergab, handelte es sich bei diesem einen Werk um einen Makart, „Venedig huldigt Katharina Cornaro“.[186] Dieses Gemälde, mit den Ausmaßen 10,50 x 4,00 m wirklich riesig, war während des Krieges in den Salzberg gekommen. Als aber nach der Sprengung der Zugänge im Mai 1945 die Türen neu eingesetzt wurden, gerieten sie so klein, daß das Bild nicht mehr ausgebracht werden konnte. Auch die Türen wollte man nicht gleich wieder neu machen angesichts der allerorten herrschenden Materialknappheit, und so blieb das Kolossalgemälde bis 1964 (!), also rund 20 Jahre im Berg. Es nahm in dieser Zeit keinen wesentlichen Schaden und hängt heute in der Hermesvilla in Wien.

Weiter unterrichtete Miss Tucker die Pressestelle darüber, wie andere Depots gefunden und geleert wurden, etwa in St. Florian, Kremsmünster und Fischhorn, und Anekdoten rund um die Bergungen werden erzählt. So habe ein Geistlicher bei der Auslagerung der in seinem Kloster geborgenen Kunstschätze eine Schachtel mit Gemälden „retten" wollen, da er glaubte, sie seien Eigentum des Ordens und würden widerrechtlich wegtransportiert. Erst nach dem Abzug der Kommission sei er daraufgekommen, daß die Bilder gar nicht zum Klosterbesitz gehörten und habe sie reuig abgeliefert.

Miss Tucker machte noch weitere Erfahrungen mit Stiften und Schlössern und ihren Bewohnern, und zwar andere, als sie die Amerikaner mit „old Europe" und seinen Herrensitzen verbinden. In ihrem Bericht stellt sie – jenseits aller Schönfärberei – fest, „das einzige, was kälter und unromantischer ist als ein ungeheiztes Schloß aus dem 13. Jahrhundert ist ein ungeheiztes Kloster aus dem 13. Jahrhundert". Dafür aber wirkten die Adeligen auf sie wie Gestalten „aus dem Märchen" in ihren riesigen, leerstehenden Besitzungen, aber mit sauber gepflegten und geputzten Räumen und der „leblosen Stille" darin, „die ungestört scheint seit den Tagen des Kaiserreiches". Die alten Barone tragen nach Miss Tuckers Schilderung samtene Kniebundhosen und Hörrohre, sprechen ein Gemisch aus Deutsch und Französisch, und alles an ihnen und um sie herum wirkt „wie ein heruntergekommenes Museum". Trotzdem findet man in solcher Umgebung manchmal wertvollste Kunstwerke, berichtet die Expertin, Rückführungsfragen sind zu klären, und daraus ergeben sich interessante Kontakte mit Trägern klingender Namen. Was Miss Tucker aber besonders beeindruckte, war die große Gemeinde der Kunstverständigen in Europa und ihre Solidarität. Da ist ein Pole gern bereit und auch imstande, „ein Gemälde aus einer französischen Sammlung zu identifizieren, wie auch ein französischer Experte ein Bild aus einer Sammlung in Den Haag" dorthin zuordnen kann. Trotzdem sei noch eine Menge ungeklärt, heißt es weiter, und die Listen der nicht aufgefundenen Werke umfassen so bedeutende Meister wie Rubens, Dürer, El Greco, van Dyck, Goya, Courbet, Renoir, Degas und Cezanne.

Der Bericht endet mit der Feststellung, daß die USFA ihre Arbeit in einem weiteren Jahr abzuschließen hofften. Aus dem

Jahr danach, von 1949 also, stammen auch die zusammenfassenden Berichte jener beiden Männer, auf die sich die US-Truppen nach ihrer Entdeckung der Ausseer Bergung so weitgehend stützten, nämlich die von Michel und Eder, die beide im Lauf der vorliegenden Darstellung immer wieder herangezogen wurden, Bilanzen auch sie, geschrieben von unmittelbar mit dem Geschehen Vertrauten. Sie waren ausschließlich für die US-Stellen, nicht für den österreichischen Gebrauch gemacht und wurden auch nur dorthin abgeliefert.

Als weitere Darstellung des Themas war schon 1948 Pöchmüllers Buch „Weltkunstschätze in Gefahr“ erschienen, das ebenfalls wiederholt zitiert wurde. Es sollte vor allem seiner Rechtfertigung dienen, denn Pöchmüller war nach 1945 zahlreichen Verfolgungen und Anschuldigungen ausgesetzt gewesen. Trotzdem gibt das Buch ein ziemlich objektives Bild, es wurde allerdings nie verbreitet sondern mit einem Verkaufsverbot belegt.

Dann senkte sich Stille auf die Vorgänge um die Kunstgüterbergung und ihre Folgen. Nur gelegentlich griff eine Zeitung das Thema auf oder äußerte sich einer der Beteiligten. Das lag und liegt heute noch im wesentlichen daran, daß die Aktion der staatlichen Sammlungen 1947 ohne weitere Zwischenfälle abgeschlossen wurde. Hatte sie schon die US-Truppen nur sehr am Rande interessiert, so geriet sie nun vollends in Vergessenheit.

Die Frage der in Aussee geborgen gewesenen Kunstschätze österreichischer Herkunft aber zog sich, wie schon erwähnt, über Jahrzehnte hin und hat erst Ende 1984 nochmals Schlagzeilen gemacht. Die Rückstellungen in der Nachkriegszeit erfolgten nach den sogenannten „Rückstellungsgesetzen“: Ansprüche konnten angemeldet und Eigentums- und Besitzrechte verfochten werden, für die dann in oft endlosen und wiederholten Verfahren eine Klärung gefunden werden mußte. Oft waren ja die Eigentümer ausgewandert und wußten zunächst nicht einmal, wo sie ihre Ansprüche geltend machen sollten. Unzählige waren in den Wirren des Krieges und der Verfolgung verschollen oder zugrunde gegangen, Erben mußten erst ihre Berechtigung nachweisen und wußten oft nicht einmal genau, wie die Dinge ausgesehen hatten, die sie suchten, denn sie kannten nur die vage Familientradition. Auch „Arisierungen“ hatten stattgefunden, nun waren sie rückgängig zu machen oder Vergleiche herbeizuführen. Trotzdem gelang es im Laufe der Jahre, etwa 10.000 Kunstgegenstände aus verschiedenen österreichischen Bergungsorten, darunter auch solche aus Aussee, neben anderem jüdischen Besitz an die Eigentümer oder deren Rechtsnachfolger zurückzustellen. Die Verwaltung der Kunstgüter bis zur Rückstellung oblag weiterhin dem Bundesdenkmalamt, wo nach dem Tod Dr. Ludwig von Bergs vor allem Frau Dr. Edith Podlesnigg für einschlägige Fragen zuständig wurde.

Als Österreich mit dem Staatsvertrag von 1955 seine volle Unabhängigkeit wiedererlangte, wurde in diesem Dokument neuerlich eine Frist festgesetzt, innerhalb welcher Ansprüche erhoben werden konnten. Mitte 1957 übernahmen nicht-staatliche Institutionen, die von NS-Opfer-Organisationen administrierten „Sammelstellen A und B", die Verwaltung und Rückstellung des ehemals jüdischen Besitzes. Sie führten auch Verkäufe und Vergleiche im Namen der ermittelten Besitzer oder ihrer Rechtsnachfolger durch. Als 1969 alle in dieser Aktion anhängig gemachten Verfahren abgeschlossen waren, fielen die Restbestände, später von einem Journalisten als „Vermächtnis der Schande" bezeichnet,[187] als herrenloses Gut an den Staat.

Und noch einmal rollte dieser das Problem auf, um jeden Schein von Unrecht zu vermeiden. Das sogenannte „Kunst- und Kulturgutbereinigungsgesetz" vom 27. Juni 1969, das sich mit dem weiteren Schicksal dieser Bestände befaßte, wurde im Bundesgesetzblatt Nr. 294 vom 14. August 1969 veröffentlicht. Für den Fall, daß sich doch noch jemand mit Ansprüchen an die beiden Sammelstellen wenden sollte, verpflichtete sich der Staat Österreich, an die Sammelstellen die globale Abfindungssumme von fünf Millionen Schilling zu zahlen. Am 2. September 1969 erschien dann in der Amtlichen Wiener Zeitung eine Liste des noch vorhandenen Kunstgutes. Sie wurde auch in den österreichischen Botschaften und sonstigen Vertretungen im Ausland zur Einsichtnahme bereitgehalten und ermöglichte Geschädigten, einen Rückstellungsanspruch gegenüber dem Bund geltend zu machen, ein nochmaliger Versuch also, binnen einer gewissen Frist ehemalige Eigentümer zu finden. Damit schien aus österreichischer Sicht alles und noch etwas mehr getan, als für solche Fälle vorgesehen ist.

Die „Liste“, die in Wirklichkeit den Umfang eines mittleren Buches hat, führte übrigens, nach Kategorien getrennt, immer noch eine Fülle von Gegenständen an, manche von ihnen mit beträchtlichem Wert. Da gab es, in alphabetischer Reihenfolge, 657 Ölgemälde, darunter sogar eines von Correggio, dann Werke von Jakob und Rudolf Alt, Defregger und Anselm Feuerbach. Hitlers Liebling Grützner war mit einem „Falstaff mit Weinglas“ vertreten. Gauermann, Lenbach, Loos, Makart, Spitzweg und Waldmüller, vor allem also Maler des 19. Jahrhunderts schlossen sich an. Dann folgten Aquarelle und Zeichnungen, unter ihnen sogar zwei von Michelangelo, Möbel, Tapisserien, Porzellan, Münzen, Medaillen und Bücher, einige tausend im ganzen, jedes einzelne Stück Zeuge eines Schicksals, vielleicht sogar einer Tragödie.

Das Gesetz und die Veröffentlichung lösten eine neue Welle von Rückstellungsverfahren aus. Diese mußten bei der Finanzlandesdirektion für Wien, Niederösterreich und das Burgenland bzw. vor Gericht abgehandelt werden. Deshalb ist auch die Einsichtnahme in die Akten nicht möglich, außer für Betroffene, da Gerichtsakten auch nach Abschluß der Verfahren geheim sind und bleiben, und das hat zur Folge, daß selbst in Zukunft eine wissenschaftliche Forschungsarbeit an diesem Material unmöglich sein wird. Der österreichische Staat war in diesen Verfahren von der Finanzprokuratur vertreten, die letzte Frist für die Geltendmachung von Ansprüchen lief 1972 ab.[188]

Wieder vergingen Jahre bis zur Klärung und Erledigung aller Forderungen. Die restlichen Kunstschätze waren inzwischen in ein von Kaiser Josef II. 1782 aufgelassenes Kloster in der Nähe von Wien, in die Kartause Mauerbach gebracht worden, aber von den etwa tausend eingegangenen Anträgen erwiesen sich nur 71 als berechtigt. Endlich, um die Mitte des Jahres 1983, waren die Prozesse beendet, die Angelegenheit konnte als erledigt betrachtet werden. Die übriggebliebenen Bestände, nunmehr als rechtlich einwandfreies Eigentum des Staates anzusehen, blieben zum Großteil in Mauerbach, ein Teil der Kunstwerke wurde von staatlichen Sammlungen übernommen oder in Dienststellen verwendet.

Da erschien im Dezember 1984 in einer amerikanischen Zeitschrift, den ARTnews, ein langer Artikel mit dem Grundtenor, Österreich sei soeben dabei, sich Kunstgut aus ehemals jüdischem Besitz anzueignen. Als Ergebnis „einer achtmonatigen Untersuchung“ wurden den mit der Angelegenheit befaßten Stellen „Vernachlässigung, Unfähigkeit und fragwürdige rechtliche Machinationen“ vorgeworfen. Ein vernehmliches Raunen ging durch den internationalen Pressewald. Immer noch lösten die von Hitler und seinen Genossen gesammelten Schätze Emotionen aus. Selbst wenn es sich um dutzendmal gesiebte Restbestände handelte, die nur zum Teil aus jüdischem Vermögen stammten, zum Teil aber „Strandgut des Krieges“ waren, in Depots zurückgelassene und nicht mehr abgeholte Gegenstände, machte sich der verdächtig, der sie in Verwahrung hatte.

Der Bericht über das „Vermächtnis der Schande“, wie es der Verfasser nannte, lockte sofort zahlreiche Reporter in das Bundesdenkmalamt mit dem Begehren um Aufklärung und Erlaubnis zur Besichtigung der Depots. Aber auch zahlreiche Privatpersonen und Organisationen meldeten sich zu Wort und äußerten sich zu dem Problemkreis. Und da zeigte sich, daß die Gräben, die vor nunmehr fast fünfzig Jahren aufgerissen wurden, sich noch immer nicht geschlossen haben, auch wenn es manche positive Stellungnahme gab.[189] Österreich sah sich einer Welle von Argwohn und Mißtrauen gegenüber.

Bei ruhiger Überlegung ist das nicht so unverständlich: Eine solche Vergangenheit zu „bewältigen“, mit einem solchen Schicksal fertigzuwerden, wie es manchen Juden zuteil wurde, dazu reicht ein ganzes Leben nicht aus. Es ist deshalb nicht verwunderlich, wenn im Zusammenhang mit diesen Fragen Mißgunst und Haß zum Durchbruch kommen. Damals sind Dinge geschehen, die nicht „wieder gut zu machen“ sind. Angehörige können nicht wieder zum Leben erweckt, geplünderte Wohnungen nicht in den Zustand versetzt werden, in dem sie vorher waren. Das Unrecht, das damals geschah, wird immer Unrecht bleiben. Es ist eine Hypothek, die uns belastet, dieses „Vermächtnis der Schande“. Aber man sollte wohl bedenken, daß auch Österreich und seine Bewohner ein gerüttelt Maß an Leid und Verlusten aus diesem Krieg herauszutragen hatten, und der Weg, den das Land seither einschlug, sollte deutlich machen, was wir Österreicher der Gegenwart wirklich wollen: Neutralität, ein Leben in Frieden und Gerechtigkeit, Achtung vor Würde und Wesen jedes Einzelnen und die Möglichkeit, uns an allem Schönen zu freuen und es zu pflegen.

Wir denken heute nur mehr selten an das, was sich vor mehr als vierzig Jahren ereignet hat, für einen großen Teil der Bevölkerung ist es überhaupt schon Geschichte geworden. Nur zu Jahrestagen wie etwa 1985 wird davon gesprochen und geschrieben, wird das Vergangene lebendig oder dann, wenn wir – wie im gezeigten Fall – mit Taten und Fakten in Zusammenhang gebracht werden, mit denen Österreicher tatsächlich befaßt waren, mit denen wir Heutigen uns aber nicht identifizieren können und wollen. Dann greift etwas nach uns, was wir längst abgeschüttelt zu haben glauben, dann spüren wir die Gefahr – und auch das Unrecht, in das Österreich verstrickt war.

Das ist auch der Grund, warum sich Österreichs Volksvertretung auf Antrag der zuständigen Ministerien entschlossen hat, nochmals das Problem aufzugreifen, den Fragenkomplex nochmals vor die Öffentlichkeit zu tragen. Im Bundesgesetzblatt vom 3. Jänner 1986[190] erschien das „2. Bundesgesetz vom 13. Dezember 1985 über die Herausgabe und Verwertung ehemals herrenlosen Kunst- und Kulturgutes, das sich im Eigentum des Bundes befindet", das sogenannte „Zweite Kunst- und Kulturgutbereinigungsgesetz". In diesem Gesetz wird festgelegt, daß Personen, die glauben, Eigentumsrechte geltend machen zu können, bis zum 30. September 1986 bei der „Anmeldestelle", dem Bundesministerium für Finanzen, unter Vorlage entsprechender Unterlagen ihre Anträge einbringen können. Die Angaben würden dann in einer „Prüfstelle", der Finanzlandesdirektion für Wien, Niederösterreich und das Burgenland, geprüft. Sollte sich der Anspruch als rechtmäßig erweisen, würde das Gut ohne Befassung der Gerichte an den ehemaligen Eigentümer ausgefolgt. Gelange die Prüfstelle zu einer anderen Ansicht, so könne der Herausgabeanspruch bei Gericht geltend gemacht werden. In früheren Verfahren schon abgelehnte Bewerbungen könnten dabei nicht neuerlich vorgebracht werden.

Die Liste der Kunstgüter – sie umfaßt 8153 Einzelstücke, unter ihnen 3343 Münzen und Medaillen und 2972 Stück Theaterliteratur – wurde in der Amtlichen Wiener Zeitung vom 1. Feber 1986 kundgemacht. Diese Listen liegen – wie schon beim ersten Mal, 1969 – in allen österreichischen Vertretungsbehörden im Ausland zur Einsichtnahme auf. Dies sei auch, so wird im Gesetz betont, der Bevölkerung des jeweiligen Landes „in geeigneter Weise“ bekanntzugeben. Das Gesetz enthält diesen Passus deshalb, weil seinerzeit Österreich der Vorwurf gemacht wurde, die Leute im Ausland und in Übersee hätten nicht gewußt und nicht wissen können, daß Rückstellungsansprüche möglich seien. Nun wurde auch diesem Argument Rechnung getragen. Das Gesetz sieht außerdem vor, daß keine Ausfuhrbeschränkungen für auf diese Weise rückgestelltes Gut bestehen. Und im § 8 wird nunmehr festgelegt, daß nach Abschluß der Verfahren das Bundesministerium für Finanzen eine Versteigerung der Restbestände durchführen und deren Erlös bedürftigen Personen zuwenden könne, „die aus rassischen, religiösen oder politischen Gründen durch das NS-Regime verfolgt wurden“. Es wird aber betont, daß diese Versteigerung eine freiwillige Sache Österreichs sei, da dem Staat rechtens ja der Anspruch auf die Güter zustehe.

Wieviele Jahre darüber noch vergehen werden, kann niemand abschätzen, und erst, wenn all diese Akten geschlossen sind, wird hoffentlich auch dieses Kapitel der „Kunstgüterbergung“ Geschichte geworden sein.

In den Wiener Museen aber stehen, hängen und liegen die Schätze und Kostbarkeiten, als sei das immer so gewesen. Brueghels „Blumen in blauer Vase“ blühen in alter Frische, nichts deutet darauf hin, was dem Bild während des Krieges und nachher alles widerfuhr, bis es schließlich in das Museum heimkehrte. Und es erlitt keinen Schaden dabei, nicht einmal einen Kratzer. Das ist – wie alles andere, was die Kunstschätze, was Österreich als Staat, was die Österreicher als Menschen erlebten –, nicht nur „Verdienst“, Ergebnis von Vorsicht und Umsicht. Letztlich können wir den Gang der Dinge nur wenig beeinflussen. Wir müssen sie nehmen, wie sie kommen und erkennen, daß alles Gute, das uns widerfährt, ein Geschenk ist: Glück, Fügung, Schicksal, Segen, wie immer man es nennen will. Was wir deshalb wohl am dringendsten brauchen, ist Gelassenheit und Zuversicht, jene Haltung, wie sie uns in der urösterreichischen Gestalt des „Lieben Augustin“ begegnet, der selbst aus der Pestgrube lachend aufsteht, weil er eines gelernt hat: sich zu bescheiden und dankbar dessen zu freuen, was ihm geblieben ist.

Nachwort

Bevor die zweite Auflage dieses Buches ihren Weg zum Leser nimmt, soll Umschau gehalten werden, was sich in den vier Jahren seit seinem Erscheinen in bezug auf die hier behandelten Ereignisse getan hat, welche neuen Erkenntnisse gewonnen und welche Meinungen vertreten wurden. Denn abgeschlossen sind die Recherchen zu diesem Thema noch bei weitem nicht. Vieles ist noch nicht oder nicht vollkommen geklärt, manche Auffassungen sind widersprüchlich. Das gilt natürlich vor allem für die Forschung über die Bergung im Salzberg von Altaussee.

Aber auch in Ischl hat sich Grundlegendes geändert, seit dieses Buch zum ersten Mal erschien. Die Änderungen betreffen den Salzbergbau. Wer heute zum „Erbstollen“ fährt, zu jenem Punkt, von dem aus die Kunstgüter der Wiener staatlichen Sammlungen eingelagert wurden, der findet dort seit 1988/89 vollkommen veränderte Verhältnisse vor: Die Zufahrt ist verbreitert, neue Gebäude sind entstanden, der Parkplatz davor ist voll besetzt. Die Generaldirektion der Österreichischen Salinen hat alle zum Bergbau Ischl gehörigen Büros, Werkstätten und Arbeitsräume vom Eingang Perneck (s. S. 81) zum Erbstollen verlegt.

Aber auch der Grund für diese Maßnahmen berührt etwas, das für die Kunstgüterbergung im Zweiten Weltkrieg wesentlich war: Die Methoden der Salzgewinnung haben sich in den letzten Jahren grundlegend geändert. Wurde früher das Salz unter Tage in Werkern aus dem Berg gelaugt (s. S. 43 f.) so werden jetzt schon 73 Prozent der Ischler Rohsole durch Sondenbohrung gewonnen, und die Zahlen sind weiter im Steigen[1]. Untersuchungen über den weiteren Verlauf der Salzlagerstätten haben nämlich ergeben, daß sie sich vom Salzberg weg ab dem Erbstollen tief unter die Sohle des Trauntales hinziehen. Diese Vorkommen werden jetzt ausgebeutet. Aber auch dort, wo die Förderung im Berg beibehalten wurde, wird meist nicht mehr „vor Ort“, sondern mit Bohrsonden gearbeitet, die jahrhundertealte Form des Salzbergbaues wurde weitgehend aufgegeben. Das gleiche gilt auch für den Salzberg von Altaussee.

Damit entstehen aber auch keine begehbaren Werker mehr. Die großen unterirdischen Hohlräume, die sich durch das Auslaugen des Salzes bilden, sind dem Menschen nicht mehr zugänglich und damit für Einlagerungen ungeeignet. Im Bedarfsfall müßte erst ein Schacht gegraben werden, umfangreiche Absicherungen wären notwendig – das heißt, die Form der Kunstgüterbergung, wie sie im Zweiten Weltkrieg durchgeführt wurde, wird bald schon der Vergangenheit angehören. Sicher werden im Berg immer noch Räume vorhanden sein, aber neue entstehen kaum mehr. So ändern sich die Zeiten . . .

Erfreulich war, daß sich nach dem Erscheinen des Buches weitere Zeitzeugen meldeten, die die Richtigkeit der gemachten Angaben bestätigen konnten. Einer von ihnen war ein Mitglied der Familie Meilinger, auf deren Gut die Kunstschätze des Schirach-Transportes (s. S. 160 f.) eingelagert gewesen waren, wenn auch nur für ganz kurze Zeit. Der Erzähler konnte sich noch gut an den Abend erinnern, an dem Professor Sochor der Familie die vorhandenen Werke zeigte. Seine Angaben bezüglich des Datums der Ereignisse differieren mit dem Bericht von Sochor und Hajsinek (s. S. 159) um einen Tag, welche Darstellung nun stimmt, läßt sich nicht mehr feststellen.

Fachleute machten auf ein anderes Detail aufmerksam, das ebenfalls die Ischler Bergung betrifft. Während aus den benützten Quellen nur hervorging, daß es Aufregung um den Verbleib des Tassilokelches aus Kremsmünster gegeben hatte (s. S. 192), existierte schon seit 1947 eine Darstellung von Dr. Juraschek, in der die Ereignisse näher geschildert wurden[2]. Ihr zufolge sollte das wertvolle Stück, als der Krieg zu Ende ging, aufgrund einer am 9. April getroffenen Abmachung vom Bergungsort abgeholt und über die gefährliche Zeit im Stift selbst aufbewahrt werden. Offiziellen Stellen gegenüber wurde angegeben, der Kelch befinde sich mit anderem Bergungsgut in Altaussee, während er tatsächlich im Erbstollen in Ischl geborgen war. Von dort holte ihn Juraschek persönlich ab, packte statt des Kelches fotografische Platten in die Kiste und transportierte ihn im Rucksack per Bahn und in Fußmärschen nach Pettenbach östlich von Gmunden, wo er von Stiftsangehörigen in Obhut genommen wurde. Erst im Juni kehrte der Tassilokelch dann nach Kremsmünster heim.

Zwei Dinge sind in diesem Zusammenhang bemerkenswert: Erstens kommt es immer wieder vor, daß man bezüglich besonders spannender und interessanter Details Versionen erzählt bekommt, die sich dann als falsch erweisen, wobei der Erzähler oft wirklich in gutem Glauben handelt. So wurde von einem interessierten Leser versichert, der Tassilokelch sei in Ischl geborgen gewesen, aber von einem Pater aus dem Lauffener Stollen per Rad in das Stift zurückgebracht worden. Der Geistliche habe ihm das selbst erzählt. Die Kränkung war groß, als dem Berichterstatter entgegnet wurde, das sei schon deshalb unmöglich, weil ein solches Stück unter keinen Umständen einem Mann ausgehändigt worden wäre, der nicht zum Kreis des Bergungspersonals gehörte. Das zweite Auffallende ist die Tatsache, daß „offiziell" erklärt wurde, der Kelch befinde sich in Aussee, während er in Wirklichkeit ganz wo anders war. Auch solchen „Scheinbergungen" begegnet man gelegentlich, besonders dort, wo es sich um Unersetzliches handelt. So ging im Kunsthistorischen Museum die Mär, die österreichische Kaiserkrone, die sogenannte „Rudolfskrone", sei in Lauffen geborgen gewesen. Auch in Berichten österreichischer Widerstandskämpfer im Salzkammergut wurde erklärt, sie hätten unter anderem auch die österreichische Kaiserkrone gerettet[3]. Natürlich wäre diese Darstellung für das Buch gut verwertbar gewesen, verlockend zu beschreiben, es wurde auch viel Mühe darauf verwendet, Beweismaterial für die Angaben zu finden. Aber leider stimmte die Sache nicht. Frau Pfannl, Sekretärin des Direktors am Kunsthistorischen Museum, der viele wichtige Informationen zu danken sind, klärte die Frage schließlich[4]. Die Krone sei zuerst in Klosterneuburg gelagert gewesen, in den letzten Tagen vor der Einnahme Wiens habe sie Direktor Dr. Dworschak aber selbst – neben anderen Kostbarkeiten – auf einem offenen Lastwagen nach Wien zurückgeholt, und sie habe dann, unter allerlei Kram und Staub verborgen, in den Räumen des Museums das Kriegsende erlebt. Manches spricht dafür, daß auch bei anderen Bergungen solche bewußte Irreführungen vorkamen, in manchen Fällen liegt natürlich bloß ein Irrtum vor.

Als Irrtum stellte sich leider auch eine Nachricht heraus, die in einem jüngst veröffentlichtem Buch[5] zu finden ist, nämlich daß die aus der Lauffener Bergung vermißten sieben Bilder (s. S. 215 f.) ohnehin im Kunsthistorischen Museum vorhanden seien. Wie der Irrtum zustande kam, ist unklar, eine Nachfrage in der Verwaltung der Gemäldegalerie am 15. Februar 1990 erbrachte jedenfalls die Auskunft und den aktenmäßigen Nachweis, daß Fotos der Bilder in einer Mappe verwahrt werden mit den Vermerken: „Bergungsverlust" (bei Rubens, Weibliches Bildnis), „gestohlen" (bei van Dyck, Jan Wildens), „im Bergwerk gestohlen" (bei der Landschaft von Berchem) und „Kriegsverlust" (bei dem Ecce Homo von Antonello da Messina). Auch die übrigen drei Bilder, die als vermißt gelten, sind in der Mappe als verloren dokumentiert. Die Freude über die Nachricht, die besonders für den – inzwischen verstorbenen – Bergungsleiter Dr. Luithlen eine besondere Erleichterung bedeutet hätte, ist also verfrüht gewesen.

So viel zur Ischler Bergung. Sie war ja Ausgangspunkt und zentrales Anliegen dieses Buches, zum einen wegen ihrer völligen Unbekanntheit, zum anderen, weil vor allem die Aktionen um die Spitzenwerke der Wiener Museen, die so vielen von uns bekannt und vertraut sind, erforscht werden sollten. Das Hauptinteresse lag dabei auf der Klärung der Frage, was zu welchem Zeitpunkt unter welchen Umständen in Ischl einlangte und geborgen wurde. Die handelnden Personen und ihre Schicksale erschienen im Vergleich dazu weniger bedeutend.

Erst im Verlauf der Arbeit wurde Aussee – unter den gleichen Gesichtspunkten – immer mehr mit einbezogen, in Analogie oder im Kontrast zu den Vorgängen in Bad Ischl-Lauffen. Die beiden Bergungen waren für eine getrennte Behandlung einfach zu eng verbunden. Daß Aussee seiner Bedeutung und seiner Brisanz nach in Wirklichkeit Vorrang hatte, war klar.

Diese Brisanz des Themas ist sicher der Grund dafür, daß dazu immer neue Publikationen erscheinen, und zwar mit den verschiedensten Zielsetzungen.

Vor allem der „Sonderauftrag Linz", also die Führersammlung und ihr Entstehen fanden in letzter Zeit wiederholt Beachtung. Auch die dramatischen Ereignisse bei Kriegsende, die Einlagerung von Bomben und ihre schließliche Entfernung werden von verschiedenen Verfassern dargestellt. Das gleiche gilt für die so kontroversielle Frage, wem denn nun eigentlich die Rettung der Kunstschätze zu danken sei. Das vorliegende Buch soll nun, auch was diese Fragen betrifft, auf neuesten Stand gebracht werden.

Dazu muß zunächst einmal folgendes klargestellt werden:

Der „Sonderauftrag Linz" und die Ausseer Bergung sind nicht ein und dasselbe. Vieles, was zum „Sonderauftrag Linz" gehörte, war nicht in Aussee gelagert, und vieles, was in Aussee gelagert war, gehörte nicht zum „Sonderauftrag Linz".

Wenn also die Bergung Aussee beschrieben werden soll, sind all jene Publikationen nicht direkt zielführend, die sich mit Hitlers Sammlung beschäftigen – und sie sind zahlreich. War die Tätigkeit im Zusammenhang mit dem Linzer Museum zunächst „Geheime Reichssache"[6], so findet sich der erste veröffentlichte Bericht davon anläßlich von Direktor Posses Tod[7]. Hier wird auch schon eine Anzahl von Werken genannt, die für die Sammlung bestimmt sind. Die Rolle, die Aussee einmal in diesem Zusammenhang spielen sollte, lag damals noch in weiter Ferne.

Einige Monate später folgte ein neuerlicher Bericht in der Zeitschrift „Kunst dem Volk", herausgegeben von Professor Heinrich Hoffmann, Hitlers Leibfotografen und Berater in Sachen Kunst. Das Sonderheft zum 20. April 1943, Hitlers 54. Geburtstag[8], erschien drei Monate nach der Niederlage von Stalingrad, enthält zahlreiche Abbildungen und schildert voll Begeisterung das Entstehen des Kunstzentrums. Einige Monate später wird DDr. Seiberl mit seinen Untersuchungen zur Bergung von Kunstschätzen im Altausseer Salzberg beginnen . . .

Quellen und Literatur zwischen 1945 und 1985, von den National Archives, Washington, bis Dresden wurden, soweit dem Verfasser bekannt und erreichbar, in der 1. Auflage dieses Buches ausgewertet, immer unter besonderer Berücksichtigung des für die Ischler Bergung relevanten Materials.

Die Tendenz der Publikationen nach 1985 ist jedoch eine andere, und zwar überall die gleiche: „Der „Sonderauftrag Linz" steht im Blickpunkt. Entsprechend lautet der Titel eines Artikels in der Zeitschrift „Die Zeit" vom 2. Januar 1987[9], der sich mit ausgezeichneter Sachkenntnis dem Thema widmet. Von Aussee ist am Rande die Rede, die Zielsetzung jedoch eine andere. Das gleiche gilt von dem im November 1987 erschienenen Beitrag von Erwin Leiser in der Zeitschrift „du"[10], der besonders seiner ausgezeichneten Reproduktionen wegen hervorzuheben ist und dem eine gleichnamige Sendung im ZDF am 13. Dezember 1987 folgte. Das gleiche gilt aber auch von dem 1989 erschienenen Buch von Ernst Kubin, „Sonderauftrag Linz"[11], das sich vor allem im ersten Drittel unter Benützung ausgezeichneter Quellen mit dem Thema beschäftigt. Aber obwohl der übrige Teil des Buches fast ausschließlich der Bergung Aussee und der Rettung der dortigen Schätze gewidmet ist, erfährt der an Kunstwerken interessierte Leser nur wenig darüber, was nun wirklich im „Bergungsdepot des Reiches“ gelagert war. Wie die Spitze eines Eisberges wirken auch bei Kubin die Ausführungen über die bedeutendsten Schätze, Angaben darüber, woraus sich das Gros der geborgenen Werke zusammensetzte, fehlen auch hier – einfach deshalb, weil Aufstellungen darüber vor allem in Dresden zu finden wären, wie auch Harry Slapnicka in einem darauf Bezug nehmenden Artikel ausführt.[12] Vielleicht werden die Umwälzungen in den früheren Ostblockstaaten auch in dieser Hinsicht insofern eine Änderung bringen, als es nun einfacher werden könnte, die entsprechenden Akten an Ort und Stelle einzusehen.

Was dem Forscher bleibt, sind die „Summare“, die nach der Besetzung Aussees durch die US-Truppen angefertigt wurden. Eines von ihnen aus den National Archives wird in dem vorliegenden Buch auch behandelt (s. S. 113 f.). Neben diesem und den von Kubin angegebenen[13] gibt es noch eine weitere, so gut wie identische Liste, die Seiberl zugeschrieben wird. Sie ist bei Peter Kammerstätter reproduziert[14], als Wiedergabe der Bestandsnummer 3 296/b im Dokumentationsarchiv des Österreichischen Widerstandes. Die Endzahlen der Summare, soweit sie ermittelt wurden, stimmen vollkommen überein.

Zählt man hier zusammen, was ausdrücklich „für Linz“ in Aussee gelagert war (und dazu zählen zum Beispiel nicht Ankäufe Hitlers an moderner Kunst oder Bestände aus einigen beschlagnahmten jüdischen Sammlungen), so ergeben sich folgende Zahlen: 3573 Gemälde, 886 Graphiken, Aquarelle und Zeichnungen, Kisten und Pakete mit Büchern, eine Steinplastik aus Saloniki, 128 Nummern Waffen und für das Münzkabinett 30 Münzkisten und – neben Kleinigkeiten – noch zwei Bücherkisten mit Münzen. Dazu kommen Kupferstiche, Plastiken, kunstgewerbliche Gegenstände und vieles mehr.

Ein gewaltiger Apparat war notwendig gewesen, um diese Schätze aufzuhäufen. Er war im Laufe der Jahre stetig gewachsen. Hatte bis Ende 1942 noch Direktor Posse mit Reimer als Helfer die Gemäldesammlung, Dr. Wolffhardt, München, die zu schaffende Bibliothek und Reichsleiter Bormanns persönlicher Sekretär Helmuth von Hummel alle übrigen Abteilungen betreut[15], so kamen bis 1945 neben Dr. Voss als Nachfolger Posses noch dazu: Professor Ruprecht, Wien, als Sachverständiger für Waffen und Direktor Dr. Dworschak vom Kunsthistorischen Museum, Wien, für Münzen.

Die meisten von ihnen kamen auch mehr oder weniger häufig nach Altaussee, um die Bergungen zu kontrollieren und über ihren Fortgang zu beraten, und sie taten das bis in die letzten Tage vor dem Zusammenbruch. Nicht in Erscheinung traten am Bergungsort Direktor Voss, Direktor Dworschak, Reichsleiter Bormann selbst, der immer mehr zu Hitlers „rechter Hand“ wurde, und der für Finanzfragen zuständige Minister Dr. Hans Heinrich Lammers. Nach Aussee kamen noch Dr. Reger, der die Bestände der Linzer Galerie im „Führerbau“ in München zu verwalten hatte und alle die unmittelbar mit der wissenschaftlichen und restauratorischen Betreuung des „Hortes“ befaßten Fachleute, die im vorliegenden Buch immer wieder genannt werden.

Direktor Voss, Haberstock und andere Schlüsselfiguren für den „Sonderauftrag Linz“ wurden übrigens nach der Besetzung durch US-Truppen nach Aussee gebracht zu Verhören durch Spezialeinheiten, um ihren Anteil an dem Zustandekommen von Hitlers gigantischer Sammlung und die Herkunft der Schätze zu klären; dies als Vorbereitung zu den Nürnberger Prozessen. Anklage wurde jedoch in diesem Zusammenhang gegen niemanden erhoben[16].

An weiteren Details scheint erwähnenswert, daß etwa der Genter Altar (s. S. 36 f. und S. 68) unter dem Namen des Generaldirektors der Münchener Sammlungen, Dr. Ernst Buchner, im Altausseer Salzberg eingelagert wurde, da Buchner es war, der ihn von den Franzosen übernommen und nach München gebracht hatte.

Ein weiteres Steinchen im Mosaik um die Erforschung der Ausseer Schätze findet sich im Zusammenhang mit dem Schicksal der von Montecassino nach Aussee gelangten Bilder (s. S. 66). Zuletzt vor ihrem Auftauchen in der Ausseer Bergung waren sie in Spoleto gelagert worden. Nun konnte ihr weiterer Weg rekonstruiert werden[17]. Auf Befehl des Generalfeldmarschalls Kesselring waren auch die Gemälde der Ausstellung in Neapel am 8. Dezember 1943 mit 120 Lastkraftwagen in den Vatikan transportiert worden. Bei der Ankunft jedoch fehlten sechzehn Kisten, vermutlich jene mit den Gemälden, die Ende März 1945 nach

Aussee gebracht wurden. Wo waren sie die ganze Zeit über gewesen? Nach ihrem Auftauchen in Venedig gelangten sie auf Górings feudalen Herrensitz Carinhall, aber Göring, vorgewarnt und klug, ließ sie nach Berlin in einen Luftschutzkeller und von dort in die Reichskanzlei bringen. Schließlich landeten sie in der Obhut Bormanns, der ihren Transport nach Aussee veranlaßte.

Wesentlich leichter zu beantworten ist die Frage, was sich in den letzten Kriegswochen in Aussee abspielte, in jenen Tagen zwischen dem 13. April und dem 4. Mai 1945, als Eigruber seine Bomben in den Berg eingelagert hatte. Hier ist fast jedes Detail bekannt, fast jeder Handgriff wurde schon einmal oder mehrmals in verschiedenen Darstellungen erwähnt, und der Autor hat nur zu entscheiden, wie genau er die Ereignisse darstellen, auf welche Details er verzichten will. Schon 1985, aber auch so knapp vor Erscheinen dieses Buches, daß eine Berücksichtigung nicht mehr möglich war, erschienen in Bad Aussee und in Altaussee Beiträge, die sich mit dem Geschehen jener Tage auseinandersetzen[18]. Nochmals – nach unendlich vielen Darstellungen mit verschiedenen Angaben – werden alle Daten kritisch überprüft, damit auch für die Bergung Altaussee die letzten Unklarheiten beseitigt werden können.

Da ist zunächst einmal die Tatsache erwähnenswert, daß sich die Bergleute nicht mit den Angaben ihrer Vorgesetzten begnügen, sondern ganz genau wissen wollen, was es nun mit der Unruhe und den Gerüchten über Bomben im Berg auf sich habe. Der Wässerer Hermann König und sein Kollege Alois Raudaschl haben in der Nacht vom 2. auf den 3. Mai 1945 Dienst, wandern gemeinsam durch die Stollen um zu kontrollieren, suchen und finden die verdächtigen Kisten und brechen sie auf. Tatsächlich sind Bomben drin. Nun wissen sie es genau[19]. Und am nächsten Tag fällt Raudaschl auch ein, was er tun könnte, um den Berg zu retten.

Aber zunächst werden andere aktiv: Am Vormittag des 3. Mai findet am Salzberg eine Besprechung statt, an der Bergrat Direktor Otto Högler, Hofrat Michel, Oberbergmeister Danner (er gehört, wie man später erfahren wird, der Widerstandsbewegung an), der Restaurator Sieber, Ing. Max Eder und Gendarmeriemeister Merle teilnehmen. Ein Telefongespräch wurde abgehört, dem zufolge das Sprengkommando mit den Zündern für die Bomben auf dem Weg aus Innsbruck nach Aussee sei. Heute oder morgen werden sie hier sein. Man einigt sich, daß nun der Zeitpunkt zum Handeln gekommen ist. Die Bomben müssen aus dem Berg. Sieber erreicht, was niemand für möglich gehalten hätte: Er gewinnt nach Merle nun auch den diensthabenden Panzerfeldwebel Filip für die Sache[20]. Zu Mittag versammelt Högler die Belegschaft und fordert, Freiwillige mögen sich zur Bewachung und Beseitigung der Bomben melden (s. auch S. 154). Oberbergmeister Jud führt die Mannschaft.

Inzwischen ist Raudaschl eingefallen, daß man bei Kaltenbrunner vorsprechen könnte, der in Aussee eintreffen soll. Und er tut es tatsächlich, bis zum Haus begleitet von König. Frau Scheidler, die Frau des Adjutanten, vermittelt die Unterredung. Aber – und das erklärt die Ausseer Forschung – Kaltenbrunner kann nicht dem Wässerer Raudaschl, einem „gewöhnlichen Bergarbeiter", einen Auftrag geben. Es kommt also zu einem Treffen Höglers mit Kaltenbrunner, bei dem der Bergrat in Anwesenheit Raudaschls die Situation nochmals darlegt. Darauf dann folgt die Entscheidung Kaltenbrunners, daß die Bomben entfernt werden sollen.

Und nun schildert Bergmeister Jud[21], was sich in der denkwürdigen Schicht vom 3. auf den 4. Mai getan hat: „Wir fuhren um 20 Uhr 15 mit der Grubenlokomotive ins Kaiser-Josef-Werk, luden dort die dahin verlagerten vier Bomben auf, fuhren mit diesen bis zur Kehre Zentralschacht-Stuppan, ließen diese dort unter Bewachung stehen, und fuhren mit den übrigen Männern und den leeren Hunten ins Zirnfeldwerk, wo die schon früher aus dem Kammergrafenwerk gelieferten Bomben deponiert waren, luden diese auf und fuhren dann mit sämtlichen acht Sprengbomben auf die Steinberghalde, wo wir um 0 Uhr 50 ankamen." (Vgl. auch Karte, S. 46/47.)

Aber inzwischen hat ein Mitglied der Einheit von Panzersoldaten, Feldwebel Karg, Eiguber telefonisch von den Plänen zur Entfernung der Bomben verständigt. Sofort befiehlt Eigruber, die Bomben müßten im Berg bleiben. Panzerfeldwebel Heider verständigt davon Bergrat Högler. Wieder, mitten in der Nacht, wendet sich Högler (in der vorliegenden Darstellung hieß es bisher „die Bergleute", s. S. 155) an Kaltenbrunner, und es kommt zu dem denkwürdigen Telefonat, in dem die beiden Parteigrößen heftig aneinander geraten. Schließlich stimmt Eigruber der Entfernung der Bomben zu. Aber sie sollen nicht, wie geplant, in den

See versenkt werden, sondern sie seien an der Salzbergstraße zu lagern, entscheidet Eigruber, er wolle sie noch für Panzersperren verwenden. Dieses Telefonat wird nicht nur von dem bei Kaltenbrunner anwesenden Högler mit angehört, sondern auch, „verbotenerweise“, von einem Postfräulein und einem Volkssturmmann, wie es in der – mit Brief belegten – Darstellung der Ausseer Forschergruppe heißt[22].

Natürlich wissen die Bergmänner, die die Bomben um vier Uhr früh auf einen Lastwagen verladen, noch nichts von Eigrubers letzter Weisung, sie bringen die Bomben zu Höglers Haus – eine hübsche Morgenüberraschung. Auf Anweisung Höglers werden sie schließlich dort neben der Salzbergstraße abgelagert, wo das berühmt gewordene Bild sie zeigt (s. S. 171).

So weit die Ereignisse, wie sie sich nunmehr glaubwürdig und fast lückenlos präsentieren. Aber das war nicht immer so. Selten waren über eine Aktion so viele Versionen im Umlauf wie über die Auslagerung der Bomben aus dem Bergwerk in Altaussee. Fast wäre daraus eine der vielen „Sagen“ geworden, bei denen Dichtung und Wahrheit ineinander überfließen. Daß dies nicht geschah, ist das Verdienst der vielen Historiker, die sich ernsthaft mit der Frage beschäftigten.

Eines kann nach dem gegenwärtigen Wissensstand jedenfalls mit Bestimmtheit gesagt werden: Was diese Leute – und das gilt auch für die in Ischl mit der Bergung Befaßten – geleistet haben, war eindeutig „Widerstand“, zwar nicht aus politischen Motiven, wohl aber gegen die lokalen politischen Machthaber, und das zu einer Zeit des Standrechts und zunehmender Brutalität zur Verteidigung zerfallender Strukturen. „Die Aktivitäten wurden dabei von der Salinendirektion unter Dr. Ing. Pöchmüller und von der Betriebsleitung des Bergwerks und seiner Belegschaft“ durchgeführt, mit Unterstützung durch die Mitglieder der Bergungsmannschaft. Wäre die Forschung zur Zeit der Herausgabe des „Rot-Weiß-Rot-Buches des österreichischen Widerstandes“ schon so weit gewesen wie heute, es wäre ein großartiges Kapitel über den Einsatz von Österreichern gegen das herrschende System zur Verfügung gestanden.

Die so „wild umstrittene“ Frage, wem denn nun eigentlich die Rettung der Kunstschätze zu danken sei, stellt sich dem Schreiber gar nicht, wenn er – wie im vorliegenden Fall – von der Darstellung Pöchmüllers ausgeht und von dort gleich zu den Quellen, nämlich zu anderen Berichten unmittelbar Beteiligter, vorstößt. Es geht dann nur noch um eine Abwägung der Bedeutung einzelner Aktionen im Hinblick auf den weiteren Verlauf der Ereignisse.

Trotzdem ist auch die Frage, wie es zu den vielen Darstellungen und Rivalitäten kam, der Mühe wert, daß man ihr nachgeht.

Dabei stellt sich bald heraus, daß es drei Kreise von Personen gab, die die „Rettung“ für sich beanspruchten. An vorderster Stelle stehen dabei die beiden Widerstandsgruppen, die sich im Oberen Salzkammergut gebildet hatten: die Gruppe „Willi – Fred“ um Sepp Plieseis und die Gruppe „Georg“ um Albrecht Gaiswinkler. Über die Voraussetzungen für ihre Entstehung und über ihren Aufbau gibt es eine Untersuchung des Ludwig-Boltzmann-Institutes für historische Sozialwissenschaft aus dem Jahre 1985[23], die in den speziellen Gegebenheiten im ehemaligen „Kammergut“ eine Ursache dafür sieht, daß es gerade hier zur Bildung organisierter, wenn auch nicht kämpfender Kerngruppen mit einem entsprechenden Sympathisantenkreis kam. Hätte man sie angegriffen oder in die Enge getrieben, wären sie wohl zu echten Partisanen geworden; sicher wären sie aber auch dem Druck des Regimes rasch unterlegen. Aus dieser Erkenntnis heraus „sammelten“ sie bloß Gleichgesinnte, bereiteten sich auf einen möglichen Widerstand vor[24] bzw. in der Endphase des Krieges auf die Zeit nach dem Zusammenbruch. Ihre Haltung war eher eine Nicht-Mitarbeit am Gegebenen, eine Ablehnung jedes Einsatzes für das System.

Gerade deshalb, weil es in Österreich – außer in Tirol – sonst keine ähnlich umfangreichen Widerstandsgruppen gegeben hatte, stieg nach Kriegsende ihre Bedeutung in der Öffentlichkeit. War doch Österreich von den Alliierten die Aufgabe gestellt worden, den Nachweis zu erbringen, wieviel es selbst zur Befreiung vom NS-Regime beigetragen hatte. Sehr bald schon schilderten deshalb Plieseis wie Gaiswinkler ihre Tätigkeit in entsprechenden Büchern[25], die ihrerseits wieder die Grundlage für offizielle Darstellungen abgaben. Natürlich konnten weder Plieseis noch Gaiswinkler an einem so bedeutenden Beweis für „Widerstand“ vorübergehen, wie es die Rettung der Kunstschätze war. So vereinnahmten sie die Aktion für sich, Bergleute wurden zu Mitarbeitern und Vertrauensleuten umfunktioniert, ohne daß sie sich dagegen verwahren konnten oder auch nur wollten. Tatsächlich ist es auch möglich, daß Verbindungen von der Kunstgüterbergung zur Widerstandsbewegung bestanden. Danner nahm das später für sich in Anspruch, ebenso Eder und Michel, aber der „harte Kern" der Freiheitskämpfer hat sicher nie an den Aktionen mitgewirkt, war höchstens Anlaufstelle für Nachrichten und Botschaften[26].

Trotzdem hörte das „offizielle" Österreich gerne diese Version, die ja auch von Michel verbreitet wurde, und machte sie sich zu eigen. Daß eine spätere Revision nicht gerade vorteilhaft ausgesehen hätte, ist verständlich. Aber nicht einmal Michel und Eder nennen in ihren zahlreichen dem Verfasser bekannten Berichten Plieseis und Gaiswinkler als leitende Persönlichkeiten in Sachen Rettung der Kunstschätze. Auch in den Darstellungen von Plieseis und Gaiswinkler selbst finden sich wenige konkrete Fakten, wie sie von anderen so zahlreich angeführt werden konnten, im Gegenteil, die beiden Hauptakteure machten, was die Kunstgüter und ihre Erhaltung anlangt, recht widersprüchliche Angaben.

Der zweite Kreis, der seine maßgebliche Beteiligung an der Aktion reklamiert, sind die Bergarbeiter. Nur findet sich in ihren Kreisen niemand, der imstande wäre, die Ereignisse schriftlich darzustellen. Sie kommen zu Wort in Tonband-Interviews, in Gesprächen und bei Dokumentationen, wie sie etwa von Portisch – Riff verfaßt wurden. Und die Bergarbeiter haben den Vorteil, daß sie die einzigen sind, die nach Ablauf der Ereignisse an Ort und Stelle blieben. Sie können ihre Geschichte beliebig oft erzählen, und einige von ihnen tun es heute noch. Sie sind aber auch diejenigen, die wirklich Anteil an der Rettung haben. Vieles wäre nicht möglich gewesen ohne die spontane und riskante Bereitschaft der Bergleute zur Mitarbeit: König und Raudaschl brechen die Kisten auf, Raudaschl geht zu Kaltenbrunner, Bergleute sind es, die sich freiwillig melden, um die Kisten mit den Bomben zu bewachen, aus dem Berg zu schaffen, und abzutransportieren. Sie sind also nicht bloß Befehlsempfänger sondern entwickeln eigene Initiative, wenn es ihnen auch in erster Linie um die Erhaltung ihrer Arbeitsplätze geht.

Die dritte Gruppe sind jene Leute, die damals in leitender Funktion am Salzberg tätig waren, die „das Sagen hatten". Das sind die Männer von der Bergung, aber was die technischen Maßnahmen, die Planung und Prüfung von Aktionen ebenso angeht wie ihre Anordnung, so sind es eindeutig die führenden Männer der alpenländischen Salinen mit Direktor Pöchmüller an der Spitze. Er ist die Schlüsselfigur, was die Verhandlungen, Vorbereitungen, Beschaffung von Materialien und Ideen für ihren Einsatz anlangt. Neben bzw. unter ihm steht Oberbergrat Dipl.-Ing. Mayerhoffer, am Altausseer Salzberg selbst ist Dipl.-Ing. Högler Letztverantwortlicher.

All diese Männer – außer Sieber, Michel und Eder sowie Mayerhoffer als technischer Direktor der Salinen – sind nach der Besetzung durch die US-Truppen bald nicht mehr im Dienst. Sie alle waren zumindest Parteigenossen, wenn nicht sogar in höheren Rängen aktiv, und sie kommen deshalb auch als Bezugspersonen für die neuen Machthaber nicht in Frage. Manche – wie z. B. Seiberl – nehmen das verbittert, aber ohne Widerspruch zur Kenntnis. Sie sind Verhören und Verdächtigungen ausgesetzt, aber nur einer wehrt sich: Pöchmüller.

1948 gibt er sein Buch „Weltkunstschätze in Gefahr“ in Druck, das die Ereignisse um die Kunstgüterbergung schildert. Aber das Buch darf nicht verkauft werden, weil sein Verfasser Parteigenosse war. Und nun verrennt sich Pöchmüller immer mehr in eine „Kohlhaas“-Situation. Er sieht sich als den verkannten einzigen Retter der Schätze. Das zeigt sich ansatzweise schon im Buch: Mayerhoffer, der mit nach Linz zu Eigruber gefahren ist, der die Pläne für die Lähmung der Stollen und Werker gezeichnet, die Sprengladungen berechnet hat und bei allen Besprechungen mit seinem Rat dabei war, wird nur als Nebenfigur erwähnt. Das gleiche gilt für Högler, der schließlich den richtigen Zeitpunkt für die Entfernung der Bomben festgelegt, die Arbeiter informiert und mit Kaltenbrunner verhandelt hat. Er wird ebenso zurückgesetzt wie die Bergarbeiter selbst, die „als in die Befehlsstruktur integrierte Leute“ unter Pöchmüllers Leitung geschildert werden[27].

Schließlich geht Pöchmüller so weit, im Dezember 1950 den Staat Österreich nach ABGB § 403 auf eine Belohnung von 10 Prozent des Wertes der von ihm geretteten Kunstschätze zu klagen. Der Streitwert macht sechsundzwanzig Millionen Schilling aus[28]. Das bringt Pöchmüller endgültig ins Abseits, er geht schließlich nach Deutschland, wo er 1963 stirbt. Lange Zeit wird zum Thema „Kunstschätze“ in Österreich nichts publiziert, die offizielle Geschichtsschreibung hält an der Darstellung von 1946 fest. Erst Ende der siebziger Jahre wird das Thema wieder aufgegriffen, etwa von dem in der oberösterreichischen Geschichte so versierten Professor Harry Slapnicka in seinem Buch „Oberösterreich, als es ‚Oberdonau' hieß"[29]. Sehr bald wird dann auch die Frage gestellt, ob die bisherige Beurteilung die einzig mögliche und richtige war.

Zunächst setzt sich eine Richtung durch, die einen „sowohl-als-auch"-Standpunkt vertritt, also Salinenbeamte, Bergarbeiter und Widerstandskämpfer als Beteiligte anführt. Portisch etwa schließt sich dieser Meinung an. Andere gehen auf die herrschenden Differenzen gar nicht ein.

Als erster stellt 1985 Christian Reder in einem Artikel der Zeitschrift „Falter"[30] die bisherigen Versionen in Frage. Er gibt als Ziel seines Beitrages sinngemäß an, er betrachte es als seine Aufgabe, „taubes Gestein" zu entfernen und zur Wahrheit vorzudringen. Die Forschergruppe Altaussee schreibt im selben Jahr, sie hoffe, mit ihrer Arbeit „zur Korrektur des offiziellen . . . Geschichtsbildes" beigetragen zu haben[31]. Sie widerlegt viele Angaben von Plieseis und Gaiswinkler, das Buch von Pöchmüller wird wiederholt zitiert. Auch im vorliegenden Buch (1. Auflage 1986) widerfährt Pöchmüller Recht. Sein Buch ist Anstoß und erste Grundlage zur Erforschung des Themas, und zwar zunächst in Unkenntnis der Kontroverse und nur getragen von dem Bemühen um eine möglichst objektive Darstellung.

1989 erschien nun Kubins Buch[32], das zu einem ganzen Drittel der Ehrenrettung der Vergessenen gewidmet ist, besonders der Pöchmüllers. Er vor allem sei zu kurz gekommen, ihm hätte mehr Anerkennung gebührt. Das Pendel schlägt also in die andere Richtung aus. Es wird sich zeigen, wie lange es dabei bleibt.

Wie immer die Meinungen aber auch sein mögen, eines ist sicher: Dem Staat Österreich, für den viele der Kunstschätze gerettet wurden und dessen Ansehen diese Aktion viel nützen konnte, wäre ein Dank an alle Mitwirkenden wohl zugestanden. Kubin zitiert Raudaschl[33]:

„Nie im Leben würde es mir einfallen, dafür etwas zu verlangen, aber bedanken hätte sich irgendwer Maßgebender können."

Zeittafel

„A“ vor dem Datum kennzeichnet Angaben, betreffend die Bergung der Führersammlung in Altaussee, „I“ vor dem Datum die Kunstgüterbergung der Wiener Sammlungen im Salzberg von Bad Ischl.

	12. 3. 1938	Einmarsch deutscher Truppen in Österreich
I	Sommer 1938	Auftrag an alle Museen zur Durchführung von Luftschutzmaßnahmen
I	27. 9. 1938	Schließung der Dresdener Galerie „wegen drohender Kriegsgefahr“
	30. 9. 1938	Münchener Abkommen über die Abtretung des Sudetenlandes etc. an Großdeutschland
	9. 11. 1938	Reichskristallnacht; Intensivierung der Judenverfolgungen; Zunahme der Enteignungen; in der Folge Schaffung des „Führervorbehaltes“
I	10. 5. 1939	Erlaß des Reichsministers für Wissenschaft, Erziehung und Volksbildung – fordert Berichte über getroffene Luftschutzmaßnahmen
A	26. 6. 1939	Betrauung Dr. Posses mit dem „Führerauftrag Linz“
I	19. und 22. 7. 1939	Besprechung der Wiener Museumsdirektoren im Luftgaukommando und beim Luftschutzreferenten im Polizeipräsidium
I	Sommer 1939	Aufforderung an die Museen zur Auswahl von Bergungsorten; Schaffung der Bergungsstellen „Schloß“ und „Jagd“
	23. 8. 1939	Nichtangriffspakt Deutschland – UdSSR

I	31. 8. 1939	Erste Transporte des Kunsthistorischen Museums Wien nach „Schloß“
	1. 9. 1939	Angriff Deutschlands auf Polen
	3. 9. 1939	Kriegserklärung Großbritanniens und Frankreichs
I	8. 9. 1939	Dienstordnung für Bergungsorte, genehmigt vom Staatskommissar für Erziehung, Kultus und Volksbildung
I	8. 12. 1939	Erlaß des Ministers für Wissenschaft, Erziehung und Volksbildung, betreffend die behelfsmäßige Wiederaufnahme des Museumsbetriebes
A	13. 9. 1940	Schaffung des „Einsatzstabes Reichsleiter Rosenberg“
A	1940/1941	Das Kirchengut wird „sequestriert“, d. h., die Kirche verliert die Verfügungsgewalt über ihr Vermögen
	22. 6. 1941	Angriff Deutschlands auf die UdSSR
I	März 1942	Erster Fliegeralarm in Wien
A	1942	Beginn des Abtransportes von Kunstschätzen aus Frankreich
I	27. 5. 1942	Einsetzung der Gauleiter als oberste Kunstschutzbeauftragte durch Erlaß – Beginn einer zweiten Welle von Verlagerungen aus Wien
A	Nov. 1942	Einrichtung des Stiftes Kremsmünster als Bergungsdepot; Auflösung des Bergungsortes „Jagd“
A	Dez. 1942	Tod Direktor Dr. Posses; Nachfolger Direktor Dr. Voss; vor allem mit dem Führerauftrag beschäftigt: Dr. Reimer
	5. 1. 1943	Londoner Deklaration über Wiederherstellung der ursprünglichen Besitzverhältnisse nach dem Krieg
	2. 2. 1943	Kapitulation der deutschen Truppen bei Stalingrad

A	Juni 1943	Idee zur Verwendung des Salzberges von Altaussee für die Kunstgüterbergung durch den Leiter des Instituts für Denkmalpflege Wien, DDr. Seiberl und den Gaukonservator von Oberdonau, Dr. von Juraschek, Bitte um Genehmigung einer Untersuchung an Direktor Dr. Pöchmüller von den alpenländischen Salinen
	10. 6. 1943	Anglo-amerikanische Landung auf Sizilien
A	Anfang Juni bis Ende August 1943	Prüfung des Salzberges von Altaussee auf seine Eignung für Einlagerungen durch das Institut für Denkmalpflege Wien; Information Dr. Reimers über die Möglichkeiten in Aussee durch DDr. Seiberl
	13. 8. 1943	Erster Luftangriff auf österreichisches Gebiet – Wr. Neustadt
A	Okt./Nov. 1943	Erste Einlagerungen im Salzberg von Altaussee durch Seiberl und Juraschek; erste Befahrung des Berges durch Dr. Reimer
I	24. 11. 1943	Bericht Reichsleiter Schirachs über Luftschutzmaßnahmen in Wien an das Führerhauptquartier
I	30. 11. 1943	Antworttelegramm von Reichsleiter Bormann
A	Dez. 1943	Kommissionierung des Altausseer Salzberges im Auftrag des Führers; anwesend: Reichsleiter Bormann; Führerentscheidung: Der Berg wird „Bergungsdepot des Reiches“
A	6. 1. 1944	Information Direktor Dr. Pöchmüllers über die Führerentscheidung durch Dr. Reimer
A	10. 1. 1944	Beginn der Arbeiten im Altausseer Salzberg zum Ausbau als „Bergungsdepot des Reiches“; Einlagerungen während des ganzen Jahres

I	10. 2. 1944	Bericht Schirachs über in Wien getroffene Luftschutzmaßnahmen
	20. 7. 1944	Attentat auf Hitler
I	4. 11. 1944	Schirach wünscht Verlagerung der wichtigsten Wiener Kunstschätze nach dem Westen, notfalls außerhalb Österreichs; Besprechung in der Reichsstatthalterei; Bildung einer Kommission; Vorschlag der Verbringung in den Salzberg von Bad Ischl
I	7./8. 11. 1944	Vorsprache einer Abordnung bei Direktor Dr. Pöchmüller; Zusage
I	17. bis 19. 11. 1944	Prüfung der Situation im Ischler Salzberg durch Direktor Dr. Michel, Gespräche mit Direktor Dr. Pöchmüller
I	20. 11. 1944	Erteilung der Benützungserlaubnis für den Ischler Salzberg durch Dr. Reimer
I	30. 11. 1944	Vorlage eines Berichtes durch Dr. Michel im Kunsthistorischen Museum
I	3. 12. 1944	Vorlage eines Einrichtungsplanes für Werk XII durch DDr. Seiberl
I	9./10. 12. 1944	Eintreffen der Restauratoren Hajsinek und Sochor
A	Dez. 1944	DDr. Seiberl lagert einen Transport des Instituts für Denkmalpflege im Ischler Salzberg ein
I	12. 12. 1944	Eintreffen des Ersten Transportes aus Wien in Ischl
I	15. und 30. 12. 1944	Eintreffen weiterer Transporte
	10. und 24. 1. 1945	Befahrung des Ischler Salzberges durch Michel, 1. 2. 1945 Vorlage eines Situationsberichtes im Kunsthistorischen Museum
I	Ende Jän. 1945	Wunsch Schirachs nach Verbringung von Kunstschätzen, vor allem aus der Albertina, in das Kühtai in Tirol
I	31. 1. 1945	Eintreffen der ersten Gemälde in Ischl mit dem vierten Transport

I	2. 2. 1945	Eintreffen des fünften Transportes, 2 Waggons voll
I	6. 2. 1945	Eintreffen des sechsten Transportes am Salzberg Ischl – Lauffen
A	13. 2. 1945	Letzter Besuch Dr. Reimers in Altaussee, Betrauung Siebers mit Vertretung
	13./14. 2. 1945	Angriff von US-Bombern auf Dresden, weitgehende Zerstörung
I	14. 2. 1945	Seiberl entdeckt vergessene Gemälde des Transports vom 2. Feber 1945
I	15. 2. 1945	Übernahme der Restbestände durch Restaurator Hajsinek; Erlaß einer Bergungsordnung für Bad Ischl durch die Reichsstatthalterei
I	16. 2. 1945	Eintreffen des siebenten Transportes mit Dr. Luithlen
I	27. 2. 1945	Fertigstellung einer Bestandsaufnahme durch Dr. Luithlen Eintreffen eines Transportes aus der Bergung „Schloß“
I	8. 3. 1945	Ankunft eines Transportes aus Wien
	19. 3. 1945	Führerbefehl zur Vernichtung aller Anlagen und Sachwerte, „die sich der Feind . . . nutzbar machen“ kann
A	27. 3. 1945	Restbestände und Unterlagen aus Dresden sollen nach Aussee überstellt werden – nicht mehr durchgeführt
A	28./29. 3. 1945	Seiberl schickt in der Nacht einen Transport mit Kunstschätzen aus Aussee in den Ischler Salzberg
I	27. bis 30. 3. 1945	Letzte Wienfahrt Dr. Luithlens; Führung eines letzten Transportes nach Ischl
	29. 3. 1945	Russische Truppen betreten österreichischen Boden
I	5. 4. 1945	Ankunft eines letzten Boten aus Wien in Bad Ischl
	5. bis 13. 4. 1945	Kampf um Wien
	9. 4. 1945	Baldur von Schirach verläßt Wien in Richtung Westen

A	10. 4. 1945	Einlagerung von vier Bomben à 500 kg in den Salzberg von Altaussee durch Gauleiter Eigruber
	12. 4. 1945	Tod Präsident Roosevelts
A	13. 4. 1945	Besprechung in der Generaldirektion der Salinen, Mitteilung vom Bombenplan Eigrubers; Einlagerung von vier weiteren Bomben
	14. 4. 1945	Vereinbarung der Alliierten über die zu besetzenden Gebiete;
A		vergebliche Fahrt Pöchmüllers zu Eigruber
	15. 4. 1945	Einnahme St. Pöltens durch die Russen; Stillstand der Front an der Pielach
A	16. 4. 1945	Nachricht von Eigruber, es bleibe bei der Sprengung
A	17. 4. 1945	Vorsprache Pöchmüllers bei Eigruber
I		Schirach-Befehl zur Verlagerung der Wiener Kunstschätze nach Tirol
I	18. 4. 1945	Entwicklung einer Strategie zur Rettung der Ischler Kunstschätze im Fall einer Einlagerung von Bomben
I	19. 4. 1945	Abtransport eines Lastwagens voll Kunstgut aus der Bergung „Schloß" durch Stuppäck laut Schirach-Befehl vom 17. April 1945
	21. 4. 1945	Luftangriff auf Attnang-Puchheim
I		Ankunft Stuppäcks in Ischl
	22. 4. 1945	Vorstoß der US-Truppen aus Mitteldeutschland nach SO, Richtung Linz
I		Stuppäck informiert die Verantwortlichen für die Ischler Bergung von Schirachs Plänen
A	23. 4. 1945	Vertragung der kostbarsten Bilder im Altausseer Salzberg durch Seiberl und Helfer
I		Abtransport weiterer Bestände aus „Schloß" durch einen Lastwagen der Heeresgruppe Süd

A	24. 4. 1945	Ingenieur Eder hilft in Aussee beim Vertragen der Bilder
I		Eintreffen von fünf Lastwagen in der Bergung „Schloß“
	25. 4. 1945	Russische und amerikanische Truppen treffen bei Torgau zusammen
I		Abfahrt der fünf Laster mit Kunstgut aus der Bergung „Schloß“ nach Ischl; Abtransport von vier Bildern aus Ischl zu Schirach nach Gmunden durch Stuppäck
	26. 4. 1945	Bestätigung der vereinbarten Besetzungslinien durch Eisenhower und Stalin
A		Beginn des Abtransportes von Bildern aus dem Ausseer Salzberg mit der Grubenbahn
	27. 4. 1945	Aufnahme der Tätigkeit durch die provisorische Regierung Renner in Wien
AI		Eintreffen von zwei Lastwagen voll Bergungsgut des Institutes für Denkmalpflege aus Aussee im Gasthof Engljähringer, Bad Ischl
	28. 4. 1945	Hitler befiehlt die Errichtung einer „Kernfestung Alpen“
A		Dr. Ruprecht überbringt in Aussee den Führerbefehl vom 22. April, demzufolge die Kunstschätze nicht zerstört werden dürfen; Pöchmüller gibt daraufhin schriftlichen Befehl zur Auslagerung der Bomben
A	30. 4. 1945	Glinz als Bote Eigrubers verhindert Auslagerung der Bomben, Aufzug einer Wache am Ausseer Salzberg
	30. 4. 1945	Tod Hitlers
I	2. 5. 1945	Beginn der Auslagerung aus dem Ischler Salzberg, Beladung der Lastwagen zur Verbringung der Kunstschätze
	3. 5. 1945	Übernahme von Innsbruck durch US-Truppen
I		Fortsetzung der Auslagerung von Kunstschätzen in Bad Ischl

A		Auslagerung der Bomben aus dem Altausseer Salzberg in der Nacht zum 4. Mai
I	4. 5. 1945	Abfahrt von zwei Lastern mit Kunstgut aus Bad Ischl – Lauffen in Begleitung von SS und den Restauratoren Hajsinek und Sochor; abends Ankunft in Weyer bei Bramberg/Pinzgau
I	5. 5. 1945	Bergung Bad Ischl wird unzugänglich gemacht
A		Stollenzugänge in Altaussee werden nach Auslagerung der Bomben zugesprengt
	6. 5. 1945	Einnahme von Linz durch US-Truppen, Ei-
A		gruber setzt sich in das Kremstal ab. In Ischl
I		Durchfahrt des ersten US-Panzerspähwagens, in Weyer Entladung der zwei Laster mit den verschleppten Bildern
I	7. 5. 1945	Neuerliche Verladung der Bilder in Bramberg durch SS, Abtransport mit unbekanntem Ziel
A		US-Luftangriff auf den Pötschenpaß
	8. 5. 1945	Unterzeichnung des Waffenstillstandes
A		Abfahrt Kommando Pearson nach Aussee, Besetzung der dortigen Kunstgüterbergung
I		Auffindung der in Schirachs Auftrag verschleppten Bilder durch Herrn God in St. Johann/Tirol
	9. 5. 1945	00.01 Uhr Inkrafttreten des Waffenstillstandes
A	10. 5. 1945	Übergabe eines Berichtes über Bergungsstellen durch Michel an Pearson
A	12. 5. 1945	Ankunft Captain Poseys in Aussee
I	13. 5. 1945	Übernahme der Ischler Bergung durch die Besatzungsmacht
A	14. 5. 1945	US-Zeitungen melden Schatzfund von Aussee
A	17. 5. 1945	Erste Begehung der Ausseer Bergung nach Freilegung der Zugänge
I		Wiener Zentralstellen erfahren über Ber-

		gung „Schloß“ von Schirachs Verschleppungsabsicht
I	23. 5. 1945	Rückkehr von Hajsinek und Sochor nach Ischl
I	24. 5. 1945	Anfrage von US-Besatzungsmacht über Bilder in St. Johann und Abtransport
I	29. 5. 1945	BBC London bringt Meldung von Auffindung von Bildern in St. Johann/Tirol
I	1. 6. 1945	Benachrichtigung Luithlens durch CIC über Auffindung der von Schirach verschleppten Bilder; Beginn der Freilegung der Bergung im Ischler Salzberg
	3. bis 13. 6. 1945	Beratung der „Vienna Mission“
IA	11. 6. 1945	Brief Michels mit Schilderung seiner Verdienste nach Wien
A	13. 6. 1945	Abtransport der Einlagerung des Instituts für Denkmalpflege vom Gasthof Engljähringer, Bad Ischl, nach München
I		Bilderdepot im Ischler Salzberg wieder zugänglich
I	14. 6. 1945	Besichtigung des Ischler Depots durch Mitglieder der Besatzungsmacht
A	16. 6. 1945	Beginn der ersten Abtransporte aus der Bergung Aussee nach München
I	28. 6. 1945	Fahrt Dr. Luithlens nach Hallein und Salzburg, Einsichtnahme in Liste der gefundenen Bilder
I	Anfang Juli	Erster Kontakt zwischen Ischler Bergung und Wiener Stellen nach fast drei Monaten
	4. 7. 1945	Kontrollabkommen für Österreich abgeschlossen
	9. 7. 1945	Inkrafttreten des Zonenabkommens für Wien
A	12. 7. 1945	Abtransport des Genter Altars und der Madonna von Michelangelo aus Aussee
I	Juli 1945	Beginn der Rückführungen aus den niederösterreichischen Bergungsorten nach Wien

	20. 7. 1945	Abzug der MFA&A-Abteilung der 3. Armee aus den Bergungsstellen
I	23. 7. 1945	Besichtigung der Ischler Bergung durch hohe MFA&A-Offiziere
IA	3. 8. 1945	Ernennung Michels zum obersten Bergungsleiter durch Wiener Stellen – Dekret nie in Aussee eingetroffen
	12. 8. 1945	Eintreffen General Mark Clarks, Hochkommissar für Österreich, in Klesheim
I	11. und 17. 8. 1945	Besichtigung der Ischler Bergung durch Offiziere der MFA&A-Abteilung der US-Forces in Austria
IA	18. 8. 1945	Memo der Alliierten Kontrollkommission an Colonel Th. S. Paul, Chef der RD&D-Division der US-Forces in Austria, betreffend die Kunstgüterbergungen
IA	31. 8. 1945	Bericht Colonel Pauls an das Hauptquartier der USFA bezüglich der Kunstgüterbergungen
I	Ende August	Abschluß der Inventurarbeiten im Ischler Salzberg, Entdeckung des Fehlens von sieben Bildern
	11. 9. 1945	Erste Sitzung des Alliierten Rates
I	17. 9. 1945	Besichtigung der in Salzburg gelagerten Bilder aus St. Johann durch Dr. Luithlen
	24. 9. 1945	Erste Konferenz der Bundesländer-Vertreter, Anerkennung der Regierung Renner
A	Sept. bis Okt. 1945	Zweiter Schub von Abtransporten von Aussee nach München
I	4. 10. 1945	Besichtigung der Ischler Bergung durch Dr. Griessmaier vom Museum für angewandte Kunst
	20. 10. 1945	Anerkennung der Regierung Renner durch die westlichen Alliierten
I	17. 11. 1945	Eintreffen des ersten Zuges mit Bergungsgut aus Ischl und den in Salzburg gelagerten Bildern in Wien
	25. 11. 1945	Erste Nationalratswahlen der Zweiten Republik

	19. 12. 1945	Erste Sitzung des gewählten Nationalrates, Rechenschaftsbericht Dr. Renners
	21. 12. 1945	Regierungserklärung Bundeskanzler Figls
I	28. 12. 1945	Eröffnung der ersten Nachkriegsausstellung mit den rückgeführten Bildern in der Neuen Burg durch General Mark Clark
I	Ende Dez. 1945 bis 9. 1. 1946	Verhöre und Begehungen des Ischler Salzberges durch Beamte des Innenministeriums und der Kriminalpolizei wegen der verschwundenen Bilder
	7. 1. 1946	Anerkennung der neuen österreichischen Regierung durch die Alliierten
I	8. 1. 1946	Übernahme der alleinigen Kontrolle der Ischler Bergung durch Dr. Luithlen, Ende der Kontrolle durch USFA
A	27. 3. 1946	Übergabe der Kontrolle über den Ausseer Salzberg durch die USFA an Österreich, anschließend Beginn von Rückstellungen nach den Vorschriften der sogenannten „Rückstellungsgesetze“
A	27. 4. 1946	Ingenieur Eder Vertreter der US-Interessen am Ausseer Salzberg
I	9. 5. 1946	Rückführung der Bestände der Akademie der bildenden Künste von Ischl nach Wien
A	15. 6. 1946	Übernahme der alleinigen Verwaltung der Ausseer Bergung durch österreichische Stellen
I	7. 8. 1946	Erster großer Rücktransport von Ischl nach Wien für Ausstellung in der Schweiz
I	23. 8. 1946	Zweiter großer Transport wie oben
I	27. 9. und 21. 11. 1946	Weitere Abtransporte aus dem Ischler Salzberg
I	25. 4. 1947	Abgang des letzten Transportes von Ischl nach Wien (ausgenommen Einlagerungen des Naturhistorischen Museums)
I	Juli 1947	Abfassung eines Schlußberichtes durch Dr. Luithlen

A	1949	Abfassung von Berichten über die Ausseer Bergung durch Michel und Eder für US-Stellen
	15. 5. 1955	Unterzeichnung des österreichischen Staatsvertrages
A	1957	Übernahme der Verwaltung und Rückstellung noch vorhandener Güter durch die „Sammelstellen A und B“
A	14. 8. 1969	Veröffentlichung des „Kunst- und Kulturgüterbereinigungsgesetzes“ im Bundesgesetzblatt – Möglichkeit zur Geltendmachung von Ansprüchen
A	2. 9. 1969	Veröffentlichung der Liste noch vorhandenen Kulturgutes in der Amtlichen Wiener Zeitung
A	1972	Ende der Frist für die Geltendmachung von Ansprüchen
A	Mitte 1983	Abschluß der letzten Verfahren in diesem Zusammenhang
A	Dez. 1984	Artikel „A Legacy of Shame“ von Andrew Decker in ARTnews, New York
A	3. 1. 1986	Veröffentlichung des zweiten „Kunst- und Kulturgutbereinigungsgesetzes“ im Bundesgesetzblatt
A	1. 2. 1986	Veröffentlichung der Liste noch vorhandenen Kunstgutes in der Amtlichen Wiener Zeitung
A	30. 9. 1986	Ende der Frist für die Geltendmachung von Ansprüchen

Anmerkungen

1 R. Seydewitz, Wenn die Madonna reden könnte, S. 120
2 Das Naturhistorische Museum im Kriege; a. d. 56. Band der Annalen des Naturhistorischen Museums Wien, Sonderabdruck August 1948, S. 13 f.
3 Archiv des Naturhistorischen Museums, Nachlaß Hermann Michel: Bericht über die Bergungsmaßnahmen 1938–1945, erstattet von Reg.-Rat Dr. Ludwig von Berg, S. 8. Dr. von Berg war ab Juni 1942, als die Stelle geschaffen wurde, Generalreferent für die Kunstgutbergung, nach dem Krieg Leiter der Rechtsabteilung des Bundesdenkmalamtes
4 M. Pfannl, Erinnerungen an meine Dienstzeit, S. 14
5 Bergungsakten des Kunsthistorischen Museums, Wien, Fasz. 3, Erlaß V a Nr. 77/39 g. BV
6 M. Pfannl, Erinnerungen an meine Dienstzeit, S. 4
7 R. Seydewitz, Wenn die Madonna reden könnte, S. 121 f.
8 Bergungsakten des Kunsthistorischen Museums, Fasz. 2, Protokolle und Listen von „Schloß"
9 Bergungsakten des Museums für angewandte Kunst, Wien, Zl. 561-45, Beilage 1
10 Bergungsakten des Kunsthistorischen Museums, Fasz. 7, Alte Bergungslisten, Rückbringungen und Verbringungen
11 Verwaltungsakten der Österreichischen Nationalbibliothek 1944
12 Verwaltungsakten der Österreichischen Nationalbibliothek 1944
13 Roxan-Wanstall, Der Kunstraub, S. 224
14 H. Slapnicka, Oberösterreich, als es Oberdonau hieß, S. 86 f.
15 Gespräch mit Dr. Waltrude Oberwalder am 15. 2. 1985
16 Bergungsakten des Bundesdenkmalamtes, Ordner 109, Mappe 8; National Archives and Records Center, Bericht des USFA Public Information Office, 1948
17 Verwaltungsakten der Österreichischen Nationalbibliothek 1945, Bericht des Ersten Direktors vom 4. 5. 1945 und Brief des Abtes von Lilienfeld vom 19. 2. 1946
18 Bergungsakten des Bundesdenkmalamtes, Ordner 109, Mappe 9, Kremsmünster, Stift, Oberdonau, Reichskunstdepot
19 R. u. M. Seydewitz, Die Dame mit dem Hermelin, S. 130 ff.; Margot Günther-Hornig, Kunstschutz in den von Deutschland besetzten Gebieten 1939–1945, S. 18 ff.
20 Th. Carr-Howe, Salt Mines and Castles, S. 238
21 R. u. M. Seydewitz, Die Dame mit dem Hermelin, S. 181
22 Bergungsakten des Kunsthistorischen Museums, Fasz. 4, Privates Bergungsgut

23 E. Pöchmüller, Weltkunstschätze, S. 11
24 Th. Brückler, Dokumentationsschau Altaussee, Tafel 11
25 Gespräch mit Dr. Waltrude Oberwalder am 15. 2. 1985
26 Erklärungen von Oberbergmeister Franz Reiter, Bad Ischl
27 Bergungsakten des Bundesdenkmalamtes, Ordner 109, Mappe 8
28 Th. Brückler, Dokumentationsschau Altaussee, Tafel 11
29 Unterredung mit Hofrat Dr. Edith Podlesnigg am 5. 4. 1982
30 E. Pöchmüller, Weltkunstschätze, S. 43
31 Bergungsakten des Kunsthistorischen Museums, Fasz. 4, Handmappe R. R. Waldum, Zl. 5
32 Luftschutzbauten
33 Bergungsakten des Kunsthistorischen Museums, Fasz. 4, Handmappe R. R. Waldum, Zl. 12
34 Archiv des Naturhistorischen Museums, Nachlaß Hermann Michel, Bericht Dr. Berg, S. 15
35 R. Seydewitz, Wenn die Madonna reden könnte, S. 123 und 127; Th. Carr-Howe, Salt Mines and Castles, S. 232
36 Roxan-Wanstall, Der Kunstraub, S. 191 und 185
37 D. D. Eisenhower, Crusade in Europe, S. 445 ff.
38 E. Pöchmüller, Weltkunstschätze, S. 30 ff.
39 E. Pöchmüller, Weltkunstschätze, S. 21 f.
40 National Archives, Washington, Still Pictures Branch
41 Gespräch mit Dr. Waltrude Oberwalder am 15. 2. 1985; Roxan-Wanstall, Der Kunstraub, S. 191
42 E. Pöchmüller, Weltkunstschätze, S. 47
43 E. Pöchmüller, Weltkunstschätze, S. 50
44 H. Andics, 50 Jahre unseres Lebens, S. 383
45 Archiv des Naturhistorischen Museums, Nachlaß Hermann Michel, Bericht Dr. Berg, S. 16 f.
46 E. Pöchmüller, Weltkunstschätze, S. 27
47 Bergungsakten des Bundesdenkmalamtes, Ordner 109, Mappe 2 (Bergungsorte Lauffen, Salzberg, Bergungslisten der österreichischen Kunstgüter)
48 Archiv des Naturhistorischen Museums, Nachlaß Hermann Michel, Typoskript mit Darstellung der Bergung Lauffen, Kapitel 12, S. 10
49 Bergungsakten des Museums für angewandte Kunst, Nr. 935-44
50 Archiv des Naturhistorischen Museums, Nachlaß Hermann Michel, Bericht Dr. Berg, S. 18
51 Auskünfte und Bergwerksführung durch Oberbergmeister Franz Reiter, 19. 4. 1982 und 15. 7. 1982
52 Bergungsakten des Bundesdenkmalamtes, Ordner 109, Mappe 8. Im Original – irrtümlich – Millimeter
53 Bergungsakten des Bundesdenkmalamtes, Ordner 109, Mappe 2
54 M. Pfannl, Erinnerungen an meine Dienstzeit, S. 29
55 Bergungsakten des Museums für angewandte Kunst, Zl. 935-44 vom 14. 12. 1944
56 National Archives, Washington, Receipt and Agreement for Delivery of Goods, 14. 10. 1946
57 Archiv des Naturhistorischen Museums, Nachlaß Hermann Michel

58 Bergungsakten des Bundesdenkmalamtes, Ordner 109, Mappe 1, Lauffen, Zl. 1534-II-3/46
59 Bergungsakten des Bundesdenkmalamtes, Ordner 109, Mappe 1, Aktenvermerk Dr. Berg zu Zl. 1305-b/45
60 Bergungsakten des Bundesdenkmalamtes, Ordner 109, Mappe 1
61 Bergungsakten des Kunsthistorischen Museums, Fasz. 9, Bericht Dr. Hermann Michel vom 27. 2. 1945
62 Bergungsakten des Bundesdenkmalamtes, Mappe 1, Akt ZGK-1305-b/45
63 Bergungsakten des Kunsthistorischen Museums, Fasz. 9, Bergung Lauffen, Mappe 1 und 2
64 Bergungsakten des Museums für angewandte Kunst, Erlaß Z/Gk. 774-b/45, enthalten in 4–45, Nr. 112
65 Bergungsakten des Kunsthistorischen Museums, Fasz. 9, Lauffen, Mappe 2, Bericht Dr. Luithlen
66 Bergungsakten des Kunsthistorischen Museums, Fasz. 4, Handmappe R. R. Waldum, Nr. 167, Bericht von Karl Sieber vom 15. 1. 1946
67 R. u. M. Seydewitz, Die Dame mit dem Hermelin, S. 184
68 National Archives, Washington, „Zusammenfassung der mir bekannten Einlagerungen", gezeichnet Sieber
69 R. u. M. Seydewitz, Die Dame mit dem Hermelin, S. 71–78
70 M. W. Clark, Calculated Risk, S. 426
71 M. Rauchensteiner, 1945 – Entscheidung für Österreich, S. 35
72 H. Slapnicka, Oberösterreich, als es Oberdonau hieß, S. 321
73 Bergungsakten des Bundesdenkmalamtes, Ordner 109, Mappe 2
74 Gespräch mit Direktor Dr. Victor Luithlen, 13. 2. 1985
75 Bergungsakten des Kunsthistorischen Museums, Fasz. 4, Handmappe R. R. Waldum, Nr. 33
76 M. Rauchensteiner, 1945 – Entscheidung für Österreich, S. 23
77 Tagebuch der Straße, Publikation der Wiener Stadt- und Landesbibliothek, S. 260
78 D. D. Eisenhower, Crusade in Europe, S. 447
79 H. Slapnicka, Oberösterreich, als es Oberdonau hieß, S. 327
80 H. Portisch – S. Riff, Österreich II, Sendung 4 vom 2. 12. 1982, ORF-Nachlese, Feber 1983, S. 4
81 M. Rauchensteiner, 1945 – Entscheidung für Österreich, S. 35
82 H. Slapnicka, Oberösterreich, als es Oberdonau hieß, S. 338
83 Unterredung mit Direktor Dr. Victor Luithlen am 19. 6. 1983
84 E. Pöchmüller, Weltkunstschätze, S. 51 ff.; DÖW Nr. 10 6 10
85 R. Seydewitz, Wenn die Madonna reden könnte, S. 130 und 134
86 Bergungsakten des Kunsthistorischen Museums, Fasz. 2, Protokolle und Listen von „Schloß", Tagesprotokoll vom 14. 4. 1945
87 Bergungsakten des Kunsthistorischen Museums, Fasz. 2, Protokolle und Listen von „Schloß", Tagesprotokolle
88 Verwaltungsakten 1945 des Museums für angewandte Kunst, Akt 4–45, Nr. 715
89 K. Piringer, Gmundner Chronik, Bd. IV, S. 340
90 Bergungsakten des Kunsthistorischen Museums, Fasz. 2, wie Anmerkung 87

91 Bergungsakten des Bundesdenkmalamtes, Mappe 8, Bergungsorte Bad Ischl, Grazerstraße 39

92 Oberbergrat Dipl.-Ing. Paul Lepez, Bericht an Hofrat Dir. Dr. Michel über die Vorfälle Anfang Mai 1945; verfaßt am 8. 10. 1948; Durchschrift aus der Hand des Verfassers bei Unterredung 1982

93 Gedächtnisprotokoll, verfaßt in Bramberg am 10. Mai 1945, Akt 13/Gal/45, Galerie des Kunsthistorischen Museums

94 H. Portisch – S. Riff, Österreich II, ORF-Sendereihe, Sendungen 2 und 9 vom 2. 12. 1982 und vom 9. 10. 1983

95 H. Slapnicka, Oberöstereich, als es Oberdonau hieß, S. 327 ff.

96 E. Pöchmüller, Weltkunstschätze, S. 85

97 Gespräche mit Oberbergmeister Franz Reiter am 19. 4. und 15. 7. 1982

98 R. E. Pearson, Enroute to the Redoubt, S. 214 ff.

99 Anmerkung: Johann Linortner

100 H. Portisch – S. Riff, Österreich II, Sendung 4 vom 2. 12. 1982, ORF-Nachlese, Feber 1983, S. 13

101 Anmerkung: Mann aus Ohio schnappt Nazi-Versteck

102 National Archives, Washington, Brief Pearsons an Hofrat Dr. Michel

103 National Archives, Washington, Statement Dr. Michel vom 18. 10. 1949 für den RD&R Branch = „Reparations, Deliveries and Restitutions Division“

104 Dokumentationsarchiv des Österreichischen Widerstandes, Nr. 32 96 a; Nachlaß Michel, Bericht Sieber vom 12. Mai im Bericht Michel vom 30. Mai 1945

105 Bergungsakten des Bundesdenkmalamtes, Ordner 109, Mappe 8, Bergungsort Bad Ischl, Grazerstraße 39, Bergungslisten

106 R. E. Pearson, Report Dr. Michel on Hidden Art Treasure in: Enroute to the Redoubt, S. 223

107 Unterredung mit Direktor Dr. Victor Luithlen am 2. 1. 1984

108 Roxan-Wanstall, Der Kunstraub, S. 198

109 Angabe bei Th. Carr-Howe, Salt Mines and Castles, wiederholt

110 E. Pöchmüller, Weltkunstschätze, S. 86

111 Archiv des Naturhistorischen Museums, Nachlaß Hermann Michel, Zusammenfassung der Ereignisse zwischen dem 5. 5. und dem 23. 5. 1945 von Dr. Victor Luithlen, S. 3 und 4

112 Archiv des Naturhistorischen Museums, Nachlaß Michel, Abschrift

113 Unterredung mit Direktor Dr. Victor Luithlen am 2. 1. 1984

114 Bergungsakten des Kunsthistorischen Museums, Fasz. 4, Handmappe R. R. Waldum, Nr. 39

115 M. Pfannl, Erinnerungen an meine Dienstzeit, S. 46

116 M. Rauchensteiner, 1945 – Entscheidung für Österreich, S. 46

117 Bergungsakten des Bundesdenkmalamtes, Ordner 109, Mappe 1, Bergungsort Lauffen, 2 25 40 – II/3–45

118 Bergungsakten des Bundesdenkmalamtes, Ordner 109, Mappe 1, ZGK 1675/b/45

119 Bergungsakten des Kunsthistorischen Museums, Fasz. 10, Aufstellung der Bergungsorte

120 Das Naturhistorische Museum im Kriege, Sonderabdruck, August 1948, S. 17

121 Bergungsakten des Bundesdenkmalamtes, Ordner 109, Mappe 1
122 Bergungsakten des Kunsthistorischen Museums, Fasz. 10, Aufstellung der Bergungsorte
123 M. Pfannl, Erinnerungen an meine Dienstzeit, Beitrag von Frau Dr. Zdrawka Mintscheff-Eberstein, S. 69
124 wie 120, S. 15 und S. 17
125 Bergungsakten des Kunsthistorischen Museums, Fasz. 10, Rückbringungen, Aufstellung der Bergungsorte
126 Bergungsakten des Bundesdenkmalamtes, Ordner 109, Mappe 1, Bergungsort Lauffen, Aktenvermerk zu Akt ZGK 1675/b/45 und Beilage
127 Gedächtnisprotokoll vom 24. 5. 1945, Akt 13/Gal/45 der Galerie des Kunsthistorischen Museums
128 Archiv des Naturhistorischen Museums, Nachlaß Michel, Bericht God an den Bürgermeister von St. Johann vom 25. 5. 1945; Bericht Dr. Josef Hofinger vom 26. 5. 1945 an den Beauftragten der Militärregierung Österreich in St. Johann in Tirol; Niederschrift Gottfried Rottmann nach dem 21. Mai 1945
129 Bergungsakten des Bundesdenkmalamtes, Ordner 109, Mappe 2, Bergungsort Lauffen, Österreichisches Bergungsgut, Beilage 8
130 Gespräch mit Oberbergmeister Franz Reiter am 19. 4. 1982
131 V. Luithlen, Abschließender Bericht, S. 4
132 National Archives, Washington, Microfilm, Restitution, By Authority of FAM Officer
133 Truck = Lastwagen; National Archives, Washington, Bericht Chemo-Ing. Max Eder vom 25. 10. 1949
134 Th. Carr-Howe, Salt Mines and Castles, S. 64 f.
135 Die Angabe ist auch im Originaltext in deutscher Sprache geschrieben; Th. Carr-Howe, Salt Mines and Castles, S. 174
136 Bergungsakten des Bundesdenkmalamtes, Ordner 109, Mappe 8, Bergungsort Bad Ischl, Grazerstraße 39, Bergungslisten, Aufstellung und Auflösung des Depots
137 National Archives, Washington, Bericht Dr. Michel vom 18. 10. 1949
138 Th. Carr-Howe, Salt Mines and Castles, S. 183
139 Bergungsakten des Bundesdenkmalamtes, Ordner 109, Mappe 1, Bergungsorte Lauffen, Salzberg, Einrichtung
140 Bergungsakten des Bundesdenkmalamtes, Ordner 109, Mappe 8
141 M. W. Clark, Calculated Risk, S. 449 ff.
142 M. Rauchensteiner, 1945 – Entscheidung für Österreich, S. 49
143 M. W. Clark, Calculated Risk, S. 458–463
144 National Archives, Washington, Memorandum an Col. Paul, 18. 8. 1945
145 National Archives, Washington, Transmittal of Documents, Lt. Col. De Wald, RD&R Division USFA; Bergungsakten des Bundesdenkmalamtes, Ordner 109, Mappe 3
146 National Archives, Washington, Disposition of Objects of Art, Theodore S. Paul, Colonel, FA, Chief RD&R Division, 31. August 1945
147 V. Luithlen, Abschließender Bericht, S. 5
148 Bergungsakten des Kunsthistorischen Museums, Fasz. 10, Rückbringungen, Aufstellung der Bergungsorte

149 National Archives, Washington, USFA Public Information Office, Fact Sheet: Art Restitution (1948)

150 V. Luithlen, Bericht von Anfang Juli 1947 an den Ersten Direktor des Kunsthistorischen Museums

151 Bergungsakten des Bundesdenkmalamtes, Ordner 109, Mappe 1, Aktenvermerk für Herrn Min. Pernter

152 Bergungsakten des Bundesdenkmalamtes, Ordner 109, Mappe 1, Z 2540-II/3–45 vom 3. 8. 1945

153 Bergungsakten des Museums für angewandte Kunst; Briefe Dr. Griessmaiers Nummern 632 und 840 (Einlaufdatum vom 14. 11. 45 – man beachte die lange Laufzeit), Gedächtnisprotokoll Nr. 715, Einlaufdatum 11. 11. 45; Eingabe Dr. Ernst Nr. 645

154 Bergungsakten des Kunsthistorischen Museums, Fasz. 4, Handmappe R. R. Waldum, Nr. 33–35

155 National Archives, Washington, Bericht Chemo.-Ing. Max Eder vom 15. 10. 1945; die Unterlagen müßten demnach auch an das Bundesdenkmalamt gegangen sein.

156 Bergungsakten des Kunsthistorischen Museums, Fasz. 10, Rückbringungen

157 Bergungsakten des Kunsthistorischen Museums, Fasz. 10, Rückbringungen. Aufstellung der Bergungsorte

158 Unterredung mit Direktor Dr. Victor Luithlen am 30. 9. 1982 und mit Major M. Shaw am 29. 9. 1982

159 National Archives, Washington, F. Hartt, Activities of MFA-Branch, 30. 10. 1945

160 Unterredung mit Oberbergmeister Franz Reiter am 19. 4. 1982

161 Bergungsakten des Kunsthistorischen Museums, Fasz. 10, Rückbringungen

162 M. Rauchensteiner, 1945 – Entscheidung für Österreich, S. 238 f., Rechenschaftsbericht Renner und Regierungserklärung Figl

163 Ausstellung von Meisterwerken der Gemäldegalerie des Kunsthistorischen Museums, Wien 1945–1946, Katalog, verfaßt von Ferdinand Eckhardt

164 H. Portisch – S. Riff, Österreich II, 13. Folge vom 11. 3. 1984, ORF-Nachlese Mai 1984, S. 10; W. Schwemmer, Die Reichskleinodien in Nürnberg 1938–1945; Mitteilungen des Vereins für Geschichte der Stadt Nürnberg, 65, 1978

165 V. Luithlen, Abschließender Bericht, S. 6

166 National Archives, Washington, Work Copy for Miss Tucker, Headquarters USFA

167 National Archives, Washington, Beilage zu einer Eingabe Ing. Eders, in englischer Sprache, aus dem Deutschen übersetzt von Exner

168 National Archives, Washington, Bericht Ing. Eder vom 15. 10. 1949

169 Verwaltungsakten der Österreichischen Nationalbibliothek 1946, Zl. 153 vom 12. 3. 1946

170 wie 169, Mitteilung des Unterrichtsministers, Zl. 20571-II-6/46

171 Gespräch mit Major Shaw am 29. September 1982

172 Bergungsakten des Kunsthistorischen Museums, Fasz. 10, Brief Dr. Luithlen an Dr. Buschbeck vom 7. 8. 1946, dem Transport mitgegeben
173 Bergungsakten des Museums für angewandte Kunst, Beilage zu Zl. 942/44, Liste I und II
174 Bergungsakten des Kunsthistorischen Museums, Fasz. 2, Protokolle und Listen von „Schloß"
175 Archiv des Naturhistorischen Museums, Nachlaß Hermann Michel, Bericht Dr. Berg, S. 20
176 ORF, Sendung „Zeit im Bild" vom 5. 3. 1984
177 Verwaltungsakten der Österreichischen Nationalbibliothek 1946, Protokoll einer Sitzung des Ausstellungskomitees
178 „Die Tat" vom 5. 11. 1946, zitiert bei: Walter Koschatzky – Alice Strobl, Die Graphische Sammlung Albertina in Wien, S. 108
179 M. Shaw, Memorandum for Record, 6. Februar 1947, Privatbesitz
180 Bergungsakten des Museums für angewandte Kunst, Zl. 968-46 vom 26. 11. 1946
181 Bergungsakten des Kunsthistorischen Museums, Fasz. 10, Rückbringungen
182 V. Luithlen, Abschließender Bericht, S. 9
183 Archiv des Naturhistorischen Museums, Nachlaß Hermann Michel, Bericht Dr. Berg über die Bergungsmaßnahmen 1938–1945
184 M. Pfannl, Erinnerungen an meine Dienstzeit, S. 37 f.; Anmerkung: Bei Prüfung der Umstände scheint es möglich, daß der Mann das Bild schon in Weyer bei Bramberg an sich nahm
185 National Archives, Washington, Hauptquartier der US-Streitkräfte in Österreich, Öffentliches Nachrichtenbüro, APO 777 U. S. Army, Fact Sheet: Art Restitution
186 Gespräch mit Hofrat Dr. Edith Podlesnigg am 28. 12. 1981.
187 ARTnews Nr. 55, Dezember 1984, New York; Artikel „A Legacy of Shame" von Andrew Decker
188 Gespräch mit dem Präsidenten des Bundesdenkmalamtes, Dr. Gerhard Sailer, am 15. 11. 1985
189 Z. B. The New York Herald Tribune, 1. 1. 1985, Artikel von Pierre Schneider, „Austria Opens Art Cache Confiscated"
190 Bundesgesetzblatt vom 3. 1. 1986 und Amtliche Wiener Zeitung vom 1. 2. 1986

Anmerkungen zum Nachwort

1 Salz aktuell, Ausgabe 4/1989, Artikel: Salzbergbau Bad Ischl, Eröffnungsfeier und Bergfest 1989, S. 11
2 Jahrbuch des OÖ Musealvereines, Bd. 92, 1947, Beitrag Dr. Franz Juraschek: Die Klosterdenkmale Oberösterreichs. Ihr Schicksal in und nach dem Kriege, S. 96
3 Peter Kammerstätter, Materialsammlung, S. 591

4 Mathilde Pfannl, Gespräch vom 30. 10. 1982
5 Ernst Kubin, Sonderauftrag Linz, S. 164
6 Die Zeit, Nr. 2 vom 2. 1. 1987, Dossier, S. 10
7 Gestalter und Gestalten, Linz 1943, Artikel von Dr. August Zöhrer: Dr. Hans Posse, der Schöpfer des Linzer Kunstmuseums
8 Kunst dem Volk, Sonderheft zum 20. 4. 1943, hg. von Prof. Heinrich Hoffmann
9 siehe Anm. 6
10 du, Zeitschrift für Kunst und Kultur, Heft 11/87, Artikel von Erwin Leiser: Hitlers Kuntsraub für Linz, S. 22 ff.
11 siehe Anm. 5
12 OÖ Kulturbericht, Folge 16/1989, S. 4 ff., Harry Slapnicka, Nationalsozialismus und Kulturpolitik
13 Kubin, S. 159, S. 288, S. 298
14 Kammerstätter, S. 598 ff.
15 Slapnicka, Oberösterreich, als es „Oberdonau" hieß, S. 84 ff.
16 Ausseer Beiträge zur Zeit- und Kulturgeschichte, Bd. 7, S. 58, Harry Slapnicka, Die Salzbergwerke Altaussee und Bad Ischl, Schatzkammern europäischer Kunstwerke in den Jahren 1943–1945
17 Kubin, S. 89 f.
18 Ausseer Beiträge, S. 52–59, und Schriftenreihe Altaussee, Bd. II
19 Schriftenreihe Altaussee, Beitrag Ingrid und Rainer Hillbrand, S. 13
20 Schriftenreihe Altaussee, Beitrag E. Stieböck, S. 16
21 wie 20, S. 18, Brief von Alfred Jud an Otto Högler vom 4. 9. 1947
22 wie 20, S. 19 und S. 22
23 Boltzmann-Institut 1985, Gerhard Botz – Peter Kammerstätter – Günther Marchner – Franziska Schneeberger, S. 24 ff., „Salzkammergut-Partisanen, Struktur und gesellschaftsgeschichtliche Voraussetzungen einer regionalen österreichischen Widerstandsbewegung 1943–1945
24 wie 23, S. 51
25 Sepp Plieseis, Vom Ebro zum Dachstein, und Albrecht Gaiswinkler, Sprung in die Freiheit
26 wie 20, S. 22
27 Zeitschrift „Falter", Nr. 1/1985, Artikel von Christian Reder; „Im Salzbergwerk"
28 Kubin, S. 177
29 Slapnicka, Oberösterreich, als es „Oberdonau" hieß, S. 91 ff.
30 wie 27, S. 13/14
31 wie 20, S. 3
32 Kubin, wie 5
33 Kubin, S. 172

Anmerkung zu Umschlag, Rückseite

Simon Wiesenthal, Ich jagte Eichmann, Gütersloh 1961

Quellen und Literatur

1. Gespräche mit Augenzeugen

Direktor Dr. Victor Luithlen, Direktor in Ruhe der Sammlung alter Musikinstrumente am Kunsthistorischen Museum Wien. Leiter der Bergung Bad Ischl-Lauffen ab 8. 3. 1945, bei der Bergung anwesend ab 16. 2. 1945: 30. September 1982, 4. Jänner 1983, 19. Juni 1983 etc. bis Dezember 1984 und Feber 1985

Mathilde Pfannl, Beamte in Ruhe des Kunsthistorischen Museums Wien: 30. Oktober 1982

Hofrat Dr. Edith Podlesnigg, Beamte in Ruhe des Bundesdenkmalamtes Wien: 28. Dezember 1981, 5. April 1982, 29. März 1983, 10. August 1983

Oberbergmeister in Ruhe Franz Reiter, Bad Ischl: 19. April 1982, 17. Juni 1982, 15. Juli 1982 (mit Führung durch den Salzberg Bad Ischl), 5. Juli 1983

Major (Ret.) Malcolm Shaw, Ohio, USA, in Bad Ischl: 29. September 1982

Dr. Waltrude Oberwalder, Kunsthistorikerin, 15. Feber 1985

2. Quellen

Bundesdenkmalamt Wien, Bergungsakten:

Ordner 109 (OÖ) 11/Res/44

Mappe 1: Bergungsorte Lauffen, Salzberg, Einrichtung
Mappe 2: Bergungsorte Lauffen, Salzberg, Bergungslisten der österreichischen Kunstgüter
Mappe 3: Bergungsorte Lauffen, Salzberg, Bergungslisten des oberösterreichischen Kunstgutes
Mappe 8: Bergungsorte Bad Ischl, Grazerstraße 39, Bergungslisten, Aufstellung und Auflösung des Depots
Mappe 9: Kremsmünster, Stift, Ob. Donau, Reichskunstdepot

Dokumentationsarchiv des Österreichischen Widerstandes:

Nr. 34 75, Nr. 10 6 10, Nr. 83 78, Nr. 32 96 a

Kunsthistorisches Museum, Wien:

1. Archiv: Bergungsakten
Fasz. 1: Gresten, Schloß Hirschwang, Eckartsau
Fasz. 2: Protokolle und Listen von „Schloß", Bergungsort Gaming
Fasz. 3: Alphabetische Aufzeichnungen „Schloß"
Fasz. 4: Handmappe R. R. Waldum
Fasz. 7: Alte Bergungslisten, Rückbringungen, Verbringungen
Fasz. 9: Lauffen

Fasz. 10: Liste der Bergungsorte, Rückbringungen, Schönbrunn

Katalog: Ausstellung von Meisterwerken der Gemäldegalerie des Kunsthistorischen Museums in der Hofburg 1945–1946, verfaßt von Ferdinand Eckhardt

Mathilde Pfannl, Erinnerungen aus meiner Dienstzeit, Das Kunsthistorische Museum im 2. Weltkrieg, Typoskript, Wien 1981

2. Gemäldegalerie: Akt 13/Gal/45 Protokolle Prof. Franz Sochor

Oberbergrat Dipl.-Ing. Paul Lepez:

Bericht an Hofrat Direktor Dr. Michel über die Vorfälle Anfang Mai 1945 vom 8. 10. 1948 – Original in der Hand des Verfassers

Direktor Dr. Victor Luithlen:

a) Abschließender Bericht über die Bergung der Wiener staatlichen Museen im Salzbergwerk Bad Ischl-Lauffen, Anfang Juli 1947, vom Autor zur Verwendung überlassen mit Brief vom 14. April 1983
b) Zusammenfassender Bericht über die Zeit vom 25. März bis 7. April 1945, vom Verfasser überlassen Feber 1985
c) Zusammenfassung: Die Bedrohung der Bergungsgüter in Bad Ischl-Lauffen zur Zeit des Kriegsendes. Ihre Rettung und Bewahrung; vom Verfasser überlassen Feber 1985
d) Bericht an den Herrn Ersten Direktor des Kunsthistorischen Museums Wien; Unauffindbare Gemälde aus der Bergung Bad Ischl-Lauffen; Zusammenfassung; Anfang Juli 1946; vom Verfasser überlassen Feber 1985

National Archives and Records Service, Washington, D. C.:

Mikrofilm CTOB 501 – Reel – 1, NNMF – 82 – 347, enthaltend: Record Group 250, Records of United States Occupation Headquarters, World War II, U. S. Element of the Allied Control Authority for Austria. C – 9 – 5 – Alt Aussee – Salt Mines Deposits, RD&R PerRoR – Box 3

Naturhistorisches Museum, Wien:

Archiv, Nachlaß Hermann Michel:

a) Typoskript von H. Michel mit Kapitel 12–16 seiner geplanten Veröffentlichung über die Kunstgüterbergungen
b) Druckfahnen des zugehörigen Aktenanhangs, 23–43
c) Dr. Victor Luithlen, Bergungsaktion der Wiener staatlichen Museen Bad Ischl, Zusammenfassung der Ereignisse zwischen dem 5. Mai und dem 23. Mai 1945, (Original Typoskript) Juni 1945
d) Dr. Ludwig Berg, Bericht über die Bergungsmaßnahmen 1938–1945, erstattet . . . gemäß Erlaß des Bundesministeriums für Unterricht vom 9. 4. 1946, Zl. 1974/II-3/46, Durchschlag, signiert Ludwig Berg, 16. 7. 1946

Museum für Völkerkunde, Wien:

Verwaltungsakten, nicht inventarisierte Bestände

Österreichisches Museum für angewandte Kunst, Wien:

Bergungsakten 1944 bis 1946

Österreichische Nationalbibliothek, Wien:

Verwaltungsakten 1944 bis 1946

Major Malcolm Shaw:

Unterlagen zur Rückstellung von Kunstgütern 1946 bis 1950, Privatbesitz

3. *Medien*

Amtliche Wiener Zeitung vom 2. September 1969 und vom 1. 2. 1986

ARTnews, New York, Dezember 1984, „A Legacy of Shame“, by Andrew Decker

Bundesgesetzblatt vom 3. 1. 1986, 2. Stück, Jg. 1986, 2. Bundesgesetz

Dr. Theodor Brückler, Dokumentationsschau des Bundesdenkmalamtes, Kunstschutz Altaussee, 2. Weltkrieg, eröffnet am 14. Juni 1985

„Die Furche“, Jahrgang 1951, „Mein Wagnis in Montecassino“, von Oberstleutnant Julius Schlegel

Illustrierte Neue Welt, Mai 1985, „Kunst, Kartause und Korrekturen ...“, von Marta S. Halpert

National Herald Tribune, Dienstag, 11. 12. 1984, „Selling of Nazi-Held Art“, by Douglas C. McGill

The New York Times, 1. 1. 1985, „Austria Opens Art Cache Confiscated“, by Pierre Schneider

Die Presse, 13. 9. 1985, „Die Großzügigkeit soll siegen“, von Hans Haider

Hugo Portisch und Sepp Riff, Dokumentationsfilm-Serie Österreich II, gesendet vom ORF

Folge 4: Das Ende der „Alpenfestung“, Sendung vom 2. 12. 1982, ORF-Nachlese Februar 1983

Folge 9: Das geteilte Land, Sendung vom 6. 10. 1983, ORF-Nachlese Dezember 1983

Folge 13: Was tun mit Österreich, Sendung vom 11. 3. 1984, ORF-Nachlese Mai 1984

Profil, Nr. 51/52 vom 17. 12. 1984, „Vermächtnis der Schande“ von H. Christoph

Salzkammergut-Zeitung, 2. (52.) Jahrgang, 6. 1. 1946

Wiener Kurier vom 26. 7. 1981, Chronik, S. 14

Wochenpresse, Nr. 31 vom 30. Juli 1985, „Kartausen-Schatz“, von Matthäus Kattinger

Weitere Zeitungsmeldungen im Kunsthistorischen Museum, Archiv, Handmappe Waldum, Bergungsakten, Faszikel 4

4. *Literatur*

Hellmut Andics, 50 Jahre unseres Lebens, Österreichs Schicksal seit 1918, Fritz Molden Verlag, Wien – München – Zürich 1968

Annalen des Naturhistorischen Museums, Sonderabdruck aus dem 56. Bande, August 1948, Das Naturhistorische Museum im Kriege

Archiv für Völkerkunde 32, Sonderdruck: 50 Jahre Museum für Völkerkunde Wien, Wien 1978

Thomas Carr-Howe, Salt Mines and Castles; Bobbs-Merrill Comp., Indianapolis – New York 1946

Mark W. Clark, Calculated Risk, Harper & Brothers, New York

Dusek – Pelinka – Weinzierl, Zeitgeschichte im Aufriß, Österreich von 1918 bis in die achtziger Jahre, TR Verlagsunion, Wien 1981
Dwight D. Eisenhower, Crusade in Europe, William Heinemann Ltd., London – Melbourne – Toronto
Führer durch das Museum für Völkerkunde, Wien, Reihe Museum, Westermann-Verlag, Braunschweig
Führer durch das Naturhistorische Museum Wien, Reihe Museum, Westermann-Verlag, Braunschweig
Margot Günther-Hornig, Kunstschutz in den von Deutschland besetzten Gebieten 1939–1945, Tübingen 1958
Walter Kleindel, Österreich, Daten zur Geschichte und Kultur, Verlag Carl Ueberreuter, Wien – Heidelberg 1978
Walter Koschatzky – Alice Strobl, Die Graphische Sammlung Albertina in Wien, Residenz-Verlag, Salzburg, 1969
Ralph E. Pearson, Enroute to the Redoubt, Washington 1958 (Ablichtungen zur Verfügung gestellt vom Heeresgeschichtlichen Museum, Wien)
Sepp Plieseis, Partisan der Berge; Militärverlag der DDR, Berlin 1978
Karl Piringer, Gmundner Chronik, Bd. IV, OÖ Landesverlag 1982
E. Pöchmüller, Weltkunstschätze in Gefahr, Pallas Verlag Salzburg, 1948
Manfried Rauchensteiner, 1945 – Entscheidung für Österreich, herausgegeben vom Heeresgeschichtlichen Museum Wien, Styria-Verlag Graz – Wien – Köln 1975
David Roxan und Ken Wanstall, Der Kunstraub (Originaltitel: The Jackdaw of Linz), Paul List Verlag München 1966
Wilhelm Schwemmer, Die Reichskleinodien in Nürnberg 1938–1945; Mitteilungen des Vereines für Geschichte der Stadt Nürnberg, 65, 1978
Ruth und Max Seydewitz, Die Dame mit dem Hermelin, Henschelverlag Berlin 1963
Ruth Seydewitz, Wenn die Madonna reden könnte, Urania-Verlag Leipzig – Jena – Berlin 1980
Harry Slapnicka, Oberösterreich, als es Oberdonau hieß, 1938–1945, Oberösterreichischer Landesverlag Linz 1978
Albert Speer, Erinnerungen, Ullstein-Verlag 1982
Tagebuch der Straße, Publikation der Wiener Stadt- und Landesbibliothek, Österreichischer Bundesverlag 1981
John Terraine, Europa im 20. Jahrhundert in Text und Bild, Paul Zsolnay-Verlag Wien/Hamburg 1975

Quellen und Literatur zum Nachwort

1. Quellen

Kammerstätter Peter, Materialsammlung über die Widerstands- und Partisanenbewegung im Oberen Salzkammergut – Ausseerland 1943–1945, o. J., hekt.
Pfannl Mathilde, Gespräch am 30. 10. 1982

2. Zeitungen, Zeitschriften

Ausseer Beiträge zur Zeit- und Kulturgeschichte, Schriftenreihe des Heimatmuseums „Ausseerland", hg. von H. M. Roithner, Bd. 7, Bad Aussee 1985
Ludwig-Boltzmann-Institut für Historische Sozialwissenschaft, Widerstand im Salzkammergut während des ‚Dritten Reichs', Salzburg, 1985, hekt.
du, Die Zeitschrift für Kunst und Kultur, Verlag Conzett + Huber AG, Zürich, Heft 11/87
Falter, Nr. 1/1985, Kulturbeilage
Gestalter und Gestalten, Schriftenreihe: Linz, Erbe und Sendung, Linz o. J. (1943)
Jahrbuch des OÖ Musealvereines, Bd. 92, Linz 1947
Kunst dem Volk, Monatsschrift für Bildende Kunst, Sonderheft zum 20. April 1943, Verlag Heinrich Hoffmann, Wien
Oberösterreichischer Kulturbericht, Folge 16/1989, Beilage zur Amtlichen Linzer Zeitung
Salz aktuell, Nachrichten der Österreichischen Salinen AG, Ausgabe 4/1989
Schriftenreihe des Literatur-und Heimatmuseums Altaussee, Bd. II, o. J. (1985)
Die Zeit, Nr. 2 vom 2. 1. 1987, Dossier. Hamburg

3. Literatur

Albrecht Gaiswinkler, Sprung in die Freiheit, Ried-Verlag Wien – Salzburg o. J.
Charles de Jaeger, The Linz File, Hitler's Plunder of Europe's Art. Webb & Bower, Exeter, England, 1981
Markus Köberl, Der Toplitzsee. Ein Beitrag zur Zeitgeschichte des Ausseerlandes, Dissertation 1988
Ernst Kubin, Sonderauftrag Linz. Die Kunstsammlung Adolf Hitler. Aufbau, Vernichtungsplan, Rettung, Orac-Verlag, Wien 1989
Sepp Plieseis, Vom Ebro zum Dachstein, Verlag „Neue Zeit", Linz 1946

Personenregister

Berg, Dr. Ludwig (von), Beamter der Reichsstatthalterei Wien, ab 1945 im Denkmalamt 21 ff., 33, 74, 90 ff., 94 f., 184, 206, 237, 246, 252 f., 258

Béthouart, Emile, General, französischer Hochkommissar für Österreich 232

Bick, Dr. Josef, Generaldirektor der Österreichischen Nationalbibliothek, Wien 239 f., 242 f.

Bormann, Martin, Reichsleiter, seit 1943 Sekretär Hitlers 54 f., 61, 112, 129, 268 ff.

Buchner, Dr. Ernst, Generaldirektor der Münchner Sammlung 269

Carr-Howe, Thomas, Lieutenant der MFA&A-Divison der 3. US-Armee, Museumsdirektor in San Francisco 196 ff., 202–205

Churchill, Winston, britischer Premierminister 124

Clark, Mark W., General der 5. US-Armee, ab 1945 US-Hochkommissar für Österreich 116, 124, 161 f., 204, 207 f., 210, 216, 230, 232

Danner, Johann, Oberbergmeister am Salzberg von Altaussee 133, 136, 270

Dellbruegge, Dr., Regierungspräsident in der Reichsstatthalterei Wien 74

DeWald, Ernest T., Lieutenant Colonel der MFA&A-Division der USFA; Professor an der Universität Princeton 214, 216

Drescher, Hermann, Aufseher der Bergung „Schloß“, Kartause Gaming 179 f.

Dworschak, Dr. Fritz, Kommissarischer Leiter, später Erster Direktor des Kunsthistorischen Museums, Wien 16, 74, 94, 182, 265, 269

Eder, Max, Chemo-Ingenieur des Instituts für Denkmalpflege, Wien 63, 132 f., 145, 149, 168, 172, 177, 195, 198 f., 223, 238, 257, 270, 274 f.

Eichmann, Adolf, SS-Obersturmbannführer, Leiter der Abteilung IV B des Reichssicherheitshauptamtes 128, 170

Eigruber, August, seit 1938 Gauleiter, ab 1940 auch Reichsstatthalter, ab 1944 Reichsverteidigungskommissar von Oberdonau 42, 49, 72, 116, 127, 130 f., 134–138, 140 f., 143 ff., 152, 154 f., 163, 168 f., 172, 204, 206, 270 ff., 275

Eisenhower, Dwight D., US-General, Oberbefehlshaber der Invasionstruppen 60, 115 f., 122 ff., 162 f., 207

Ernst, Dr. Richard, Direktor des Kunstgewerbemuseums, Wien 84, 90, 109, 222

Fabian, Major der Waffen-SS, Befehlshaber der „Kampfgruppe Fabian“ der SS-Panzerdivision „Großdeutschland“ 140, 147, 153, 161, 187, 190

Fabiunke, Karl, Generalmajor der deutschen Wehrmacht 169

Felsenstein, Restauratorin am Kunsthistorischen Museum, Wien 136, 141

Figl, Ing. Dr. Leopold, österreichischer Bundeskanzler 182, 229 f., 232, 250

Gaiswinkler, Albrecht, Widerstandskämpfer 273 f., 276

Gamper, Dr., Landesreferent für Kunstangelegenheiten, Tirol 190

Gleißner, Dr. Heinrich, Landeshauptmann von Oberösterreich 209

Glinz, Gauinspektor, Beauftragter Eigrubers 152 f.

God, Emil, Kaufmann, St. Johann/Tirol 189 f.

Goebbels, Dr. Josef, Reichsminister für Volksaufklärung und Propaganda 28, 71, 74, 116

Göring, Hermann, seit 1940 Reichsmarschall 35, 65 f., 170, 175, 270
Griessmaier, Dr. Victor, Beamter des Kunstgewerbemuseums Wien, 219 ff.
Gruenther, General und Stabskommandant der 5. US-Armee, enger Mitarbeiter General Clarks 208
Haberstock, Karl, Kunsthändler, Berlin, Berater Hitlers bei Kunstkäufen 269
Hajsinek, Prof. Josef, Chefrestaurator am Kunsthistorischen Museum, Wien 82, 84, 94, 98 f., 101 f., 105, 133, 141, 156, 159 ff., 188, 222, 226, 264
Hartt, Frederick, Lieutenant der RD&R-Division, USFA 220 ff.
Heider, Panzerfeldwebel 271
Hieke, Dr. R., Ministerialdirigent, Referent für Denkmalpflege beim Reichsminister für Wissenschaft, Erziehung und Volksbildung 42
Hill, Lieutenant, Kommandant der US-Bewachungstruppe am Ischler Salzberg 193
Himmler, Heinrich, Reichsführer SS 71, 154
Hitler, Adolf, Führer und Reichskanzler 9–12, 18 f., 28 ff., 33–36, 38, 40, 54–57, 61 f., 71, 107, 113–117, 120 f., 125 f., 129, 131, 134, 152 f., 169 f., 176 f., 233, 235, 260, 268
Hofer Franz, Gauleiter von Tirol 90, 116, 124
Hoffmann, Heinrich, Hitlers Leibfotograf und Berater in Sachen Kunst 267
Hoffmann, Gauleiter von Westfalen-Süd 57
Hofinger, Dr. Josef, Bürgermeister von St. Johann/Tirol 190 f.
Högler, Dipl.-Ing. Otto, Bergrat am Salzberg Altaussee 139 f., 143, 145, 152, 154, 270 ff., 275
Höher Karl, Aufseher am Salzberg Bad Ischl 89
Hohenlohe-Schillingsfürst, (Prinz) Chlodwig (von) 167
Hoyos (Gräfin) Dr. A., Kunsthistorikerin am Institut für Denkmalpflege, Wien 63
Hückel, Angestellter am Institut für Denkmalpflege, Wien 150, 172, 204
Hummel, Dr. Helmuth (von), Ministerialrat, persönlicher Referent von Reichsleiter Bormann 129 ff., 134, 268
Jud, Alfred, Oberbergmeister am Salzberg Altaussee 154, 271
Juraschek, Dr. Franz (von), Gaukonservator von Oberdonau, Landeskonservator von Oberösterreich 33 f., 41 ff., 45, 49, 60 f., 70, 75, 192, 212, 221, 264
Kahles, Leutnant der SS-Kampfgruppe Fabian 153 f., 160 f.
Kaltenbrunner, Dr. Ernst, Chef der deutschen Sicherheitspolizei 128, 154 f., 169 f., 271 f.
Karg, Feldwebel 271
Kesselring, Albert, Generalfeldmarschall 170, 269
Kirstein, Lincoln, MFA&A-Offizier der 3. US-Armee 175
König, Hermann, Bergmann im Salzberg Altaussee 274
Körner, Dr. Theodor, Bürgermeister von Wien, später österreichischer Bundespräsident 239
Kovalyak, Stephen, Captain der MFA&A-Divison der 3. US-Armee, Photograph 203
Kraft, Dr. Eva, Kunsthistorikerin am Institut für Denkmalpflege, Wien 63
Krenn, Mathias, Bergmeister am Salzberg Bad Ischl 138
Kreuz, Dr. Gottfried, Beamter des Bundesdenkmalamtes, Wien 238
Lammers, Dr. Hans Heinrich 269
Lepez, Dipl.-Ing. Paul, Oberbergrat am Salzberg Bad Ischl 83, 137, 153 f., 166

Linortner, Johann, Bürgermeister von Altaussee 1945 168
Loehr, Dr. August (von), Hofrat, Direktor des Kunsthistorischen Museums, Wien, nach 1945 184, 193, 219
Luithlen, Dr. Victor, Hofrat, Direktor der Sammlung alter Musikinstrumente am Kunsthistorischen Museum Wien, Leiter der Bergung Ischl vom Feber 1945 bis April 1947 104–107, 110, 117, 133–137, 141, 146, 148 f., 156, 169, 173, 177 ff., 187 f., 191 ff., 207, 212, 214 ff., 218–222, 225, 236, 244, 251, 266
Malinovskij, R. J., Marschall der UdSSR, Befehlshaber der 2. Ukrainischen Front 120
Mayerhoffer, Dipl.-Ing. Eberhard, Oberbergrat bei der Ischler Saline 83, 135, 137, 175, 275
Meilinger, Franz, Gutsbesitzer in Weyer bei Bramberg, Salzburg 160 f.
Merle, Gendarmeriemeister 270 ff.
Michel, Dr. Hermann, Hofrat, Direktor am Naturhistorischen Museum, Wien, vor 1938 und nach 1945 Erster Direktor des Hauses 64, 74 f., 78, 82, 89, 91, 101 ff., 105, 118, 132 f., 134–137, 168–173, 175, 177 ff., 204–207, 218 ff. 223, 251, 257, 270, 274 f.
Mühlmann, Dr. Kajetan, SS-Hauptsturmführer, enger Mitarbeiter von Dr. Posse für den „Führerauftrag Linz“ 206
Oberwalder, Dr. Waltrude, Kunsthistorikerin am Institut für Denkmalpflege, Wien 42, 49, 68 ff.
Patton, George S., US-General, Kommandant der 3. Armeegruppe 122 f., 167
Paul, Theodore S., Colonel der RD&R-Division, USFA 212 ff., 220
Pearson, Ralph E., Major im 318. Regiment der 3. US-Armee 167–170, 173, 175
Pernter, Dr. Hans, vor 1938 Minister, nach 1945 Chef des Staatsamtes für Volksaufklärung, für Unterricht und Erziehung und für Kultusangelegenheiten 182, 206, 218
Pfannl, Mathilde, Angestellte des Kunsthistorischen Museums, Wien 15, 86, 181, 265
Plieseis, Josef, Widerstandskämpfer, seit Mai 1945 „Chef der Sicherheitsabteilung Bad Ischl“ 238, 273 f., 276
Podlesnigg, Dr. Edith, Hofrat, Beamte im Bundesdenkmalamt, Wien 258
Pöchmüller, Dipl.-Ing. Dr. Emmerich, Generaldirektor der alpenländischen Salinen 43, 45, 60, 62, 69, 74 f., 82 f., 99, 107, 110, 129 f., 133–138, 142, 146, 149–152, 154 ff., 164, 175, 257, 272, 275 f.
Pollhammer, Dr., Bergungsleiter „Schloß“, Angestellter des Kunsthistorischen Museums, Wien 145 f.
Posey, Robert, Captain in der MFA&A-Division der 3. US-Armee 174–179, 195, 197, 202, 213
Posse, Prof. Dr. Hans, seit 1910 Leiter der Dresdener Galerie, 1939 bis 1942 Leiter des „Führerauftrags Linz“ 29 ff., 39, 267 ff.
Preßl Markus, Angestellter am Salzberg Altaussee 133
Raudaschl, Alois, Bergmann im Salzberg Altaussee 154 f., 270 f., 274, 276
Reger, Hans, Kunstfachmann, Beauftragter des Münchener Depots der „Führersammlung Linz“ 64, 112, 134, 269
Reimer, Dr. Gottfried, Beamter der Dresdener Galerie, Sachreferent für den „Führerauftrag Linz“ 29, 40, 49, 61 f., 75,79 f., 111 f., 129, 268
Renner, Dr. Karl, österreichischer Staatskanzler in der 1. Republik und in der